权威·前沿·原创

皮书系列为

“十二五”“十三五”国家重点图书出版规划项目

法治蓝皮书

BLUE BOOK OF RULE OF LAW

前海法治发展报告 No.2（2019）

REPORT ON RULE OF LAW IN QIANHAI No.2 (2019)

中国社会科学院法学研究所

主　编／田　禾　吕艳滨

副主编／栗燕杰　刘雁鹏

社会科学文献出版社

SOCIAL SCIENCES ACADEMIC PRESS (CHINA)

图书在版编目（CIP）数据

前海法治发展报告. No.2，2019 / 田禾，吕艳滨主编. --北京：社会科学文献出版社，2019.10
（法治蓝皮书）
ISBN 978-7-5201-5663-9

Ⅰ.①前… Ⅱ.①田… ②吕… Ⅲ.①自由贸易区-社会主义法制-研究报告-深圳-2019 Ⅳ.①D927.653

中国版本图书馆 CIP 数据核字（2019）第 222494 号

法治蓝皮书
前海法治发展报告 No.2（2019）

主　　编 / 田　禾　吕艳滨
副 主 编 / 栗燕杰　刘雁鹏

出 版 人 / 谢寿光
责任编辑 / 曹长香
文稿编辑 / 周永霞

出　　版 / 社会科学文献出版社·社会政法分社（010）59367156
地址：北京市北三环中路甲 29 号院华龙大厦　邮编：100029
网址：www.ssap.com.cn
发　　行 / 市场营销中心（010）59367081　59367083
印　　装 / 天津千鹤文化传播有限公司

规　　格 / 开　本：787mm×1092mm　1/16
印　张：22　字　数：329 千字
版　　次 / 2019 年 10 月第 1 版　2019 年 10 月第 1 次印刷
书　　号 / ISBN 978-7-5201-5663-9
定　　价 / 108.00 元

本书如有印装质量问题，请与读者服务中心（010-59367028）联系

官方微博 @法治蓝皮书（新浪）

官方微信

法治蓝皮书（lawbluebook） 法治指数（lawindex） 法治指数小程序

主要编撰者简介

主　编　田　禾

中国社会科学院国家法治指数研究中心主任，法学研究所研究员。

主要研究领域：刑法学、司法制度、实证法学。

主　编　吕艳滨

中国社会科学院国家法治指数研究中心副主任，法学研究所研究员、法治国情调研室主任。

主要研究领域：行政法、信息法、实证法学。

副主编　栗燕杰

中国社会科学院法学研究所副研究员。

主要研究领域：行政法、社会法、法治评估。

副主编　刘雁鹏

中国社会科学院法学研究所助理研究员。

主要研究领域：法理学、立法学、法治评估。

摘 要

2019年，前海围绕建设社会主义法治示范区的要求，以制度创新为核心，以法治化营商环境为依托，法治顶层设计不断升级、基础法规更加完善、司法体制改革继续深化、重大平台平稳落地、深港合作持续加强。前海以法治为核心，逐步形成了一系列可借鉴、可复制、可操作的经验。

《前海法治发展报告 No. 2（2019）》对上述经验进行了全方位、多层次、多角度的提炼和总结，很多制度创新和经验总结值得全国推广。蓝皮书还在优化营商环境、保护知识产权、信用体系建设、金融创新监管等领域进行了分析与展示，并对未来前海法治发展进行了预测。

蓝皮书继续发布了全面评估自贸区法治状况的指标体系和评估报告，全面对国家法治示范区进行问诊把脉。评估报告依据客观数据和客观材料，主要考察体制机制是否完善、各项制度是否落实、改革创新是否合法。

关键词： 自贸区　法治示范区　前海

目　录

Ⅰ　总报告

Ⅱ　法治指数

Ⅲ　制度创新

Ⅳ 法治政府

Ⅴ 司法建设

Ⅵ　法治社会

皮书数据库阅读使用指南

总 报 告

General Report

B.1 法治前海发展与展望（2019）

中国社会科学院法学研究所法治指数创新工程项目组*

摘 要： 前海作为改革开放最前沿，2018年以来积极推进法治建设与法治创新，在规则制定、修改方面稳步推进，政务服务走向优质高效，执法监管有序有力，司法体制建设全面开花，国际商事纠纷多元化解体系更加健全，法律服务业得到发展，社会治理亮点纷呈。在肯定前海法治取得巨大成效的前提下，也应看到各个自贸片区、湾区纷纷发力，前海法治建设仍面临先发优势摊薄、其他地区追赶迅猛、制度创新后续乏力、瓶颈障碍凸显等问题与挑战，今后应进一步加强顶层设计，

* 项目组负责人：田禾，中国社会科学院国家法治指数研究中心主任、法学研究所研究员；吕艳滨，中国社会科学院法学研究所法治国情调研室主任、研究员。项目组成员：王小梅、王祎茗、车文博、田纯才、冯迎迎、刘雁鹏、米晓敏、胡昌明、洪梅、栗燕杰。执笔人：栗燕杰，中国社会科学院法学研究所副研究员；刘雁鹏，中国社会科学院法学研究所助理研究员。

探索监管模式创新，完善基层治理体系，建设一流法治队伍，巩固改革经验，避免出现摇摆乃至倒退，真正成为法治改革尖兵和建设样板。

关键词： 法治前海　法治示范区　营商环境

引　言

2018 年，前海蛇口自贸片区（以下简称“前海”）固定资产投资同比增长 7.9%，每平方公里投资强度 16.49 亿元；基础设施建设稳步推进，产业项目开发提速，城市形象持续升级，安全生产平稳有序。前海不仅经济发展突飞猛进，在制度改革、机制创新方面同样力度大、成效显著。前海坚持习近平新时代中国特色社会主义思想，贯彻落实党的十九大、十九届二中全会、三中全会和习近平总书记视察广东、深圳和前海重要指示精神，推进法治建设各项工作取得丰硕成果。前海法治工作坚持落实好、服务好和保障好前海开发开放大局，为前海改革开放创新提供法治智慧和法治力量。

一　自贸区法治发展新形势

2018 年以来，中国自贸区取得了新发展、新进步。上海自贸区进一步放宽市场准入，外商投资准入特别管理措施减少到 45 条；率先试点跨境服务贸易的负面清单管理模式，建成国际先进水平的国际贸易“单一窗口”，货物整体通关时间压缩三分之一，货物状态分类监管实现海关特殊监管区域全覆盖。浙江自贸区提出，建设以推进大宗商品贸易自由化为主要任务、以自由贸易港区先行区为发展目标的群岛型自贸试验区。天津自贸区全力打造自贸试验区升级版，完成“深改方案”128 项制度创新任务；对接国际先进规则，探索投资项目“多评合一、统一评审”“一企一证”等新模式。四川自贸区推动由商品和要素流动型开放向规则等制度型开放转变，进一步下放省级管理权限，探索更多可复制推广的经验，争取成都铁路港、泸州港等建设国家开放口岸、创立综合保税区，加快建设协同改革先行区。河南加快复制推广自贸区经验做法，完善外资企业设立商务备案与工商登记“一口办理”，建立外商投资企业投诉工作机制，严格企业知识产权保护，加快形成法治化、国际化、便利化营商环境。陕西进一步推进自贸区建设，165 项试点任务基本完成，7 项制度创新成果在全国复制推广。从全国来看，自贸区的各项改革举措为全国改善营商环境、加快推动放管服改革、转变政府角色提供了重要参考，形成了一系列可复制、可借鉴、可参考、可移植的经验做法。

二　前海法治发展取得的新进展

2018 年，前海不仅成长为深圳乃至粤港澳大湾区一个重要的经济增长极，也在制度创新、法治建设方面成为发源地和策源地。前海围绕建设社会主义法治示范区的要求，以制度创新为核心，以法治化营商环境为依托，法治顶层设计升级、基础法规完善、司法体制改革深化、重大平台落地、深港合作加强。习近平总书记 2018 年 10 月到前海考察调研时指出：“前海的模式是可行的，要研究出一批可复制可推广的经验，向全国推广。”前海贯彻习近平总书记视察深圳、前海指示精神，结合《粤港澳大湾区发展规划纲要》赋予前海的定位，制定《关于支持前海中国特色社会主义法治建设示范区先行先试若干举措的意见》，提出涵盖立法、执法、司法、守法全链条四大方面三十余条改革举措，聚焦重点领域重点突破。2018 年，前海累计推出法治创新成果 24 项，成为前海众多制度创新的重中之重。

（一）立法修法稳步推进，引领前海法治创新

规则体系是法治建设的前提，前海自贸区重视规则制定，将规则建设放在改革之前，保障重大改革决策均有章可循、有法可依。对于需要以地方性

法规确认的制度内容，前海积极提请深圳人大常委会，以地方立法的形式保障规则制定得到稳步推进。例如，《深圳经济特区前海蛇口自由贸易试验片区条例（征求意见稿）》起草工作基本完成，纳入深圳市 2019 年度市人大和市政府年度预备立法计划，已公开征求意见。

随着改革的深入，一些规则明显难以适应新变化、新需求，为此，前海及时协调启动了修改程序。比如，《深圳经济特区前海深港现代服务业合作区条例》的修订工作已启动，将适时呈报深圳市政府、市人大常委会审议。

在一些重点创新领域，国内规则体系无法直接适用，其他自贸区亦无参考规则，前海认真开展前期调研，争取获得一手资料，为规则制定打下基础。例如，前海电子商务知识产权保护规则体系的制定缺少直接借鉴经验，前海便及时开展了相关内容的研究工作，为形成电子商务知识产权保护规则体系打下理论基础。

规则制定不仅要有科学的论证，严密的体系，而且还需要广泛征求专家、学者以及社会公众的意见。为此，前海建立了法治建设咨询委员会，使其成为前海法治创新的“智囊团”、规则制定的“专家库”，力求法治创新、规则制定的建议渠道制度化、常态化、畅通化。

（二）政务服务优质高效，打造营商环境高地

优质高效的政务服务是打造良好营商环境的前提，前海秉持“智慧政府”的理念，着力打造标准、透明、高效的“互联网 + 政务服务”体系。前海构建一体化网上政务服务体系，推进跨系统、跨部门、跨业务的协同管理和服务，推动线上办事只上一张网、线下办理只跑一扇门、现场办理最多跑一次。着力破除困扰企业群众的“办证多、办事难”等问题，着力构建更方便快捷、公平普惠、优质高效的网上政务服务体系。在标准化方面，政务事项实施清单“十统一”实现标准化，实现政务服务事项基本编码、实施编码规则、事项名称、子项拆分、事项类型、设定依据、办理流程、办理事项、提交材料和表单内容要素统一。

在政务公开方面，前海加大创新力度，深化信息公开内容，加强公开载

体建设，充分利用信息化手段推进信息公开各项工作，取得了明显成效。2018 年，前海在网站平台公开信息共计 5497 篇，同时通过传统媒体、自媒体等渠道加强信息公开力度，其中官方微博发布 458 篇，官方微信发布 1864 篇。2018 年度，网上收到咨询投诉共计 378 件，均按照规定程序及时给予了答复。

在行政效能提升方面，前海推动外资“一口受理”平台升级。自贸片区实现基于系统对接的外资“一口受理”平台，外资登记和备案时间从 3 个工作日压缩到了 1 个工作日，“优化一口受理系统”被广东省列为广东自贸区新一批制度创新案例。前海还推进事项整合，通过合并审批相关联许可事项、简化申报材料，缩短了审批时限，优化了审批流程，提高了审批效率。比如，前海进行简化建设工程招标投标备案手续改革，实行招标投标“两阶段”备案机制，即事前方案备案和事后报告备案，减少了两次以上的备案手续。前海将管委会的许可事项相对集中管理，将其中办理量大、社会需求旺盛、与营商环境关系密切的 67 项许可事项集中到企业服务处办理，最大限度地发挥专门机构的平台效应。

税收优惠政策及其落实既是增强前海招商引资竞争力的重大抓手，又是切实为区内相关企业减负担降成本的利民之策。前海深港现代服务业合作区管理局（以下简称“前海管理局”）在坚守法律和政策底线前提下，为 61 家企业进行了优惠认定，优惠税额 3. 64 亿元，企业数量和优惠税额同比分别增加 771% 和 391%。2018 年，前海推出全国首个 VR 办税厅。以往在税务局办理业务须到场排队，现在只需用手机关注“前海纳税服务”公众号，就可以直接办理。

经过改革，2018 年仅上半年自贸片区就新增注册企业数 11877 家，实现注册企业增加值 1206. 7 亿元，增长 28. 9%；实现税收收入 262. 27 亿元，增长 38. 1%；实际利用外资 22. 60 亿美元，增长 15. 7%，制度改革红利效能初现。

（三）执法监管有序开展，法治氛围不断强化

前海蛇口自贸片区综合行政执法局（以下简称“执法局”）拥有自贸片

区商务、知识产权、环境保护、水务、劳动监察、文化、建设工程施工、城市管理、国土资源、安全生产、食品药品安全、交通运输等领域的监督检查、强制措施、行政处罚等职权，分别从深圳市、南山区、各街道相关职能部门剥离，并由执法局统一集中行使，破解了以往多部门执法、多层次执法、反复执法所带来的各类弊病。2018 年，执法局把建设整洁有序的营商环境作为工作重点，综合执法工作统筹有序推进。针对妈湾多年来“港城矛盾”突出、产业低端化、环境脏乱差、非法作业点和非法经营设施多、安全隐患突出等问题，执法局在妈湾片区开展了清理占用绿化带乱搭建、“三合一”场所、无证废品收购站、堆场围合管理等专项整治行动，既消除了安全隐患，也取得了妈湾片区城市环境提升的效果。执法局作为广东省行政执法信息与行政执法监督网络平台第一期工程的第一批试点单位之一，其硬件设备采购、软件开发均稳步推进中，将为监管执法的科技化与智能化打下坚实基础。

在事中事后监管方面，前海重视事中事后的各项监管，对监管项目进行事后抽查检查。例如，对重大项目、有投诉的项目，以及招标方案实质性内容变更但未办理重新备案，或经备案的招标方案与招标投标情况报告不符的项目，进行重点核查。一旦发现招标投标过程中有违法违规情形的，依法责令整改并采取补救措施；对中标结果造成实质性影响，且不能采取补救措施予以纠正的，中标无效，要求招标人依法重新招标。

在土地秩序维护方面，前海修订土地使用权招拍挂若干规定，并制定相关工作规程，进一步规范前海土地出让工作；拟定《储备土地管理工作规则（草案）》，签订储备土地日常管理委托合同，加强国有储备土地管理。2018 年，前海发现并向山区土地监察大队移送了 21 个涉嫌违法占用的地块，涉及用地面积约 25.6 公顷，拆除违法建筑 2.34 万平方米。

前海同国家权威机构单位合作，以央地合作方式打造金融风险防控监管的示范标杆。2018 年 11 月，成立深圳市前海地方金融监督管理局，填补了前海无金融监管事权、无金融监管机构的空白。与此同时，成立前海金融风险防控中心，通过集成相关部门系统资源，提升防控预警能力，打造金融风险防控的“千里眼”和“顺风耳”。将国家互联网金融分析监测预警平台延伸到前海开展本地化应用，做到了“全面监测、系统分析、及时预警”，以及时发现和处置前海登记注册的金融高风险企业；对于已经出现的违法案件，为监管部门提供数据支撑，进而形成完整的线索链条，服务于公安部门侦破案件工作，为人民群众挽回损失。

（四）司法建设成效明显，司法水平显著提升

深圳前海合作区人民法院（以下简称“前海法院”）着力强化司法保障，全面回应粤港澳大湾区建设、自贸合作区和“一带一路”等方面的司法需求。前海法院早在2015年就出台《关于为自由贸易试验区建设提供司法保障的意见》，2018年11月发布《关于进一步强化中国（广东）自由贸易试验区深圳前海蛇口片区与前海深港现代服务业合作区司法保障的实施意见》。在新时代背景下，前海从坚持新时代司法理念、发挥审判执行职能、深化司法体制综合配套改革、完善多元化纠纷解决机制、健全自贸区与合作区诚信体系、完善共商共建共享的多元化纠纷解决机制和强化组织与人才保障等7个方面，积极服务自贸区和合作区深化改革开放与高质量发展。

2018年，最高人民法院第一巡回法庭、第一国际商事法庭落户前海。同时，前海管理局支持深圳知识产权法庭、深圳金融法庭和破产法庭落户前海，推动成立深圳知识产权法院和深圳金融法院。发展至今，前海已形成集金融、知识产权、商事等门类齐全的专业审判机构布局。

前海完善涉外涉港澳台案件的审判机制，探索“精英化法官+域外法专家+港籍陪审员”审判模式，制定出台《涉外商事审判流程指引》。2017年8月，前海法院召开新闻发布会，发布了《服务与保障自贸区发展白皮书》和《依法适用香港法裁判白皮书》。2018年6月，前海法院发布《深圳前海合作区人民法院涉外涉港澳台商事审判白皮书》，全面总结和展示建院三年多以来在强化涉外涉港澳台审判职能、推进涉外涉港澳台审判机制改革、提升国际区际司法公信力等方面的做法和成效。前海法院已先后发布三批涉自贸区与合作区的典型案例。前海法院组建专业化的涉港案件审判团

队，建立涉港审判专业法官会议；建立以域内外法律专家、高校学者为主体的专家库，为法律查明与适用提供智力支撑。前海法院深化港籍陪审员改革，2018 年全年受理涉港案件 751 件，占全院总受理涉外案件的 69%，居全国首位。

智慧法院建设加快推进。前海法院紧紧围绕“全业务网上办理、全流程依法公开、全方位智能服务”的建设目标，编制了《智慧法院建设工作指引》，推进诉讼服务中心信息化，推广使用移动诉讼服务平台。该平台已具备诉讼辅导、法律咨询、诉讼指引、网上立案、网上缴费、网上阅卷、电子送达、庭审直播等功能。此外，前海打造的“海燕司法事务辅助平台”，自 2018 年 1 月运行以来，已成功完成集中送达 8748 次，协助保全案件 520 件，参与调查取证案件 67 件，成功进行电话记录送达 1092 次。一系列改革措施带来的是审判效率明显提升。以涉港案件为例，2018 年平均审结时间为 8.5 个月，较集中管辖前效率提升了近 50%。

检察改革有声有色。通过对自贸区内规划设计、市政道路、后勤保障、交通运输等有关问题进行摸底排查，深圳前海蛇口自贸区人民检察院（以下简称“前海检察院”）发出诉前检察建议，解决前海道路给排水管网建设问题。前海检察院在前海深港青年梦工场设立检察联络室，建立“线上线下”服务平台，通过定期驻点咨询、24 小时服务热线等渠道，为深港青年梦工场企业提供法律服务。前海检察院与大企业搭建战略合作框架，在互联网建设、国有资产流失风险防范、金融知识产权保护等领域开展合作，探索检察机制提供法律服务的新路径、新机制。

（五）国际商事纠纷化解多元化，促进和谐善治

针对境内外当事人多样化、个性化、多层次的纠纷化解需求，前海注重建构形成多元、便捷、高效的商事争议化解体系，形成了“国家主导、司法推动、社会参与”的纠纷化解模式，依法平等保护境内外当事人的合法权益。《前海国际仲裁中心建设方案》《前海国际商事调解中心建设方案》等一系列方案的出台，为国际商事纠纷化解提供了蓝图。

2018 年 6 月，深圳国际仲裁院与世界银行国际投资争端解决中心（ICSID）签订合作协议，将相互提供庭审及配套设施、翻译及秘书人员等服务，并共同推广仲裁、调解及其他替代性纠纷化解机制。2018 年 8 月，深圳国际仲裁院与新加坡国际仲裁中心（SIAC）签订合作备忘录，推动双方仲裁交流合作。深圳国际仲裁院还与深圳市援疆工作前方指挥部、喀什经济开发区共建“深圳国际仲裁院喀什庭审中心”暨“一带一路（新疆喀什）争议解决中心”，这既是援疆工作的机制创新，也将实现关口前移，化解“一带一路”建设过程中的商事争议。

探索中美联合仲裁员名册。深圳国际仲裁院与美国最大的商事争议解决机构 JAMS 共同发布中美联合仲裁员名册，现有 18 名仲裁员，6 名来自中国内地，6 名来自美国，6 名来自其他国家和地区。这有利于深化合作，共同建设促进中美两国企业互信的国际商事纠纷解决机制。

探索国际矿业纠纷化解机制。2018 年 10 月，深圳国际仲裁院与中国矿业联合会签订合作协议，共同建立中国国际矿业纠纷化解机制。以“行业调解 + 商事仲裁”为主导，建立矿业领域专业化、多元化纠纷化解机制。

建立“一带一路”诉调对接机制。前海法院与深圳市律师协会、深圳国际仲裁院等 30 多家境内外机构合作共建成立前海“一带一路”国际商事诉调对接中心，2018 年全年共接收调解 7260 件。其中，调解成功 3275 件，调解成功率达到 45.11%。该中心建立特邀调解员名册。2018 年，特邀调解员成功调解案件 723 件，其中内地特邀调解员成功调解案件 548 件，香港特邀调解员成功调解案件 166 件，澳门、台湾和外籍特邀调解员成功调解案件 9 件。该中心起到整合资源、增强纠纷化解的统一性、提升国际性与公信力的良好效果。

（六）法律服务业发展，保障“一带一路”走出去

在公证领域，前海公证处自 2018 年 6 月起实行“中午不打烊、一周七天制”工作模式，方便群众办理事务；借鉴行政审批制度改革经验做法，推行“最多跑一次”改革，于 2018 年 8 月发布了 86 项的“最多跑一次”

公证清单。经过努力，对于法律关系简单、事实清楚、无争议的公证事项，只要申请材料齐全、真实，符合法定受理条件的，当事人最多跑一次即可办结。此外，前海公证处作为国有企业集团公证法律顾问，围绕企业需求，探索提供订单式、综合化的公证法律服务。例如，为江西铜业集团融资租赁业务提供债权文书公证服务，并围绕该公司的期货、贸易、商业保理等业务提供公证解决方案；通过发挥公证作用，协助国有企业以非诉方式追讨4亿多元逾期贷款。公证与诚信体系建设息息相关，前海发布公证诚信数据分析报告，对公证服务中出现的失信行为进行深度梳理和类型化分析，为推动诚信体系建设提供数据支撑。

建立“一带一路”公共法律服务平台。平台向境内外公众、企业提供免费的在线法律信息服务。在内容上，已经完成了俄罗斯、哈萨克斯坦、印度、中国香港特别行政区等43个国家和地区的宏观信息梳理，翻译并收录法律、判例、法规近600部，共计约600万字。已覆盖“一带一路”沿线31个主要国家和地区的法律法规、典型案例及法律文献。平台还邀请“一带一路”沿线国家上千名法律专业人士为公众提供在线法律事务咨询服务。

调解队伍建设专业化、国际化。前海坚持调解员选任的高标准，聘请具有金融、国际贸易、知识产权、信息等专业背景的调解员。到2018年底，已有外籍和港澳台籍调解员78名，选任4家内地与香港联营律师事务所共22名外籍和港澳台籍律师参与纠纷化解。

（七）社会治理纵深立体，不断走向信息化智能化

前海自贸区通过整合现有数据成果，统筹企业、经济运行、人才、地理信息、产业信息、项目建设、政策创新、城市运行状态等数据资源，构建前海蛇口自贸片区统一政务大数据应用平台，对现有数据进行汇聚整理、科学管理和深度挖掘，实现各业务部门信息共享和数据分析的自动化目标，实现数据自动分析和挖掘，以全方位展现前海蛇口自贸片区的运行体征和态势，全面展示自贸区建设成就和创新成果。

金融风险防范。前海检察院主办召开“前海金融风险防控专项交流

会”，会同前海管理局、前海法院、南山公安分局及市金融风险应急维稳专班等，分析研判金融形势，探索建立联席会议制度，形成防控金融风险的法治合力。

智慧路灯建设。智慧路灯试点项目作为前海管理局2018年度的重点工作项目，被纳入“深圳市新型智慧城市建设2018年实施方案”建设项目。通过一杆多用集约化建设方式，复合智慧城市管理各项功能，采用物联网、移动互联网、大数据、无线通信等先进技术的整合集成，打造智慧路灯的示范案例。预计在2019年完成前湾一路全路段智慧路灯建设，完成公共Wi-Fi无线网络、道路及安防高清监控、气象微观测站的配套建设，智慧路灯统一管理平台上线。

社会治理风险司法预警。前海法院对于司法审判执行过程中发现的制度漏洞，行业监管存在的苗头性、趋势性问题，积极与政府相关部门沟通，通过司法建议等方式，促进社会治理水平提升。

（八）吸引全球优秀人才，细化各项人才保障机制

前海作为“全国人才管理改革试验区”以及“粤港澳人才合作示范区”，在吸引人才、服务人才方面进行诸多制度、机制方面的改革探索，拟打造“前海蛇口国际人才自由港”。鉴于各地普遍存在妨碍制约国际人才流动、执业、生活、社保等方面的体制机制障碍，前海提出与国际接轨的人才出入境居留自由、执业从业自由、创新创业自由、投资兴业自由、智力交流自由、生活便利自由和法治制度保障的“六自由一保障”共38条行动措施。

积极落实公安部批准在广东实施的16项出入境便利政策，细化外籍高层次人才的积分评估认定标准，对达到分值的外籍高层次人才可申请永久居留，使认定标准更具操作性和可行性。

前海于2018年8月编制完成《前海深港现代服务业合作区人才住房规划（2017～2020）》，明确提出前海合作区内商品住房和人才住房供应比例为1∶1，并对人才住房进行全方位布局。国际化人才要素支撑完备、人才流

动高度自由、人才集聚效应明显、人才创新创业活跃、人才法治环境健全的目标已初步实现。

三　前海法治发展面临的挑战

发展至今，在肯定前海经济、社会、法治发展方面取得巨大成效的同时，也应充分意识到其面临的挑战。其中既有经济发展固定资产投资增速放缓、部分重点项目工作滞后等问题，更有法治方面所面临的其他自贸区的挑战。

（一）立法领先优势有待保持

自2015年以来，前海的规则制定长期领先，且不断丰富和完善。但是各个自贸区奋起直追，立法成果层出不穷，前海重要规则制定、修改的推进有所放缓。其结果是，立法优势有所缩小。尤其是越来越多的自贸区加入，在规则制定上，部分自贸区所在省、市借鉴上海自贸区、广东自贸区的有益经验，节约了大量的探索成本，后发优势较为明显；部分自贸区规则制定效率较高，文件转化为地方立法速度较快，大有追赶之势。

（二）改革创新有待强化

全国各个自贸试验区、自贸港、湾区、片区开放创新亮点纷呈，前海发展“前有标兵、后有追兵”。但在缺乏支撑保障的背景下，前海创新前景不容过度乐观。在改革创新方面，前海出现明显的“重投资、轻贸易”“重税收、轻产业”等倾向，创新后劲不足、动力缺乏等问题有所显现。截至2018年底，前海在全国复制推广的成果仅28项，在全省复制推广62项。而南沙片区31项在全国复制推广，90项在全省复制推广；上海自贸区总共有100多项制度创新成果在全国复制推广。

前海在改革部署与推进落实之间，也存在一定差距。比如，跨部门协调仍较为困难，导致一些重点改革项目推进迟缓；一些方案出台后存在“文件空转”，未能全面落地取得应有成效。总体上，改革的推进落实方面仍有较大提升空间。

（三）队伍建设有待加强

队伍建设是改革创新的关键，任何制度都需要高素质的人才队伍予以落实和执行。当前，前海的队伍建设仍有待加强。以行政审批为例，审批工作人员既存在“数量”问题，配备严重不足，在“放管服”改革背景下，增加人员编制已成当务之急；也存在“质量”问题，行政机关人员的专业性有待进一步提升。

（四）安全生产、金融风险隐患较大

改革创新与风险防范是硬币的两面。前海开发之初，实施企业住所托管，这对于企业快速成批量进驻前海具有重要意义，但也逐步累积起较大的经济金融风险。前海制定了住所托管业务内部管理相关制度，细化办理条件、申报流程等内容，上线新住所托管系统，优化企业信息采集工作。一方面严把托管企业入口关，一方面稳步对存量企业进行筛查清理，可联系企业数量稳步增长，住所托管企业风险得到一定化解，但隐患尚未根除。

部分项目施工现场管理未达标准，安全隐患居高不下。与此同时，一些项目安全生产意识、劳动保护意识和劳动者的健康意识较为薄弱。

金融业具有高度渗透性、传导性等属性，金融改革很难限制在特定区域内而不向外渗透。投融资汇兑便利、外汇管理改革等，既有属于中央事权推进难度大的问题，更有因金融特性面临重重障碍的问题。

四　未来展望

2018 年以来，前海对标国际高标准，大胆试、大胆闯、自主改，区域治理模式日趋完善，创新开放的前海样板，影响力不断扩大。发展至今，前海法治已成为彰显中国特色社会主义优越性的亮丽名片。2019 年 8 月，中

共中央、国务院发布了《关于支持深圳建设中国特色社会主义先行示范区的意见》，支持深圳在更高起点、更高层次、更高目标上推进改革开放，形成全面深化改革、全面扩大开放的新格局，更好实施粤港澳大湾区战略。深圳市委全面依法治市委员会办公室印发的《前海落实〈粤港澳大湾区发展规划纲要〉法治建设行动方案（2019～2022）》提出，率先建成深化依法治国实践的先行示范区。在新时代新形势新任务背景下，如何定位于高目标、高层次，为高质量、高速度的经济社会发展夯实法治基础？如何以法治支撑开放、透明和包容的多边贸易体制，形成全方位、多层次、宽领域的全面开放新格局？这需要秉持新时代法治新理念，法治建设“再出发”。在此，应特别注意以下方面。

（一）强化顶层设计，巩固改革经验

前海法治相关的“规划纲要”“行动方案”和“若干举措”等目标纲领，已密集出台，但也应看到，一方面，一些顶层设计方面的地方性法规、政府规章，还有待加强立法、修法，制度完善、规则制定的任务依然任重道远。比如，《全面深化深圳前海深港现代服务业合作区改革开放方案》的报批程序，有待加速；推动《深化前海中国特色社会主义法治建设行动方案》上报中央，取得“尚方宝剑”，对于清除创新障碍至关重要。再如，《深圳经济特区前海蛇口自贸片区条例》的制定，《深圳经济特区前海深港现代服务业合作区条例》的修改，有待尽快完成。

另一方面，一些改革经验有待巩固，以避免摇摆乃至倒退。比如，前海管理局已将园区管理服务、企业商务秘书服务、招商引资支持辅助、人才服务以及第三方评估评审、金融风险排查、安全生产第三方巡查、政策研究参谋等事务，通过委托公司或向第三方机构购买服务等机制来实现，既做到了“养事不养人”，减少行政运营成本，也推进了政府职能转变，提升了公共服务效率。但也应意识到，此类做法缺乏制度规范层面的明确依据，存在摇摆风险乃至倒退的可能。对此，有必要对已有做法探索进行全面评估，将成功经验及时上升到规范层面予以固化。

（二）探索模式创新，推动智慧监管

行政监管仅仅依靠官方力量势必捉襟见肘，必要时在加强行政监管的基础上，引导企业自律、行业自治和社会监督，形成多元化的良性监管格局。同时还需要加强第三方巡查。以安全生产为例，在巡查内容、巡查角色设定、巡查数据搜集加工应用等方面，都应继续改进，以消除隐患、确保本质安全，还应加强第三方巡查与执法部门的联动，形成监管合力。此外，建议探索监管互认机制，进而有效克服相互推诿、重复监管、监管空白等问题，从而提升监管效能。

提高监管能力和水平，需要推进“大数据系统”建设，提升研判能力、服务能力、决策能力。首先，构建大数据应用平台。整合前海蛇口自贸片区现有数据成果，统筹企业、经济运行、人才、地理信息、产业信息、项目建设、政策创新、城市运行状态等数据资源，构建前海蛇口自贸片区统一政务大数据应用平台。其次，实现数据自动挖掘分析。系统对现有数据进行汇聚整理、科学管理和深度挖掘，实现各业务部门信息共享和数据分析的自动化，实现数据自动分析和挖掘，全方位把握前海蛇口自贸片区的运行体征和态势。

（三）创新治理模式，提高治理能力

深入推进法定机构治理模式。前海管理局组建以来，以占类似功能区或一般行政区20%～25%的机构、人员规模，构建灵活的薪酬分配机制和严格的绩效考核机制，较好兼顾了体制内强大的动员能力优势和市场化的高效率优势。从长远看，前海基层社会治理仍存在短板。一方面，应继续加快推进前海机构改革，夯实社会管理基础。另一方面，应推进社会治理的专业化、智能化，形成共建共治共享的社会治理新格局。同时，应当加大人工智能、区块链、5G等新一代信息技术的研发应用，通过新技术创新基层治理模式。推进智慧城市建设，布局摄像头、人工智能、遥感等技术，对交通、水资源、空气、气候等进行有效监测。

（四）提升纠纷化解水平，建设一流法治队伍

在中美经贸摩擦背景下，经贸及相关各类纠纷态势有加剧之势，面向国际的多元纠纷化解体系建设，依然任务艰巨。对此，应当加强国际有关机构的合作，引领粤港澳大湾区的国际仲裁发展；同时加强法治人才建设，进一步强化具有国际化视野的人才储备，保障涉港澳台以及涉外的司法、仲裁、纠纷化解能够有效运行。进一步坚持平等保护理念，增强域内外商事主体的司法信任感。完善自贸区司法横向合作机制。各自贸区、自贸片区面临的司法问题有诸多共通之处，其经验创新也有分享价值。对此，自贸区司法横向合作既有其重要意义，也有现实紧迫性。通过横向合作，形成优势互补、经验借鉴、信息共享的自贸区司法工作新格局。

（五）发挥法治示范区优势，输出前海经验

前海作为首个国家级的法治示范区，其探索创新承担着向全国推广的使命重任，应当注重发挥样板价值，通过先行先试为全国法治发展提供前海模式。前海在改革创新基础上，通过经验总结提炼，为国家各个领域的法治发展提供既有针对性又有操作性的顶层设计参考。在“一带一路”和大湾区建设背景下，前海还应面向世界输出法治建设的经验，讲好中国深化改革和对外开放的法治故事，将以法治保障开放、以法治支撑创新、以法治提升安全的经验做法推向沿线国家乃至全球。由此，既增强道路自信和制度自信，提升以前海为代表的中国法治话语和法治声音，也为世界其他国家、地区法治建设提供新的方向可能。

法治指数

The Rule of Law Indices

B.2

前海法治指数评估报告（2018）

中国社会科学院法学研究所法治指数创新工程项目组*

摘　要： 中国社会科学院国家法治指数研究中心、法学研究所法治指数创新工程项目组从规则制定、法治政府、司法建设、法治社会、保障监督五个方面对深圳前海法治示范区2018年法治建设情况进行了系统评估。评估显示，前海作为国家唯一批复的中国特色社会主义法治建设示范区，重视法治保障是前海有别于国内其他功能开发区和自贸区的突出特点，也是前海的核心竞争优势和主要驱动力。评估发现，前海在规则制定、政务公开、纠纷解决方面在国内众多自贸区中处于领

* 项目组负责人：田禾，中国社会科学院国家法治指数研究中心主任，法学研究所研究员；吕艳滨，中国社会科学院法学研究所研究员、法治国情研究室主任。项目组成员：王小梅、王祎茗、车文博、田纯才、冯迎迎、刘雁鹏、米晓敏、胡昌明、洪梅、栗燕杰（按照姓氏汉字笔画排列）。执笔人：刘雁鹏，中国社会科学院法学研究所助理研究员；栗燕杰，中国社会科学院法学研究所副研究员；田禾；吕艳滨。

先地位。也存在一些改进空间。未来前海法治示范区应当继续深入推进改革创新，争当中国法治建设的排头兵和试验田。

关键词： 自贸片区　法治评估　法治示范区

法治是治国理政的基本方式，是国家治理体系的重要组成部分和治理能力现代化的关键支撑。为加快推进法治建设向纵深发展，科学准确评价法治发展水平，《中共中央关于全面深化改革若干重大问题的决定》提出，要“建立科学的法治建设指标体系和考核标准”。

深圳前海承担着自由贸易试验、粤港澳合作、“一带一路”建设等多个重大国家战略定位，是“特区中的特区”。2012 年 12 月 7 日，习近平总书记在前海视察时指出，“前海可以在建设具有中国特色的社会主义法治示范区方面积极探索，先行先试”。2018 年 10 月 24 日，习近平总书记再次视察前海，指出前海模式是可行的。打造社会主义法治示范区，既是前海勇当改革“尖兵中的尖兵”，为深圳市、广东省乃至全国发挥模范表率，为全国层面的全面深化改革与法治建设作出应有贡献的重要体现，也是自由贸易片区、深港合作区、保税区、金融业对外开放试验示范窗口、人才管理改革示范区诸多战略使命和战略定位的本质要求和重要保障。

为客观评估前海在法治建设中的进展和成效，营造稳定公平透明、可预期的营商环境，《前海中国特色社会主义法治建设示范区规划纲要》提出，“建立前海法治环境指数”。

为此，深圳前海管理局委托中国社会科学院国家法治指数研究中心、法学研究所法治指数创新工程项目组研发前海法治指数评估指标体系，并对评估指标进行了优化，对 2018 年前海法治建设情况进行了第三方评估。

一　评估概况

项目组依照党中央、国务院对法治发展的最新要求，遵循中央对前海改革发展的最新部署，参考新出台或新修改的法律法规，吸收国内外自贸区评估的有益经验，对2017年版指标体系进行了动态调整，形成了本次评估所依据的2018年评估指标体系。

在指标数量上，2017年评估指标体系共设有5个一级指标、19个二级指标、60个三级指标，2018年评估指标体系内容进一步充实，共设有5个一级指标、22个二级指标、77个三级指标。

在指标内容上，指标体系保留了评价法治建设水平的基本内容。一级指标仍然以规则制定、法治政府、司法建设、法治社会、保障监督为主，二级指标依旧对重大决策、执法监管、普法宣传进行考查，三级指标仍然保留立法规划、立法计划、政务公开、信访法治等内容。增加了部分对自贸区法治发展至关重要的指标。党的领导是自贸区法治发展的前提，加强自贸区法治建设基础研究决定着自贸区法治发展的未来，社会治安为自贸区发展提供社会环境保障，因此，相关内容被纳入指标体系。删减了部分在自贸区已经普遍推行的指标，如复议应诉部分内容已经在自贸区广泛推行，本次评估就不再作为评估的内容。

在指标难度上，2018年指标体系评估标准更为严格。例如：对于权责清单的评估除了全面及时之外，还考察内容是否完整规范；评估内容更加全面，考察某项制度的指标体系不仅要求有制度文件，而且还要考察实际运行情况；评估渠道更为多元，除了依据自贸区自报材料、外部观察数据之外，本次评估大量运用了实地验证与横向比较，多渠道全方位呈现评估结果。

指标数量、指标内容以及指标难度变化的背后是评估标准的提高和评估对象法治水平的提升。同时，考虑到一些内容要求虽为法治建设所必需，但并非前海主管部门职责，故在指标内容和权重上予以酌情删减。

（一）评估指标

法治制度架构安排的基本含义并不复杂，即有良法，全社会的行为均有规则可依，所制定的规则须反映广大人民群众的利益和意志，体现民主性和科学性；法律等规则应得到贯彻实施，行政机关既要服务经济社会发展，又要做到依法全面履行职责，加强对经济社会的监督管理；且所有纠纷均应在法治框架下解决，实现公正司法，提升司法公信力；法规的制定与实施应当公开透明，使人们的行为具有可预期性，减少社会矛盾和交易成本；无论是公权力机关还是广大人民群众都应知法、尊法、守法。

基于此，前海法治指数划分为五个一级指标：规则制定、法治政府、司法建设、法治社会及保障监督（见表1）。其中，规则制定是法治实施的前提基础，是法治示范区功能定位的体现，构成本指标体系的首要内容。法治政府既是法治建设的重要目标，也是法治推进的核心内容，是营造法治营商环境的关键，对于严格实施法律制度、切实保障人民群众合法权益、有效维护经济社会秩序有重要意义。公正是法治的生命线，司法建设对社会公正具

表1　前海法治指数评估指标体系

<table>
<tr><th>一级指标</th><th>二级指标</th><th>三级指标</th></tr>
<tr><td rowspan="13">规则制定（25%）</td><td rowspan="5">推进立法（40%）</td><td>立法规划（20%）</td></tr>
<tr><td>立法计划（20%）</td></tr>
<tr><td>立法参与（30%）</td></tr>
<tr><td>文本公开（20%）</td></tr>
<tr><td>立法评估（10%）</td></tr>
<tr><td rowspan="5">规范性文件（40%）</td><td>三统一（20%）</td></tr>
<tr><td>公开（20%）</td></tr>
<tr><td>监督规范（20%）</td></tr>
<tr><td>清理机制（20%）</td></tr>
<tr><td>民主性（20%）</td></tr>
<tr><td rowspan="3">重大决策（20%）</td><td>规范性（20%）</td></tr>
<tr><td>科学性（40%）</td></tr>
<tr><td>民主性（40%）</td></tr>
</table>

续表

一级指标	二级指标	三级指标
法治政府（25%）	简政放权（10%）	权力下放（25%）
		事项精简（25%）
		权力承接（25%）
		购买服务（25%）
	优化服务（20%）	网上办事（40%）
		流程优化（40%）
		政民互动（20%）
	执法监管（20%）	规范化（40%）
		双随机一公开（40%）
		有效性（20%）
	清单制（15%）	权力清单（40%）
		责任清单（40%）
		负面清单（20%）
	公开透明（15%）	主动公开（80%）
		依申请公开（20%）
	改革创新（10%）	金融（25%）
		税收（25%）
		海关（25%）
		物流（25%）
	容错举报（10%）	容错机制（50%）
		投诉举报（50%）
司法建设（15%）	审判执行（40%）	司法改革推行（20%）
		执行能力提升（30%）
		阳光法院（30%）
		智慧法院（20%）
	检察权运行（30%）	检察改革推进（20%）
		检察监督（30%）
		互联网＋检察（20%）
		阳光检务（30%）
	矛盾化解（30%）	调解（40%）
		仲裁（40%）
		合作机制（20%）

续表

一级指标	二级指标	三级指标
法治社会(20%)	社会治安(10%)	工作年报(25%)
		交通统计(25%)
		治安统计(25%)
		警情通报(25%)
	社会信用(30%)	信用记录(40%)
		守法诚信褒奖(30%)
		违法失信惩戒(30%)
	信访法治(10%)	渠道畅通性(40%)
		处置规范度(50%)
		信访秩序(10%)
	普法宣传(20%)	制度建设(30%)
		普法实践(30%)
		实施效果(40%)
	法律服务(30%)	法律查明(10%)
		法律服务国际化(30%)
		司法鉴定(30%)
		公证(30%)
保障监督(15%)	党的领导(20%)	党委组织(20%)
		党务公开(40%)
		基层党建(40%)
	队伍建设(30%)	法律顾问制度(40%)
		国际化法律服务队伍(40%)
		律师队伍建设(20%)
	廉政建设(30%)	廉政体制(10%)
		信息化建设(10%)
		规范履职保护(40%)
		廉情预警评估(20%)
		总结报告(20%)
	基础研究(20%)	理论储备(10%)
		课题研究(30%)
		经费支持(20%)
		应用推广(40%)

有引领作用，是法治前海的重要内容。法治社会的重要意义在于，法律的权威源自人民的内心拥护和真诚信仰，必须通过提升全社会遵行法治的积极性和主动性，形成守法光荣、违法可耻的社会氛围。法治的实现既离不开有力的保障体系，也离不开严密的监督体系。有力的法治保障体系，是中国特色社会主义法治体系的重要组成部分，只有形成有力的法治保障体系，才能确保严格执法、公正司法，为宪法法律统一正确实施提供基础。严密的法治监督体系，是避免以言代法、徇私枉法、恃权凌法并规范权力运行、防范腐败的重要手段，只有加强监督，才能防止和纠正有法不依、执法不严之风，社会主义法治才会有权威性和生命力。

（二）评估方法

评估方法直接关系到评估结果是否科学有效，数据的获取方法直接关系评估结果的客观性、真实性和科学性，为此，项目组主要采取以下方法获取评估数据。

1. 内部数据

（1）评估对象工作凭证

各个评估对象提供的基础材料以及依照项目组要求所提供的各类文件、报告、总结、纪要、执法记录、案卷等，是评估所依据的基本材料。特别是根据前海法治指数所确定内容的各部门材料清单，诸如会议纪要、执法记录、案卷等，是评估数据的重要来源。

（2）官方统计数据

评估组从官方统计数据中筛选出部分具有法治意义的数据，作为评估法治发展状况的依据。此类数据主要来源于相关部门的公开信息及项目组从评估对象处提取的信息。项目组在使用相关官方统计数据前，还视情况进行了必要的复查和验证。

（3）评估对象自报数据

为确保评估内容的全面性和完整性，一些评估所涉及的部门根据指标体系与项目组要求，自报了有关的信息材料。为确保自报数据的准确、真实，所涉及的部门须附有相应的证明材料，项目组也对有关部门提供的自报数据的真实性、准确性和可靠性进行了甄别。

2. 项目组经外部采集的数据

在高度信息化的现代社会，门户网站是国家机关展示自身工作的重要窗口，也是公众获得政务、司法等官方信息，与国家机关沟通的重要渠道，以其可以提供7×24小时的不间断服务、效率高、成本低而受到公众的认可和青睐。因此，评估还以相关部门门户网站作为获取数据的重要渠道，并考察数据获取的便捷性、网站的友好性等内容；与此同时，项目组还视情况从微博、微信、客户端等新型信息披露与公开互动平台获取了部分数据。

3. 项目组实际验证所得的数据

项目组还采用一些互动方式，如实名或匿名抽查验证、申请公开等方式，向有关部门提出与实际工作相关的申请、咨询等，来验证相关部门的日常法治实践情况。

（三）评估涉及的部门

由于前海不是一级行政区域，不具备完整的立法权限、社会管理权限，涉及前海的地方立法需要提请深圳市人大及其常委会、深圳市政府；在社会管理方面，前海很多的社会管理职能由深圳市南山区政府及其部门负责。因此，评估前海法治发展，不仅要涉及前海相关部门的工作，还需要涉及南山区乃至深圳市的有关部门（见表2）。

表2　评估涉及的部门

评估内容	涉及部门
规则制定	深圳市人大常委会
	前海管理局等
法治政府	深圳市政府
	南山区政府
	前海管理局等
司法建设	深圳前海合作区人民法院
	深圳前海蛇口自贸区人民检察院
	深圳国际仲裁院

续表

评估内容	涉及部门
法治社会	深圳市司法局
	南山区信访局
	中国港澳台和外国法律查明研究中心
	前海管理局等
保障监督	深圳市司法局
	前海管理局等
	前海廉政监督局
	深圳市律师协会

对前海自贸区进行第三方评估，既要站在前海看前海，对前海与往年相比的法治建设得失进行分析总结，也要站在全国看前海，以发现自身差距，找到努力方向。为此，项目组将前海放在全国自贸区中进行对比分析，选择可以通过公开获取的数据进行评估对比的指标对包括前海在内的自贸区法治建设情况进行了评估分析。

二　总体评估结果

基于评估指标、按照各个渠道获取的评估数据，项目组核算了 2018 年度前海法治指数评估结果（见表 3、图 1）。评估显示，2018 年前海法治指数评估总体得分为 80.48 分，相比 2017 年的 78.42 分有所进步。前海作为中国首个国家级法治示范区，在各个领域和各个方面都开展了卓有成效的尝试和努力，很多方面走在了法治改革的前沿。在规则制定方面，前海推动改革与立法相衔接，保障改革于法有据；在法治政府建设方面，前海以“放管服”为抓手，以切实高效优质的服务提供了优良的营商环境；在司法建设方面，前海一手抓改革，一手抓创新，多项举措值得其他自贸区借鉴；在法治社会方面，前海激发社会参与活力，充分挖掘法律服务资源，在多个领域开创先河；在保障监督方面，前海加强队伍建设、重视制度保障，为法治建设保驾护航。

表3 2018年度前海法治指数评估结果

指标及权重	得分(分)
规则制定(25%)	85.2
法治政府(25%)	85.15
司法建设(15%)	70
法治社会(20%)	77.56
保障监督(15%)	79.2
法治指数(100%)	80.48

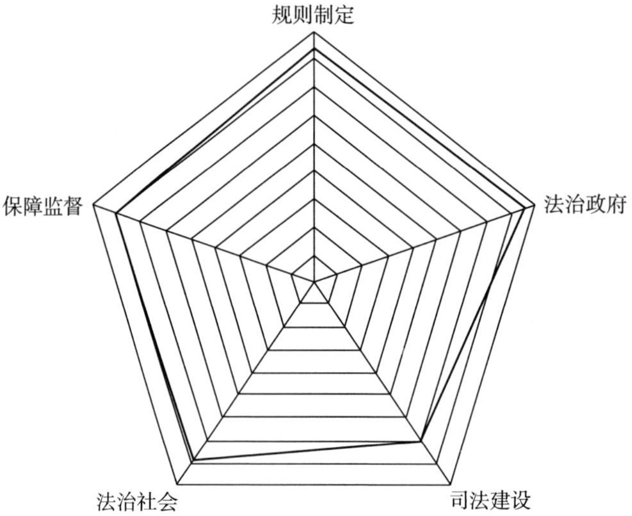

图1 前海法治指数评估各一级指标评估得分雷达图

重视法治是前海有别于国内其他功能开发区和自贸区的突出特点，也是前海的核心竞争优势和主要驱动力。评估发现，前海在规则制定、政务公开、纠纷解决方面在国内众多自贸区中处于领先地位。

第一，文件制定规范化。国务院办公厅《关于加强行政规范性文件制定和监督管理工作的通知》（国办发〔2018〕37号）对规范性文件作出了要求，项目组选择可以从网站获取数据的若干指标，对自贸区及其片区规范性文件制定进行了评估，发现前海自贸片区规则制定的规范程度较高

（见表4）。无论是规范性文件的制定，还是规范性文件的实施，抑或是规范性文件清理，前海都能够依照科学立法、民主立法、依法立法的精神与原则，做到应公开尽公开，积极征求相关部门、专家学者以及社会公众的意见，提高规范性文件的质量，保障前海各项改革依规而行①。首先，普遍公开征求意见。评估发现，前海在规范性文件征求意见方面较为规范。其他自贸区要么缺少征求意见，如河南自贸区及其片区，要么选择性征求意见，如上海自贸区《关于进一步促进融资租赁产业发展的若干措施》就没有公开征求意见。其次，征求意见及时作出反馈。对于规范性文件，前海不仅事前公开草案征求意见，而且公开了意见的反馈情况。其他自贸区均未能在网站公开征求意见反馈情况，未能建立沟通协商反馈机制。最后，规范性文件定期清理制度化。评估发现，前海已建立规范性文件定期清理制度，并将生效、失效、继续有效的规范性文件予以公开。从规范性文件的制定、实施以及清理来看，前海规则制定的规范度领先于其他自贸片区。

表4　规则制定规范度评估情况

单位：分

自贸区	自贸区片区	规范性文件制定（30%）	规范性文件实施（50%）	规范性文件清理（20%）	总分
上海自贸区		80	92	70	84
广东自贸区	广州南沙新区	80	94	100	91
	深圳前海蛇口	100	94	100	97
	珠海横琴	80	85	100	86.5
福建自贸区	福州片区	65	85	60	74
	厦门片区	70	94	60	80
	平潭片区	65	85	60	74
天津自贸区		60	71	60	65.5

① 评估过程中发现部分自贸区下辖的自贸片区规则体系共性大于个性，故部分自贸区不再列明下辖自贸片区。

续表

自贸区	自贸区片区	规范性文件制定(30%)	规范性文件实施(50%)	规范性文件清理(20%)	总分
辽宁自贸区	大连片区	60	63	60	61.5
	沈阳片区	60	70	60	65
	营口片区	60	72	60	66
浙江自贸区		65	86	60	74.5
湖北自贸区	武汉片区	80	79	60	75.5
	襄阳片区	60	64	60	62
	宜昌片区	60	76	60	68
重庆自贸区	两江片区	70	79	60	72.5
四川自贸区	成都天府新区片区及成都青白江片区	70	70	60	68
	川南临港片区	65	76	60	69.5
陕西自贸区		60	64	60	62
河南自贸区	郑州片区	65	69	60	66
	洛阳片区	60	60	60	60
	开封片区	60	60	60	60
海南自贸区		80	100	60	86

说明：本表指标与表1不属同一套指标体系。

第二，政务服务透明化。政务服务透明化是权力运行监督和制约体系的重要内容，是预防腐败的重要环节，是群众知情权、参与权、表达权、监督权的重要保障，也是打造阳光政府和法治政府的重要举措。评估发现，前海蛇口自贸片区在政务服务公开方面处于自贸片区第一梯队，与南沙、横琴并列第二（见表5）。前海蛇口自贸片区政务服务公开有如下亮点。首先，内容同源确保一致。其“政务服务”与“广东政务服务网”的深圳市前海蛇口自贸片区栏目内容同源，避免了其他地方多平台公开、多平台提供政务服务的内容不一致、更新不同步等问题。其次，栏目友好便于利用。不同于其他一些地方按照业务类型或部门简单罗列，前海政务服务进行了深度整合，按照“个人服务”“法人服务”“政民互动”“便民查询”等展开；接下来，还提供了按热度分类、按主题分类、按部门分类等，便于使用；此外，还提供常用服务，如自贸区使用频率较高的“企业入区”“外商投资”等链接，在栏目首页上可直接点击进入，获取所需办事材料、填报须知、样本、服务承诺等信息，并可直接咨询乃至在线办理。而其他自贸区则无法全部做到在线办理，如武汉自贸片区部分服务事项未能提供在线办理链接。最后，要素齐备标准化。每个政务服务事项的办事指南，均按照基本信息、范围与条件、办理流程、申请材料、资讯监督、窗口办理、收费、中介服务、设定依据、法律救济予以展开，这些具体板块下的内容，也是高度标准化的，且办事指南提供链接，可一键下载至本地，或分享至微信，在醒目位置设置“立即办理”链接，为企业和民众办事提供最大便利。

表 5　政务服务公开评估结果

自贸区	自贸片区	政务服务公开评估结果(分)	说明
上海自贸区		95	上海各片区共享政务服务网站
广东自贸区	广州南沙新区	90	广东省政务公开网共享政务服务数据
	深圳前海蛇口	90	
	珠海横琴	90	
福建自贸区	福州片区	—	评估期间多次无法打开网页
	厦门片区	85	
	平潭片区	85	
天津自贸区	天津港东疆片区	80	共享政务服务网站
	天津机场片区		
	滨海新区		
辽宁自贸区	大连片区	66	
	沈阳片区	—	评估期间多次无法正常打开网站
	营口片区	60	
浙江自贸区	舟山离岛片区	88	共享政务服务网站
	舟山岛北部片区		
	舟山岛南部片区		
湖北自贸区	武汉片区	86	
	襄阳片区	82	
	宜昌片区	80	
重庆自贸区	两江片区	85	共享政务服务网站
	西永片区		
	果园港片区		

续表

自贸区	自贸片区	政务服务公开评估结果(分)	说明
四川自贸区	成都天府新区片区	80	共享政务服务网站
	成都青白江铁路港片区		
	川南临港片区		
陕西自贸区	中心片区	76	共享政务服务网站
	西安国际港务区片区		
	杨凌示范区片区		
河南自贸区	郑州片区	64	
	洛阳片区	69	
	开封片区	64	
海南自贸区		80	

第三，纠纷解决国际化。自贸区发展过程中必然会与香港、澳门、台湾、外国企业和个人产生纠纷，这就需要国际商事调解中心及国际商事仲裁机构从中化解矛盾纠纷。纠纷解决国际化不仅需要拥有国际商事仲裁和调解的专业机构，拥有国际化的专业人才，还需要国际化的规则指引。评估中发现，前海蛇口自贸片区在纠纷解决国际化方面处于自贸区前列。截至2018年底，12个自贸区中，有的自贸区成立了独立的国际商事仲裁中心，有的则依托原有的仲裁委员会组建了仲裁院。有5个自贸区专门制定了符合自贸区特点的自贸区仲裁规则或者临时规则，分别是上海自贸区、广东自贸区、天津自贸区、辽宁自贸区、重庆自贸区（见表6）。在被评估的所有自贸片区中，包括前海在内的9个自贸片区拥有完备的港澳台及外籍专家，其他自贸片区或无港澳台籍专家，或缺少外籍专家。在被评估的所有国际商事仲裁中心中，仅有5家仲裁机构拥有外文的规则指引，分别是上海国际仲裁院、中国南沙国际仲裁中心、深圳国际仲裁院、海仲委天津自贸区仲裁中心、武汉国际仲裁中心。在纠纷解决国际化方面，与其他自贸片区相比，前海无论是在调解仲裁机构设置方面，还是人才储备方面，抑或是外文规则指引方面，均处于前列。

表6　国内自贸区矛盾化解国际化情况（截至2019年4月20日）

自贸区	片区	国际商事调解中心	国际商事仲裁中心	规则建设	人才储备	规则指引
上海自贸区		上海经贸商事调解中心	上海国际仲裁院	中国（上海）自由贸易试验区仲裁规则	港澳台及外籍专家	有英文规则
广东自贸区	广州南沙新区	南沙自贸区商事调解中心	中国南沙国际仲裁中心	南沙仲裁通则	港澳专家以及外籍专家	有英文和葡萄牙语
	深圳前海蛇口	前海“一带一路”国际商事诉调对接中心	深圳国际仲裁院	深圳国际仲裁院仲裁规则	港澳台及外籍专家	有英文规则
	珠海横琴	横琴新区国仲民商事调解中心	珠海国际仲裁院	横琴自由贸易试验区临时仲裁规则	港澳台及外籍专家	没有外文规则
福建自贸区	福州片区	—	福州国际商事仲裁院	—	—	没有外文规则
	厦门片区	厦门国际商事调解中心	厦门国际商事仲裁院		台湾专家及外籍专家（无港澳）	没有外文规则
	平潭片区	—	海峡两岸仲裁中心		港澳台专家	没有外文规则；没有繁体字版本
天津自贸区	天津港片区 天津机场片区	天津自贸区国际商事调解中心	贸仲委/海仲委天津自贸区仲裁中心	天津仲裁委员会自由贸易仲裁暂行规则	港澳台及外籍专家	有外文规则
	滨海新区					
辽宁自贸区	大连片区	—	大连仲裁委员会	辽宁自由贸易试验区仲裁规则	港澳台及外籍专家	没有外文规则指引
	沈阳片区	—	沈阳仲裁委员会		—	没有外文规则指引
	营口片区	—	—		—	

续表

自贸区	片区	国际商事调解中心	国际商事仲裁中心	规则建设	人才储备	规则指引
浙江自贸区	舟山离岛片区 舟山岛北部片区 舟山岛南部片区	中国国际贸易促进委员会（中国国际商会）浙江调解中心	杭州国际仲裁院	—	—	没有外文规则指引
湖北自贸区	武汉片区	—	武汉国际仲裁中心	—	港澳台及外籍	有外文指引
	襄阳片区	—	襄阳仲裁委员会	—	—	没有外文指引
	宜昌片区	—	国际仲裁分支机构	—	—	没有外文指引
重庆自贸区	两江片区	中国国际贸易促进委员会（中国国际商会）重庆调解中心	重庆两江国际仲裁中心	中国（重庆）自由贸易试验区仲裁中心仲裁指引	港澳台及外籍	没有外文指引
	西永片区	—	—	—	—	—
	果园港片区	—	—	—	—	—
四川自贸区	成都天府新区片区	一带一路国际商事调解中心	成都仲裁委员会国际商事仲裁（双流）咨询联络处	—	港澳台及外籍	没有外文指引
	成都青白江铁路港片区	—	成都仲裁委员会国际商事仲裁（青白江）咨询联络处	—	—	没有外文指引
	川南临港片区	—	—	—	—	—
陕西自贸区	中心片区 西安国际港务区片区 杨凌示范区片区	国际商事调解中心	西安仲裁委员会国际商事仲裁院	—	港台专家	没有外文规则指引

续表

自贸区	片区	国际商事调解中心	国际商事仲裁中心	规则建设	人才储备	规则指引
河南自贸区	郑州片区	—	郑州仲裁委员会国际商事仲裁院	—	港台专家	没有外文规则指引
	洛阳片区	—	洛阳国际商事仲裁院	—	—	没有外文规则指引
	开封片区	—	—	—	—	—
海南自贸区		—	海南国际仲裁院	—	港澳台及外籍专家	有繁体规则指引

三　各板块评估结果

（一）规则制定

法律是治国之利器，良法是善治之前提。规则制定不仅是法治的重要指标，还关系到改革成败。习近平总书记多次强调，“凡属重大改革都要于法有据”，前海在推动改革过程中遵循“先立后破”的理念，始终秉持规则意识和制度意识，将规则制定放在第一位。强调规则制定，有利于健全前海法规体系，有助于推进前海法规与国际对接，有益于构建“大前海”发展格局，为促进前海与周边区域协同联动、大力拓展对外合作新通道、推动自贸片区成为对外开放门户枢纽夯实规则基础。

1. 评估发现的亮点

（1）立法保障改革于法有据

立法是国家有权机关制定、修改、解释、废止法律、法规的活动。科学立法是法治建设的前提基础。党的十八大报告确定了“科学立法”在法治建设中的首要、基本定位。习近平总书记强调，“科学立法的核心在于尊重和体现客观规律”。《中国（广东）自由贸易试验区总体方案》要求，“强化自贸试验区制度性和程序性法规规章建设”。包括前海在内的所有自贸片区都没有独立的立法权，需要提请有立法权的人大及其常委会、政府制定地方性法规、地方政府规章。评估发现，前海在以下方面保障改革于法有据。首先，自贸区立法纳入立法计划与立法规划。立法规划和立法计划是科学立法的重要体现，是提高立法质效的重要抓手，若自贸区相关立法没有列入地方立法规划与立法计划，则在近期内很难出台高质量的地方性法规，自贸区部分改革措施也很难找到合法性依据。评估发现，现有自贸区及片区中，仅深圳和重庆两市在立法规划中明确列明并公开了自贸区立法的相关内容；现有自贸区及片区中，仅上海市和深圳市人大常委会的立法计划有自贸区的内容，其余自贸区及片区所在地人大及其常委会均没有自贸区立法的相关内容。① 其次，前海蛇口自贸片区争取政策支持，调整或停止国家和广东省深圳市有关法律法规在前海蛇口自贸片区的适用，解决前海在司法改革、投资贸易便利化、金融创新、深港合作、开发建设等各领域改革的瓶颈问题。例如，《台湾香港澳门居民在内地就业管理规定》要求，港澳台居民在大陆工作需办理“台港澳人员就业证”，前海蛇口自贸片区争取各方政策支持，自2018年3月起，在全国范围内率先落地港澳居民在区内工作免办“台港澳人员就业证”。最后，加强重点领域立法。坚持问题导向，加强全局法律制度的统筹协调和指导，加强规范性文件和法律法规的衔接和配套，进一步形成完备的法律制度规范体系。立足贸易新模式、新业态的发展需求，开展创新驱动、创新金融、知识产权保护等方面的立法研究，研究制定信用、跨境电商、股权投资方面的规则指引。

（2）规范性文件定期清理

规范性文件是各级机关、团体、组织制发的各类文件中的一类，因其内容具有约束和规范人们行为的性质，故称为规范性文件。规范性文件具有如下特点。首先，影响力大。由于法律法规内容无法事无巨细地规定每一个细节，规范性文件就成为法律实施的有效补充。政府以及政府部门适用的规范

---

① 深圳2018年立法计划中将两部前海蛇口自贸区条例列为后备项目，一项为制定《深圳经济特区前海蛇口自由贸易试验片区条例》，一项为修改《深圳经济特区前海深港现代服务业合作区条例》。

性文件往往是行政和执法的重要依据，如有些执法部门在法律、法规的基础上颁布了行政执法手册或者执法规范。可以说，规范性文件对于公民、企业、组织的影响仅次于法律法规。其次，变动频繁。由于没有固定的程序对规范性文件的发文和使用作出限制，有关部门往往用一个文件就能废止另外一个文件，一个决议就能废止另外一个决议，所以规范性文件的变动较为频繁。最后，不易掌握。对于部门内部或者行业内部而言，多年累积之下，部门或者行业有多少规定、有多少文件都未必能够了若指掌，外部人士更是一头雾水，无从知晓。由于以上特征，规范性文件的规制是法治建设的难点，同时也成为法治评估的重点指标。

首先，建立定期清理机制。2017 年评估发现，深圳以及前海未能建立定期清理机制。2018 年深圳市修订了《深圳市行政机关规范性文件管理规定》，并增加“建立规范性文件清理制度。规范性文件清理采取即时清理、定期清理和集中清理相结合的方式”的规定，将规范性文件定期清理制度化、规范化。规范性文件定期清理有利于梳理现有的规范性文件，有助于保障规则体系和谐统一，有益于公民、企业和组织了解规则变动最新情况并主动遵守规则。

其次，清理已经失效的规范性文件。对规范性文件进行清理，发现有应当废止的文件，应当对其予以废止并及时将废止的规范性文件公开。前海不仅公开废止规范性文件，而且还会公开关于废止规范性文件的政策解读。例如，2018 年 8 月，前海管理局公开废止《深圳市前海深港现代服务业合作区外商投资企业管理办法》的同时，还公开了关于废止该文件的政策解读，从基本情况、必要性等角度全面解读废止的缘由。

最后，公开效力延续的规范性文件。评估发现，对于部分仍然有实施价值的规范性文件，前海管理局会重新编号并公开规范性文件。例如，《深圳市前海深港现代服务业合作区土地使用权招标拍卖挂牌出让若干规定（试行）》（深前海〔2016〕80 号）有效期已届满。为保障和规范前海土地招拍挂出让工作的正常开展，决定继续实施，文号更改为“深前海规〔2018〕7 号”，自 2018 年 11 月 15 日起至 2019 年 11 月 14 日止，有效期 1 年。

(3) 全方位公开重大决策

重大决策是指关系到社会公众切身利益、具有重大社会意义的决策。公开重大决策是决策科学化和民主化的必然要求。《中共中央关于全面推进依法治国若干重大问题的决定》要求“健全依法决策机制”，并提出一系列具体要求与部署安排。《法治政府建设实施纲要（2015~2020 年)》要求，“推进行政决策科学化、民主化、法治化”，并以大段篇幅明确其任务目标和具体措施。在数十个地方、部门已出台专门规章、文件的基础上，国务院公开了《重大行政决策程序暂行条例》。评估结果显示，在现有自贸片区中，仅有前海、南沙、横琴三个片区全面公开了重大决策，余下的自贸区（包括上海、天津、湖北等）要么没有公开重大决策目录，要么没有公开重大决策目录更新情况，要么没有公开重大决策参与情况。

2. 评估发现的问题

(1) 规则体系应进一步完善

从总体上看，前海现行规则体系内容丰富、涉及面广，涵盖了自贸区发展的各个领域，且有不少创新性的政策法规内容，对自贸片区的发展起到了重要的立法保障和推动作用。但在肯定成绩的同时，也需要清醒地认识到，随着粤港澳大湾区建设的推进，前海的战略定位发生了变化，不仅是深港合作区、自由贸易区、保税港区，更应当积极融入粤港澳大湾区建设当中。在现行规则体系中，前海合作区和自贸区的文件占了较大比例，而关于城市新中心乃至粤港澳大湾区的文件较少，存在改进的空间。

(2) 规范性文件公开不及时

规范性文件不仅应当全面公开，而且应当及时公开。国务院办公厅《关于加强行政规范性文件制定和监督管理工作的通知》（国办发〔2018〕37 号）要求：“行政规范性文件经审议通过或批准后，由制定机关统一登记、统一编号、统一印发，并及时通过政府公报、政府网站、政务新媒体、报刊、广播、电视、公示栏等公开向社会发布。”在评估中发现，前海部分规范性文件公开不及时。例如，《中国（广东）自由贸易试验区深圳前海蛇口片区反垄断工作指引》2017 年 12 月 22 日下发通知，

2017 年 12 月 30 日生效，前海管理局网站 2018 年 2 月 22 日才将该指引公开。

（3）“立规”技术需进一步提高

规范性文件的制定应当符合一定的规程，文本表述应当遵循一定的规范。对于法律的立法技术，全国人大常委会制定了《立法技术规范（试行)》；对于地方性法规的表述规范，广东省人大常委会制定了《广东省人民代表大会常务委员会立法技术与工作程序规范（试行)》，深圳市人大常委会制定了《立法技术规范》。尽管规范性文件的制定缺少技术层面的制度依据，但可以比照法律及地方性法规的相关要求。例如，《广东省人民代表大会常务委员会立法技术与工作程序规范（试行)》中规定，“地方性法规施行的具体年、月、日应当写明本条例自×年×月×日起施行”，若规范性文件附则中未能写明具体哪一日施行，就会对规范性文件实施日期造成一定的影响。评估发现，2018 年 10 月 26 日前海管理局网站中公开了《深圳前海深港现代服务业合作区产业投资引导基金管理办法》，该办法附则中规定，“本办法自发布之日起十日后实施”。若仅看公开之日可能认定该办法实施之日应当为 11 月 4 日，但通过查询深圳政府在线发现，该办法公布之日为 2018 年 7 月 6 日。规范性文件表述不准确、不明确，必然对其适用造成一定负面影响。

（二）法治政府

基本建成法治政府，既是党的十九大确立的全面建成小康社会的重要目标，也是全面依法治国的必然要求。中共中央、国务院 2015 年 12 月印发的《法治政府建设实施纲要（2015～2020 年)》要求，“到 2020 年基本建成职能科学、权责法定、执法严明、公开公正、廉洁高效、守法诚信的法治政府”，并提出了一系列具体标准。根据中央部署和对前海建设法治示范区的要求，本板块从简政放权、优化服务、执法监管、清单制、公开透明等方面对法治政府建设情况进行了评估。

1. 评估发现的亮点

（1）深入实施优化服务

优化服务是“放管服”的重要组成部分，是全面深化改革特别是供给侧结构性改革的重要内容，也是全面深化改革的先手棋和转变政府职能的当头炮，受到党中央和国务院的高度重视。中央全面深化改革领导小组多次研究讨论，要求为群众提供更加优质高效的服务，在路径上要求把优化服务和加强管理结合起来，寓管理于服务之中。显然，在推进法治过程中全面建成服务型政府，进而提供优质的公共服务，对于形成法治化营商环境具有关键作用，对于增强企业、人民群众的改革获得感也具有重要意义。《国务院关于加快推进“互联网+政务服务”工作的指导意见》（国发〔2016〕55号）更是明确要求，“凡是能实现网上办理的事项，不得要求必须到现场办理”，提出“一口受理”“一号申请、一窗受理、一网通办”“一站式服务”等一系列具体而明确的要求。评估发现，前海蛇口自贸片区在推动优化服务过程中有如下亮点值得关注。

首先，政务服务体制优化。前海e站通服务中心已实现“一口受理、一门审批、一网服务、一颗印章”工作机制，将省、市分散在31个部门的134项管理事项以及入驻单位的27个管理事项归口进行办理，为公民、法人和其他组织提供了规范高效便捷的一站式政务服务。

其次，“最多跑一次”贯彻落实较好。“最多跑一次”改革是推进国家治理体系和治理能力现代化的有效途径，是推动政务服务标准化、法治化的有效抓手。评估发现，2018年前海蛇口自贸片区在推动“最多跑一次”落地过程中效果显著。截至2018年10月，前海通过广东政务服务网发布的132项政务服务事项，100%实现“最多跑一次”，其中29项事项实现“零跑动”。

最后，积极推动效能督查。效能督查是行政管理的重要组成部分，是提高行政效率和质量的重要途径。前海将审批和公共服务事项纳入效能督查，一旦发现异常统计数据，即发出预警。通过效能督查，一方面将各个部门业务办理情况直观地展现在系统中，方便内部管理；另一方面，公众可通过网络了解自贸区行政效能，有利于强化外部监督。

（2）强化执法规范建设

政府权力必须依法、依规行使，这是法治政府的关键要求。党的十八届四中全会提出，“创新执法体制，完善执法程序”，并明确要“建立执法全过程记录制度、严格执行重大执法决定法制审核制度、推行行政执法公示制度”。《国务院办公厅关于印发〈推行行政执法公示制度执法全过程记录制度 重大执法决定法制审核制度试点工作方案〉的通知》（国办发〔2017〕14号）对执法创新试点已有部署安排。评估发现，前海综合行政执法局在推动执法规范化建设中有如下亮点。首先，完善执法制度建设。通过完善内部制度建设、规范执法模式，确保集中的执法权在阳光下开展，在制度的笼子里运行。制定《法制审核方案》《案件审理规定》《联席会议制度》等文件，强化执法相关制度建设。其次，编制执法手册。前海综合行政执法局梳理执法依据，汇编了与综合行政执法有关的14个管理领域的法律、法规和规章共计360余部，并编制了《综合行政执法常用手册》，提高了制度可操作性。最后，执法流程再造。综合行政执法涉及多个职能部门，不同职能部门存在不同的执法依据、不同的法律文书、不同的执法平台，为提高执行执法质效，前海综合执法局推动执法流程再造，统一执法系统及法律文书，提高执法效能。

（3）权责清单较为完备

推行政府部门权力和责任清单制度是党的十八届三中、四中全会部署的重要改革任务，是国家治理体系和治理能力现代化建设的关键举措，对于深化行政体制改革，建设法治政府、创新政府、廉洁政府和服务型政府具有重要意义。通过编制清单并实现动态调整，以全面准确描述政府机关的职权及其依据、行使主体、运行流程、法律责任等，既有利于强化行政权力监督和制约，防止出现权力真空和监管缺失，也有利于加快形成边界清晰、分工合理、权责一致、运转高效、依法保障的政府职能体系。《法治政府建设实施纲要（2015～2020年）》要求，“大力推行权力清单、责任清单、负面清单制度并实行动态管理”。评估发现，仅有前海自贸片区、南沙自贸片区、横琴自贸片区、浙江自贸区等部分自贸区（片区）公开了完整的权责清单，其他自贸区在权责清单公开方面或多或少存在这样或那样的缺陷或问题。有的权责清单未能及时更新，截至2019年4月，上海自贸区权责清单仍然停留在2015年。有的权责清单公开的是新闻报道，未能公开权责清单本身，如武汉自贸片区公开了权责清单的报道，没有公开权责清单本身。有的虽然在自贸区网站公开了权责清单，但长期无法显示。例如，天津自贸区门户网站权责清单无法打开，影响了清单公开效果。前海管理局的权责清单与政务服务事项无缝对接，每个事项基本信息包括行使主体、编码、依据、责任事项、问责依据及监督方式等要素，在同一页面提供“在线申办”“申请材料”选项。其在所需材料清单中，不仅标注需原件或复印件，纸质材料或电子版，还提供样本和空表，逐项注明填报须知，消除了其他地方常见的“其他材料”“相关材料”等兜底条款，既为群众少跑腿一次性提交全部材料提供便利，也为网上办理打下良好基础。

（4）多项创新值得关注

深圳是改革开放的前沿阵地，前海蛇口自贸片区是改革前沿中的前沿、尖兵中的尖兵。作为中央进一步深化改革的试验田，前海蛇口自贸片区应当在相关领域大胆先行先试，为中央全面深化改革积累经验。评估中发现，前海在金融和税收创新方面有如下亮点值得关注。

首先，试点银行不良资产跨境转让。前海推动跨境创新业务不断深入，在全国率先唯一试点银行不良资产跨境转让后，又成功实现前海金融资产交易所依托“跨境通”交易平台相继完成全国首单商业保理资产、租赁资产对外转让业务。其次，打造税收信用体系。前海蛇口自贸片区管委会与前海税务局在纳税监管及服务上进行创新探索，打造税收信用体系，通过企业信用交叉比对，为企业提供更为精准的税收服务和监管。双方基于企业运营情况分别形成了前海企业信用画像和纳税信用评级，并在此基础上建立评价结果互认及应用机制：对优质企业提供免排队绿色通道、银企融资撮合、发票审批申请“秒批”及“按需供应发票”等税务服务；对于信用较差企业安排加强材料核查、定期复查、提升双随机抽查比例，利用事中事后监管措施加强税务的精准监管。再次，发布《前海蛇口自贸片区信用税收白皮书》。前海凭借“深港合作区＋自贸试验区＋保税港区”三区叠加的区位优势以及特有的“双15%”税收优惠政策吸引了众多企业和项目落户，2018年实现税收收入445.94亿元，同比增长30.3%。在税收收入增长的同时，涉税业务量大幅增长，税收管理风险相伴而生，创新管理模式亟待推出。为此，前海蛇口自贸片区管委会与前海税务局在纳税监管及服务上进行了创新探索，联合发布了《前海蛇口自贸片区信用税收白皮书》。最后，首创“保税＋实体新零售”模式。“保税＋”助力实体新零售，实现线上与线下、互联网经济与实体零售的融合发展。至此，“保税＋实体新零售”货物先销后税、集检分出，使贸易自由化程度得到极大提升；贸易的能量得到了释放，原有电子商务、实体连锁零售“泾渭分明”的销售模式得到改良，通过跨境电商商务线上销售、实体体验、保税直营、现场店提的商业场景得以实现。

（5）政务公开完整全面

公开透明是现代法治对公权力运行的一般性又是基础性要求，既有利于保障公民的知情权、监督权、参与权，也有利于倒逼政府机关依法行政，进而提升其公信力。阳光政府是现代法治政府的必然要求。全面推进政务公开，要坚持以公开为常态，不公开为例外。《中共中央关于全面推进依法治国若干重大问题的决定》提出，要“推进决策公开、执行公开、管理公开、服务公开、结果公开”。2016年，中共中央办公厅、国务院办公厅印发《关于全面推进政务公开工作的意见》，国务院办公厅印发《〈关于全面推进政务公开工作的意见〉实施细则》，部署全面推进各级行政机关政务公开工作。

由于前海并非一级行政区划，前海管理机构也不行使一级政府的行政管理权限，评估中重点考察前海门户网站中的财政信息、年报信息以及栏目信息等内容的公开情况。评估发现，前海门户网站在公开方面突出重点，内容完整全面。首先，栏目设置清晰合理。前海门户网站设置了政府信息公开专栏、专栏下设指南栏目、政府信息公开年报栏目、依申请公开栏目和政府信息公开依据栏目，政府信息公开依据栏目中公开了《政府信息公开条例》《广东省政务公开条例》及深圳市的信息公开规定。其栏目设置较为合理，也发挥了政府信息公开“第一平台”的作用。其次，财政信息内容公开全面。在财政信息方面，前海能够较好地将自身的“账本”公开在阳光下，包括各类预算表、决算表、“三公”经费等在内的财政信息均详细且全面地予以公开。最后，年度报告公开内容完整。前海门户网站公开了2018年度政府信息公开工作年度报告，且年度报告对依申请公开的申请量、答复的总体情况、答复结果的分类数据以及因政府信息公开引起行政复议的总体情况、复议结果的分类数据、诉讼结果的分类数据作了说明。

2. 评估发现的问题

第一，执法信息公开有待完善。前海蛇口自贸片区综合行政执法局（以下简称“执法局”）现与深圳市南山区城市管理和综合执法局合署办公，执法局目前没有专门平台展示其执法规范、执法流程、执法结果等相关内容，无法查明其权责清单等内容，相关信息只能通过南山区城市管理和综合执法局网站及南山区政府网站查询。评估中发现执法信息公开存在如下问题。首先，“双随机一公开”有待进一步加强。南山区城市管理和综合执法局网站中没有公开2018年“双随机一公开”执法检查情况，南山区政府网站中公开了8条2018年11～12月的相关执法检查信息，11月之前的相关信息未能找到。其次，规范性文件公开不全面。评估发现，执法局的部分规范性文件（不涉密）未能在门户网站中公开，社会公众无法查询并了解到执法部门完整的执法依据和执法尺度。再次，未能集中公开处罚结果。对于南山区城市管理和综合执法局及其执法队的各类处罚结果只能零星地在门户网站中查找到部分信息，未能集中公开以方便公众查询。最后，处罚结果虽与社会信用体系相衔接，但在评估中发现，处罚结果信息更新至2018年6月，许可结果信息更新至2016年1月，信息沟通对接严重滞后。

第二，政府信息公开目录表述不够严谨。前海的信息公开指南中明确表示，前海管理局在职责范围内，负责主动或依申请公开下列各类政府信息：

机构设置、统计数据、政策法规、人事信息、采购信息、土地供应。根据《政府信息公开条例》第 20 条、21 条规定，上述内容全部属于主动公开的范围，其表述不够严谨。

第三，依申请公开答复不规范。依申请公开是公民、企业法人或社会组织等获得政府信息的重要方式，2017 年评估中因前海管理局提供的信函申请渠道不畅通，项目组按照其政府信息公开指南上提供的受理机构信息寄出政府信息公开申请信函，经邮件跟踪查询系统查询，因收件人逾期未领，该信函被退回。2018 年评估发现，前海管理局上述问题得到改善，依申请渠道通畅，但依申请答复仍不够规范，存在被复议被诉讼风险。首先，给申请人答复使用的邮箱是 163 邮箱，没有使用官方正式邮箱。其次，答复书中未列明救济渠道，无法通过答复书确认如何救济。最后，答复告知申请内容非本机关掌握，但是答复中未说明理由。

（三）司法建设

司法的基本功能是借助公权力对各种法律争端作出权威性裁决。相应地，司法是保障人民自由权利与实现社会公平正义的重要制度保障。习近平总书记在十八届三中全会报告的说明中指出，“这些年来，群众对司法不公的意见比较集中，司法公信力不足很大程度上与司法体制和工作机制不合理有关”。《中共中央关于全面推进依法治国若干重大问题的决定》明确提出，司法公正对社会公正具有重要引领作用，司法不公对社会公正具有致命破坏作用。为此，中央全面深化改革领导小组第三次会议审议通过《关于司法体制改革试点若干问题的框架意见》。2014 年 7 月 9 日，最高人民法院发布《人民法院第四个五年改革纲要（2014～2018）》（以下简称《四五改革纲要》）；最高人民检察院先后发布《关于深化检察改革的意见（2013～2017 年工作规划）》《“十三五”时期检察工作发展规划纲要》《人民检察院案件信息公开工作规定（试行）》《2018～2022 年检察改革工作规划》等重要文件；中央全面深化改革领导小组第十七次会议还审议通过了《关于完善矛盾纠纷多元化解机制的意见》。为此，本板块的司法建设采取较为广义的界定，包括法院、检察院、矛盾化解等内容，设置了审判执行、检察权运行、矛盾化解等指标。

1. 评估发现的亮点

（1）强化司法引领和规范功能

深圳前海合作区人民法院（以下简称“前海法院”）发布《涉自贸区与合作区案件审判指引》和审理自贸区保理合同、融资租赁合同、国际货物运输合同、外商投资企业纠纷等案件的裁判指引，提升司法裁判的可预期性，鼓励新兴业态创新发展。共发布三批次 22 个涉自贸区商事主体典型案例，发布涉外涉港澳台商事审判十大典型案例，规范引导大湾区建设中的商事行为。制定《关于防范与惩戒非诚信诉讼行为的若干规定》《关于正确裁判律师费用推进诚信理性诉讼的若干规定》，加大对拖延诉讼、恶意诉讼、虚假诉讼等非诚信诉讼行为的打击力度，运用律师费、诉讼费杠杆对非诚信行为进行惩戒，目前已成功审结由非诚信当事人承担 30 万元律师费的案件，以及对虚假陈述当事人处以 10 万元顶格罚款的案件，有力地推动了大湾区诚信体系建设。

（2）“四涉案件”审理规模化

所谓“四涉案件”是指涉外、涉港、涉澳、涉台案件。2018 年，前海法院共受理涉外涉港澳台商事案件 1775 件，占民商事案件总数的 27.19%。其中涉港 1226 件，占“四涉案件”的 69.07%，涉外 340 件，占“四涉案件”的 19.15%，涉澳 21 件，占“四涉案件”的 1.18%，涉台 188 件，占“四涉案件”的 10.59%。审结各类涉外涉港澳台商事案件 1581 件，同比上升 0.51%；“四涉案件”平均审理时间为 9.6 个月，较集中管辖前审判效率提升 50% 以上。自 2015 年 2 月至 2018 年 4 月，前海法院共受理涉外涉港澳台商事案件 4274 件，审结 3005 件，受理涉港案件 3100 件，数量居全国第一。

（3）商事诉调对接国际化

商事诉调对接是回应“一带一路”沿线国家和地区商事主体司法关切的有力举措，是完善中国特色多元纠纷解决机制的重要内容，是推动国际商事纠纷化解公正、高效、多元的必然要求。2018 年 1 月，前海法院率先成立前海“一带一路”国际商事诉调对接中心，2018 年，“一带一路”国际商事诉调对接中心共接收案件 3824 件，同比上升 73.5%；成功调解 1583 件，同比上升 51.2%，调解成功率达 41.4%。该中心整合粤港澳大湾区 30 余家司法、仲裁和调解机构，聘任外籍和港澳台籍专家调解员 78 名，律师调解员 172 名。实行“内地调解员 + 域外调解员”或“调解法官 + 域外调解员”的联合调解模式。2018 年，港籍调解员成功调解案件 166 件，外籍调解员成功调解案件 4 件。制定专业化调解规范，完善国际商事调解规则，建立“1 + 13”系统化、规范化的诉调对接工作机制，设立调解前置约束、中立第三方评估、无争议事实记载等机制，实现调解的规范化、专业化运作。同时，该中心与深圳国际仲裁院、深圳市律师协会等多家调解机构建立合作关系，支持培育社会调解组织。

（4）法院审判执行智能化

最高人民法院高度重视先进科学技术对法院现代化的重要驱动作用，智慧法院建设对法院管理、司法制度、审判运行模式、纠纷解决机制等方面带来巨大挑战与机遇。一方面，深圳前海法院深化司法辅助事务集约化管理，打造“海燕司法事务辅助平台”，自 2018 年 1 月运行以来，该平台成功完成集中送达 8748 次，协助保全案件 520 件，参与调查取证案件 67 件，实现文书送达智能化，通过该平台成功进行电话记录送达 1092 次等，有效提升审判执行工作效率。另一方面，深圳前海法院将纠纷解决与智慧法院建设相结合，建立了“一带一路”公共法律服务平台，为国内外公众与当事人提供免费的线上法律信息服务。已经完成了俄罗斯、哈萨克斯坦、印度、中国香港特别行政区等 43 个国家和地区的宏观信息梳理，翻译并收录的法律、判例、法规近 600 部，共计约 600 万字。这些信息可以通过线上平台进行检索，为用户提供“一带一路”的基础法律信息和重点法律服务。

（5）审判调解团队专业化

党的十八届四中全会通过的《中共中央关于全面推进依法治国若干重

大问题的决定》提出，要不断深化司法体制改革，落实全面深化改革任务要求，推进平安中国、法治中国建设，深化司法体制改革，促进国家治理体系和治理能力现代化，是当前和今后一个时期人民法院工作面临的新形势。这其中重要的一点就是实现庭审专业化，打造专业化的审判团队，组建一支业务知识过硬、实践经验丰富的队伍，才能更高效、便捷地及时化解纠纷。前海法院按照“1+2+N+1”模式组建25个新型审判团队，细化“一带一路”案件审判团队、自贸区案件审判团队、知识产权案件审判团队、金融类案件审判团队等专业化分类，进一步完善“精英化法官+域外法专家+港籍陪审员”的专业化审判机制。组建专家智库，充分发挥专家的智囊咨询作用，提升审判的专业化水平。选任32名港籍陪审员参与涉港商事案件审理，截至2018年12月共参与案件审理264件，实现审判人员专业化，提升涉港当事人对法院裁判的理解和信任。

（6）中美仲裁合作常态化

作为一种通行的纠纷解决方式，仲裁在解决国际经贸争议、消除投资和贸易障碍、推进国际法治建设中的重要性日益凸显。评估发现，深圳国际仲裁院紧扣时代需求，在中美贸易摩擦的背景下，为适应中美两国企业的需求，深圳国际仲裁院与美国最大的商事争议解决机构JAMS在深圳共办“中美贸易与高科技企业商事争议解决高峰对话会”，共同发布中美联合仲裁员名册，该名册有18名仲裁员，6名来自中国内地，6名来自美国，6名来自其他国家和地区。创建中美联合仲裁员名册，是通过平等合作，共同建设公平、专业、高效，能促进两国企业互信的国际商事纠纷解决机制，共同营造公平、稳定、透明、可预期的营商环境。

2. 评估发现的问题

（1）阳光司法尚不理想

司法公开既是司法改革的重要内容，也是司法改革的重要抓手。尽管前海法院司法改革落实情况较好，但在司法公开工作方面仍有提高空间。首先，门户网站不稳定。评估过程中发现，其门户网站不稳定，时而存在无法正常打开的现象。其次，庭审直播有待完善。评估发现，深圳前海法院网站庭审直播中设置了庭审预告栏目，但该栏目长期为空，既没有预告庭审直播的影像，也没有预告庭审直播的文字。

（2）阳光执行尚待加强

阳光执行是评价法院执行工作的重要指标，法院将执行的立案信息、结案信息、被申请执行人信息公开，能够保障公众对司法执行的监督权，提升执行工作的公信力，威慑被执行人，树立司法权威，同时还可以有效规范执行权力运行。但评估发现，前海的阳光执行工作还有待提高。其一，执行公告内容长期不更新。深圳前海法院开辟了执行公告栏目，但是在该栏目中最新的信息是2015年11月11日更新的内容，2016年、2017年以及2018年的内容均没有显示。公众既无法通过执行公告了解法院执行工作开展情况，也无法起到对被执行人的威慑作用。其二，评估拍卖公告缺失。深圳前海法院开辟了评估拍卖公告栏，在该栏目中有2016年之前的零星信息，有2019年的评估拍卖公告信息，但2017～2018年的信息却处于缺失状态。

（3）检务公开仍然停滞

检察权是司法权的有机组成部分，是保障公众对检察工作的知情权、参与权、表达权和监督权的重要基础，也是提升检察机关公信力、亲和力的重要前提。2015年《最高人民检察院关于全面推进检务公开工作的意见》提出，要进一步明确检务公开的内容、完善创新检务公开的方式方法、强化检务公开机制建设。为贯彻依法保障独立行使检察权的改革要求，检察机关正在推进深化改革。2016年，深圳前海蛇口自贸区人民检察院（以下简称“前海检察院”）揭牌成立，由市检察院派出，履行县一级人民检察院职权。除履行县一级人民检察院基本职权外，还肩负着为辖区贯彻国家自贸区战略、深港合作战略、“一带一路”建设提供法律保障与服务的职责，以及探索跨行政区划管辖相关案件、探索职务犯罪侦查预防工作新机制、推进刑事诉讼制度改革、开展国际司法交流、完善以责任制为主体的检察权运行机制改革等改革创新任务。

由于检察院于2016年设立，历经三年后，截至2018年底仍未检索到其门户网站，也无法对检务公开情况进行评估。前海检察院在检务公开方面仍需要继续努力，实现自身突破。

（四）法治社会

法治社会意指整个社会对依法治国的普遍认同和坚决支持，养成自觉遵守法律法规，依法解决经济、社会领域纠纷的思维习惯，营造全社会的法治氛围。《中共中央关于全面推进依法治国若干重大问题的决定》提出，“坚持法治国家、法治政府、法治社会一体建设”，增强全民法治观念，推进法治社会建设。为此，前海法治指数评估设置法治社会板块，下设社会治安、社会信用、信访法治、普法宣传、法律服务等指标。

1. 评估发现的亮点

（1）治安数据定期发布

良好的社会治安环境是地区治理能力的重要体现，也是打造优质营商环境的重要前提和保障，只有人民群众发自内心感到安全、舒适，才能毫无后顾之忧地投入生产生活当中，经济社会才能稳步发展。评估发现，前海蛇口自贸片区所在地治安环境优良，治安治理亮点纷呈。首先，发布深圳公共安全指数，深圳市公安局自 2016 年 4 月开始，每周通过《深圳特区报》、深圳新闻网、市公安局门户网站、公安微信微博，向社会发布一次深圳公共安全指数，保障市民群众知情权、监督权，引导社会各界广泛参与“平安深圳”建设。其次，主动公开警务数据。深圳市公安局定期公开管辖范围内制毒化学品管理、全市社会治安、电信诈骗等相关数据，为社会管理提供了基本参考，为社会稳定注入了强心剂。最后，主动公开交通管理数据。深圳市公安局除了社会治安数据之外，还会定期公开车辆保有和交通管理数据，通过上述数据一方面可以间接预测经济发展情况，另一方面也为城市管理提供数据支撑。

（2）信用监管不断完善

信用监管是新时期政府监管的重要替代性措施，是利用失信惩戒机制，通过一处失信、处处受限，鼓励市场主体自觉主动守法。国务院出台的《关于运用大数据加强对市场主体服务和监管的若干意见》（国办发〔2015〕51号）、《国务院关于“先照后证”改革后加强事中事后监管的意见》（国发〔2015〕62号）、《国务院关于实行市场准入负面清单制度的意见》（国发〔2015〕55号）、《国务院关于建立完善守信联合激励和失信联合惩戒制度 加快推进社会诚信建设的指导意见》（国发〔2016〕33号）、《国务院关于印发社会信用体系建设规划纲要（2014～2020年）的通知》（国发〔2014〕21号）等一系列政策文件中均涉及信用监管的要求。

评估发现，前海在推动信用监管方面具有以下亮点。一是强化顶层设计。2016年出台《社会信用体系建设实施方案》，2018年印发实施《前海信用服务综合改革若干措施》，形成前海信用体系建设的系统性改革框架。二是搭建前海跨部门协同监管平台。搭建前海公共信用平台，归集全市70多个政府部门、市场机构的信用信息，涉及自贸片区17万余家企业超过1500万条信用数据，于2017年12月正式上线，为各政府监管部门和企业、市民提供查询服务。截至2018年12月，该平台已累计向深圳市13个政府部门开通监管账号90余个，累计查询次数超过10000次。先后协助开展针对交易场所、涉众案件、融资租赁、商业保理、互联网金融等多次信用风险排查，涉及风险企业超过1000家。三是构建“前海企业信用画像”，探索信用分类监管新模式。充分汇集企业在经营过程中产生的政府行为信息，从行政处罚、不良行为及贡献三个方面进行深度刻画，对片区内17万余家企业按照信用风险等级划分了A、B、C、D四个等级，帮助监管部门有效识别企业信用评价结果、精准投放执法力量、提高监管效率。率先与前海税务局合作，联合发布《前海蛇口自贸片区信用税收白皮书》，推出前海信用税收十大创新举措。四是将失信信息作为审批的前置条件。例如，《深圳前海深港现代服务业合作区人才发展引导专项资金实施细则（试行）》第13条规定：“申报时，申请人被列为失信被执行人的，或申请人对所在单位被列为失信被执行人负有主要责任的，不得申请人才发展引导资金。”将失信被执行人列为前海审批前置条件，有利于推动社会信用体系建设，有助于推动切实解决执行难，有益于加强信用惩戒力度。五是完善信用监管平台。2018 年评估中发现，无论是深圳信用网还是前海公共信用网的平台建设都较上年有了较大提升，除了显示双公示、红黑榜之外，还设置了新闻动态、政策法规、信用服务等板块，加大了对信用监管方面的宣传和应用。最后，红黑榜上内容更加明晰。2018 年深圳信用网以及前海公共信用网红黑榜内容更加明晰，红榜公布了诸如“企业社会责任评价或者星级以上企业名单”“市长质量奖获奖组织名单”等信息，黑榜公开了“检验检疫严重失信企业名单”“拖欠农民工工资企业名单”等信息。

（3）法律服务成效显著

公共法律服务对全面提升社会治理各领域的法治化水平、满足人民群众日益增长的法律需求，具有十分重要的意义。评估发现，前海目前已经构建起集仲裁、调解、律师、公证、司法鉴定、知识产权保护、法律查明为一体的全链条法律服务保障体系，正在朝着国际法律服务中心大踏步前进。首先，成立中国（深圳）知识产权保护中心。2018 年中国（深圳）知识产权保护中心落户前海，该中心通过运行快速维权机制，克服了创新能源和互联网企业解决知识产权保护过程中存在的侵权发现难、取证难、维权难及授权/确权慢等问题，为企业提供知识产权监测预警、快速维权、纠纷调解、专业指导等公共服务。其次，成立“一带一路”法律服务联合会。前海充分吸收来自海外、境外的法律服务力量参与国家“一带一路”建设。2018 年新增加入区律师事务所 6 家，其中粤港联营律师事务所 1 家，内资律师事务所 4 家，外国律师事务所 1 家，新入驻司法鉴定中心 1 家。目前，前海已有注册律师事务所 32 家。最后，“一带一路”法治地图顺利完成第二年建设任务，初步实现上线使用。

（4）公证诚信数据发布

公证作为预防性司法制度，是预防社会矛盾纠纷的“第一道防线”，具有预防纠纷、减少诉讼的职能作用。公证机构承担国家法定证明职责，依法出具的公证书具有法定证明效力。当前，社会诚信体系尚未健全，社会失信行为较为普遍，特别是在深圳这座移民城市，限于所需证明材料取得较为不便，这种现象尤为突出，如提供虚假证明材料骗购保障房、经济适用房；使用虚假身份证明骗购电信、通信设备和号码从事诈骗活动；利用虚假证明违背计划生育政策、骗取境外移民定居、从事外贸诈骗活动；通过虚假信息从事集资诈骗、私设钱庄等扰乱金融秩序；通过虚假陈述作伪证干扰司法审判活动；等等。其中，最典型、最突出的是通过提供虚假证明材料、隐瞒事实、冒名顶替等方式骗取公证书、伪造公证书、利用虚假公证书从事骗取银行贷款、转移他人财产等违法犯罪行为。失信行为严重侵犯了公民、法人和其他组织的合法权益，严重破坏了社会公信力，严重干扰了市场经济秩序和交易安全，导致记名财产如不动产、股权等登记错误，诱发不良金融资产，侵害了产权登记的公信力，给金融债权安全带来严重隐患，导致诸多经济纠纷，影响了社会和谐稳定。特别是一些不法分子通过骗取文书或产权登记的手段蓄意诈骗妇女、老人等社会弱势群体，产生了恶劣的社会影响；一些不法分子通过弄虚作假骗取公文书在境外从事违法犯罪活动，产生了极为恶劣的国际影响。2018 年 1 月 4 日，前海公证处运用大数据思维，对公证服务活动中发现的失信行为进行类型化分析，撰写公证诚信数据分析报告，通过对公证处 2017 年度查实的 55 宗骗取公证书行为分析，揭示金融、不动产、股权、涉外等领域容易发生的失信风险，为相关行业和组织把控风险提供积极协助。

2. 评估发现的问题

企业年报发布不及时。根据《企业信息公示暂行条例》第 8 条之规定，企业应当于每年 1 月 1 日至 6 月 30 日，通过企业信用信息公示系统向工商行政管理部门报送上一年年度报告，并向社会公示。评估中发现，部分位于前海的企业未能在法定期限内公开发布年报。例如，深圳前海持枢股权投资基金管理有限公司 2017 年公司年报发布日期为 2018 年 8 月。同时按照该条例第 17 条之规定，企业未能按照本条例规定的期限公示年度报告的应当纳入经营异常名录，在深圳市信用网的异常名录中部分发布不及时的企业名单并不在其中。

（五）保障监督

保障监督既是法治工作开展的前提基础，也是推进法治建设顺利进行的后盾保证。法治最终落地，需要党的领导、人力资源、监督机制等提供保障，更需要基础理论研究作支撑。故项目组在本板块设置党的领导、队伍建设、廉政建设、基础研究等指标共同对法治保障及监督进行评估。

1. 评估发现的亮点

（1）开启“互联网+党建”

自贸区的发展建设离不开法治保障，法治生根落地离不开党的领导。党的领导是中国特色社会主义最本质的特征，也是中国特色社会主义制度的最大优势。坚持和加强党的领导，密切关系到改革开放的方向性问题，同时也关系到法治发展的根本性问题，是改革创新、法治发展取得成功的关键和根本。深入推进前海改革创新、法治发展，必须紧紧抓住坚持和加强党的全面领导这一关键和根本，把坚持和加强党的全面领导贯穿于前海全面深化改革开放和法治建设的全过程。评估发现，前海蛇口自贸片区主动适应互联网时代对党的建设提出的新要求，积极运用互联网、大数据、AI 等新技术，推进“互联网+党建”“智慧党建”，为前海党建工作插上了互联网翅膀。其一，上线“前海先锋”微信公众号。上线以来，“前海先锋”发布前海党建动态原创作品 122 篇，前海党员能随时随地参与党员教育。其二，“人民云党建”线上学习平台正式启动。“人民云党建”提供了“逐条逐句学党章（上、下篇）”“习近平眼中的合格党员”“马克思 200 周年诞辰”“习近平新时代中国特色社会主义思想三十讲”等精品课程，助推党员干部学习教育常态化。

（2）法律顾问履职检查

积极推行法律顾问制度，有利于推进法治政府建设，有益于提升决策水平，有助于增强领导干部及工作人员的法治观念。《中共中央关于全面推进依法治国若干重大问题的决定》要求：“积极推行政府法律顾问制度，建立政府法制机构人员为主体、吸收专家和律师参加的法律顾问队伍，保证法律顾问在制定重大行政决策、推进依法行政中发挥积极作用。”中共中央办公厅、国务院办公厅印发的《关于推行法律顾问制度和公职律师公司律师制度的意见》进一步将其细化。评估发现，前海蛇口自贸片区不仅重视法律顾问在重大决策、依法行政方面发挥作用，而且还积极推动法律顾问履职检查。例如，2018 年 4 月，前海管理局对法律顾问履职情况进行了抽查，对人员、业务情况、成果交付及相关服务质量等情况进行了履职抽查，并在网上公开发布了法律顾问履职抽查报告，接受社会监督。

（3）多渠道严防工程腐败

工程项目从审批、规划、招投标到施工、质量监理、验收评估等，环节至少 10 多个，涉及相关部门众多，极容易滋生腐败。前海蛇口自贸片区通过多种渠道严防工程腐败。首先，开发建筑信息化管理系统。通过该系统监控者可以调取任何一个工地的施工图像，随时了解施工方、监理方的工作进度，以及建筑材料的数据和进出情况。该系统让工程建设过程透明化，杜绝了无故变更设计和偷工减料等行为。工程数据的积累与留存也为工程审计提供依据，成为前海廉政监督局发现廉政问题、寻找问题症结和防控廉政风险源头的工具。其次，建立政府投资工程廉情预警评估系统，制定工程廉情预警评估指标体系，监督项目实施情况。系统上线以来，累计监督项目 133 个，预警 74 次。针对预警事项，前海分别采取函询、约谈等措施推动整改，对工程建设关键环节加强监管。前海还健全廉政约谈、履约评价、项目后评估等制度，强化工程稽查、工程验收和结算审计；实行重大工程集中建设制；对工程建设实行第三方评估。最后，出台《工程建设领域廉洁从业指引》，促进行业规范；推动业主单位与施工单位签署廉政合同，承诺廉洁从业、互相监督，前海廉政监督局则将外部监督嵌入工程建设全过程。

2. 评估发现的问题

（1）律师事务所入驻信息公开不完整

前海独特的地理位置以及各项改革举措为其打造国际化法律服务中心奠定了基础，不仅建立了各种法律服务培训中心，还吸引了大量涉外、涉港澳台律师事务所入驻。涉外以及涉港澳台律师事务所入驻必然涉及所需条件、步骤以及材料问题，前海通过门户网站对上述内容予以公开并提供了网络链接。但评估发现，部分链接无法打开，导致信息内容公开不完整。

（2）制度创新还有提升空间

作为中央进一步深化改革的试验田，前海蛇口自贸片区应当在相关领域大胆先行先试，为中央全面深化改革积累经验。截至2018年底，前海共推出414项制度创新成果，全国复制推广28项，全省复制推广69项，全市复制推广62项，尽管前海蛇口自贸片区改革创新取得了不小的成绩，但在制度创新是自贸区核心使命的背景下，前海制度创新数量和质量仍有提高空间。程序优化、时限压缩的微创新多，实质性突破的创新少。

（3）廉政信息公开有待加强

前海廉政监督局自成立伊始便实施“嵌入式”监督，成立效能监察、制度审查、风险防控和审计监督等多个专责小组，对前海管理局所有处室和多家局属公司的土地出让、工程建设、招商引资、资金运转、人员选聘等重点事项进行跟踪式监督检查。从官方公布的数据来看，监督效果显著。但作为纪检监察机关，从中央到地方均设置了监督曝光平台，以供公众监督。前海廉政监督局在这方面存在改进空间。

四 前海法治发展展望

习近平总书记在谈及自贸区建设时，多次强调自贸区要“发挥自身优势，大胆探索创新”，“赋予自由贸易试验区更大改革自主权”更是写进了党的十九大报告中。2019年中共中央、国务院发布《关于支持深圳建设中国特色社会主义先行示范区的意见》，支持深圳建设中国特色社会主义先行示范区。如何更好地发挥自贸区的优势，如何积累更多的改革经验成为每一个自贸区关注的重点。前海作为首个国家级法治示范区，应当在推动自贸区建设的同时，更加注重法治创新，争当法治建设的排头兵，为自贸区发展与法治建设提供有益的经验。然而，法治建设是一项漫长的系统工程，无法毕其功于一役，需要不断发现问题、总结经验、砥砺前行。未来前海以及深圳需从以下方面着手，不断完善体制机制，推动自贸区法治建设向纵深迈进。

（一）争取政策支持，推动法治发展

前海法治发展“前有标兵，后有追兵”，国家打造上海自贸试验区、海南自贸试验区“双主峰”的战略决策对前海继续发挥引领示范作用冲击较大。上海颁布的“扩大开放100条”中多项措施将在自贸区实施，海南全域建设自贸试验区并获批建设自由贸易港，在政策方面将在一个时期内拥有优势。此外，随着国务院总体规划中有关前海的先行先试政策陆续落地，前海明显缺乏新一批先行先试的政策作为制度创新的支撑和保障。前海未来法治要继续发展，要继续作为领头羊、改革尖兵中的尖兵，就必须争取中央政策支持。故建议前海认真研究《粤港澳大湾区发展规划纲要》、《关于支持自由贸易试验区深化改革创新的若干措施》（国发字〔2018〕38号）等中央文件，抢抓粤港澳大湾区重大机遇，用好各项政策，为今后法治发展与制度创新奠定基础。

（二）运用特区立法，保障改革创新

前海很多改革举措落地速度较快，以至于立法脚步较慢、较缓，跟不上改革的步伐。今后在立法上，无论是中央层面的立法还是地方层面的立法，都应当提速增效，让立法追赶上改革的速度，让重大改革都于法有据。目前，很多本应当由立法确认的内容以规范性文件体现，这种文件治理的模式并非法治的常态，而是情急从权的一种应急。对于深圳市人大常委会而言，应当重视前海的立法工作，从立法计划到立法规划，都要将前海纳入重点考虑对象；从改革成果转化到改革成果确认，都要及时通过立法加以引导。对于前海来讲，应当及时归纳各类成熟的改革成果，及时提交深圳人大常委会，要求转化为立法。

（三）提高行政效能，优化营商环境

前海积极建设线上平台以及“e站通”，诞生了多项全国领先的制度创

新，压缩办事流程，提高办事效率，未来可进一步扩编提速，力争达到全流程另收费，提升服务水平。同时值得关注的是，与上海自贸区以及广东其他自贸片区相比，前海蛇口自贸片区能够实现网上办事的事项相对较少，这就意味着仍然有很大一部分行政审批和公共服务事项需要当面办理。建议今后进一步拓展网上办理事项，扩大网上办事覆盖面，同时重视线上与线下相结合，部门数据信息互联互通，让“数据多跑路，群众少跑腿”，提高行政效能，优化营商环境。

（四）加快平台建设，提高公开质效

针对前海司法公开存在的问题，建议前海检察院认真对待网站建设，打造高水平的公开平台，将门户网站作为展现检察院基本情况、工作内容、重大事项最直接、最全面的平台。目前，前海检察院主要通过微博微信对外公开信息，微博微信固然有传播速度快、传播范围广的优势，但信息传递过程中碎片化严重，无法形成有效的系统信息，只有在网站中全面公开才能满足公众对司法的知情权和监督权。同时一旦检察院将所有应当公开的信息全部放置在网站中，网站本身就会成为一个数据库、成为一个动态的普法场所，有利于提高司法公开的实际效果。建议前海法院进一步全面加强司法公开工作，打造一流的司法公开平台，进一步提高法院公开质效。

（五）整合数据平台，构建信用体系

从深圳信用网和前海公共信用网来看，目前深圳以及前海蛇口自贸片区信用体系建设已经取得较大进步，但与构建起人人守信的诚信社会仍然有一段距离。为此，建议进一步整合各个部门及其平台的数据，打破数据壁垒，消除数据杂质，提高数据质量。同时建议加强信用数据的应用，用足奖励和惩戒措施，为守信企业和组织开辟绿色通道，使得失信企业和组织设置准入障碍处处受限，从而助力社会诚信体系构建。

制度创新

Institutional Innovation

B.3
域外自贸区的立法发展与前海借鉴

前海立法规划课题组*

摘　要： 自贸区包括一国境内基于国内法建立的自由贸易园区和国际法层面的自由贸易区。域外自贸区完备成熟的制度建设为自贸区建立和发展提供了强有力的支撑。域外自贸区与前海蛇口自贸片区在立法体系、管理体制、贸易便利化制度、投资自由化制度、争端解决机制、劳工保护、环境保护等方面存在制度差异。未来，应进一步借鉴域外自贸区立法发展经验，在时机成熟时，考虑适时推动国家出台统一的“自由贸易园区法”，根据自贸区发展情况不断推进制度的适时修订，推进法定机构制度的完善，构建更高标准的投资贸易规则，完善专业高效的争议解决机制，进一步完善前海蛇口自贸片区的

* 前海立法规划课题组成员：张淑钿、郑珠玲。执笔人：张淑钿，深圳大学法学院副教授；郑珠玲，深圳大学法学院硕士研究生。

制度建设。

关键词： 自由贸易区 立法 规则制定

一 自贸区的类型

自贸区分为基于国际法建立的自由贸易区和基于国内法建立的自由贸易园区两种类型。

基于国际法建立的自由贸易区，英文为 Free Trade Area（FTA）。1947年《关税与贸易总协定》第24条第8款（b）规定："自由贸易区应理解为在两个或两个以上独立关税主体之间，就贸易自由化取消关税和其他限制性贸易法规。"因此，基于国际法建立的自由贸易区指两个以上的主权国家或单独关税区通过签署双边或多边协定，相互开放市场，分阶段取消绝大部分货物的关税和非关税壁垒，改善服务和投资的市场准入条件，从而实现贸易和投资自由化的特定区域①。就此而言，基于国际法建立的自由贸易区具有以下主要特点：①主体由两个或两个以上国家或单独关税区参加；②法律依据是国际条约或协定，包括双边协定或者多边条约；③为特定的主体之间通过签订协定确定的区域，多体现为缔约方之间的对等互惠开放。基于国际法建立的自贸区有多种不同的形式，包括国家与国家之间建立的自贸区，如中国与韩国之间根据2015年签订的《中韩自贸协定》建立的中韩自贸区，美国、加拿大和墨西哥之间根据《北美自由贸易协定》建立的北美自由贸易区，也包括国家和国际组织之间建立的自贸区，如中国与东盟之间建立的中国—东盟自由贸易区。

基于国内法建立的自由贸易园区，英文为 Free Trade Zone（FTZ）。1973年5月18日，世界海关组织制定的《简化和协调海关业务制度的国际公

① 任学武：《一本书读懂自贸区》，《浦东开发》2017年第4期。

约》规定：“自由区是指缔约方境内的一部分，进入这部分的任何货物，就进口关税而言，通常被视为关境之外，并免于实施通常的海关监管措施。”因此，国内法上的自由贸易园区是一个国家在其境内划分出特定区域，在该区域内实行有别于国内其他区域的特殊法律制度，包括但不限于在货物监管、企业设立、税收政策、外汇管理、社会治理等领域的创新。基于国内法建立的自由贸易园区具备的主要特点如下。①主体。自由贸易园区是一个国家单独决定设立的，在其境内划出的特定区域实行特殊的法律政策。②法律依据是国内法，属于一个国家根据其国内法规定建立的特定区域。③设立自由贸易园区是国家的单边行为，一国设立的自由贸易园区一般对不特定的国家或商品开放。基于国内法建立的自由贸易园区主要包括以下五种类型：以新加坡、毛里求斯为代表的自由贸易港、以智利伊基克为代表的贸易型自贸区、以爱尔兰香农为代表的出口加工区、以土耳其爱琴海为代表的工贸结合型自贸区和以比利时安特卫普港为代表的保税仓库区。在中国，上海、广东等 12 个自贸区即为国内法意义上的自由贸易园区。但与其他国家设立的自由贸易园区相比，中国自由贸易园区的含义更为广泛，范围不仅限于“海关特殊监管区域”的概念，且更强调在行政管理、投资、贸易、金融以及社会建设各个领域的制度创新。

二　域外自贸区与前海蛇口自贸片区主要制度比较

（一）立法体系

国内法上的自由贸易园区侧重于打造投资、金融、贸易的自由化，并实行“境内关外”的特殊海关监管制度。在各国国内自由贸易园区的发展过程中，完善的法律法规是自贸区有序运行的前提条件。一般而言，各国国内自贸区的立法包括两个层面，中央层面的法律规范和地方层面的配套制度，前者侧重于对自贸区的建立与发展进行综合性、全面性的顶层规范，后者则从细节和实施规则层面解决自贸区发展中的具体问题。以美国为例，美国是世界上设立自由贸易园区最多的国家①。美国自贸区立法由1934年的联邦政府立法《对外贸易区法案》《对外贸易区通用条例》和州政府制定的对外贸易园区法令组成。其中,《对外贸易区法案》作为美国国内自贸区建设的基本法,明确了美国自贸区设立、管理和运营方面的基本原则与指导方针,并从整体上界定了自贸区的功能和概念,《对外贸易区委员会通用条例》具体规定自贸区的各项细则。此外,美国还授权各自贸区颁布各项规章制度,对自贸区的发展予以协同调整,主要有《西雅图港对外贸易区税率第8号文件》《1999年夏威夷会议法律》《波士顿自贸区条例》②。

对于国际法层面的自由贸易区,当前双边或多边自由贸易协定涵盖的领域和议题已经突破了传统贸易投资协定的关税和非关税壁垒议题,谈判范围不断深化和多元化,各项议题趋向采用更高的标准和要求。2015年达成的《跨太平洋伙伴关系协定》(以下简称TPP)涉及的内容不仅仅包括WTO和区域贸易协定的传统议题,而且更多涉及服务贸易投资领域,并涵盖电子商务、政府采购、竞争政策、知识产权、劳工、环境、国有企业和指定垄断、能力建设、竞争力和商务便利化、中小企业、监管一致性、透明度和反腐败、管理机制、争端解决等③。例如,在"国有企业与指定垄断"一章中,TPP对规制对象作了更明确具体的规定,在成员应承担的具体义务方面,新提出了非商业性资助义务和技术合作义务④。

注重构建制度体系以推进自贸区的法律建设也是前海蛇口自贸片区发展的经验。当前深圳前海蛇口自贸片区法律制度主要包括四个层面。第一,2014年全国人大常委会决定,即《全国人民代表大会常务委员会关于授权国务院在中国(广东)自由贸易试验区、中国(天津)自由贸易试验区、中国(福建)自由贸易试验区以及中国(上海)自由贸易试验区拓展区域

① 刘帅帅:《美国自由贸易园区体制带来的启示》,《中国商论》2016年第10期。

② 上海财经大学自由贸易区研究院:《全球100个自由贸易区概览(上)》,上海财经大学出版社,2013,第50~190页。

③ 吴涧生:《TPP和一带一路的比较与启示》,《中国发展观察》2016年第13期。

④ 钟立国:《从NAFTA到TPP:自由贸易协定竞争政策议题的晚近发展及其对中国的启示》,《武大国际法评论》2017年第6期。

暂时调整有关法律规定的行政审批的决定》。第二，国务院的各项规定，主要包括2015年国务院《中国（广东）自由贸易试验区总体方案》、2018年《国务院关于印发进一步深化中国（广东）自由贸易试验区改革开放方案的通知》以及其他文件。第三，广东省自贸区条例，即2016年7月广东省通过的《中国（广东）自由贸易试验区条例》。第四，深圳市以及深圳前海蛇口自贸区出台的地方立法和规章制度。但迄今为止，深圳前海蛇口片区尚未出台适用于深圳前海蛇口片区的自贸片区条例，与国际社会其他自贸区制度规范相比，尚缺乏针对深圳前海蛇口片区实施层面的基本规则。

（二）管理架构

国内法上的自由贸易园区较之一国的其他普通地区，主要特点之一是实行便利化、高效化的监管体制。当前国际上自由贸易园区主要有三种管理体制：政府主导型、企业主导型、政企混合型[①]。世界银行曾指出，自贸园区管理应当实行监督、投资和运营三权分开，同时建立类似管委会的架构，以联络中央政府和国内外投资者，并充分利用社会资本参与园区建设和运营[②]。以美国对外贸易区为例，美国自贸区最高管理机构为“对外贸易区委员会”，负责对全美对外贸易区进行综合管理；委员会包括商务部、财政部、海关和边境保护局，由商务部部长担任委员会主席。美国对外贸易区的场所和设施的管辖权属于自贸区所在的州政府。例如，美国麦卡伦对外自贸区批准成立后，由麦卡伦经济发展公司运营，并受当地的海关和边境保护局监管，每年必须提交财政年度报告[③]。新加坡自由港政府管理体制由财政部等行政部门和主营或经营机构组成，前者负责宏观规划，后者负责开发经营职能。伊基克自贸区管理架构由管理委员会和服务公司组成，管委会对自贸区进行统一管理、提供服务。迪拜自贸区形成港口、自贸区、海关三位一体

---

① 孙卫雄：《自贸区管理体制的国际经验与上海借鉴》，《上海经济》2014年第7期。

② 《全球自贸园区总体发展情况述评》，http：//www.360doc.com/content/18/0801/08/41214034_774827520.shtml，最后访问时间：2018年10月10日。

③ 上海财经大学：《全球100个自由贸易区概览》，上海财经大学出版社，2013。

的管理模式，董事局政企合一，统一管理，实现了多部门统一管理、统一办公，提高审批效率①。

多边或双边的国际自由贸易协定强调缔约方监管一致、共同监管，为此也设立特别管理机构，以协调监管机制、开展监管影响和收益评估、公布监管程序规则和评估结果。例如，TPP 设有跨太平洋伙伴关系理事会，由缔约方的部长级官员出任，理事会主席由成员国轮流担任，监管自贸协定的执行。TPP 第 25 章“监管一致性”第 6 条规定，设立一个专门委员会负责信息通报、促进对话，为缔约方、企业等通报实施情况，分享最佳实践经验，并考虑潜在合作领域，同时还有可能发展成为超国家执行机构②。在 TTIP（跨大西洋贸易与投资伙伴关系协定）谈判过程中，欧盟建议设立“监管合作机构”，由欧美监管机构的高级代表组成，作为双方交换想法和策划合作的平台，定期发布报告并与利益相关方互动③。

在管理机构方面，采用法定机构模式，探索管理体制的变革是前海蛇口自贸片区的创新之一。2010 年，前海深港现代服务业合作区成立，深圳前海成立全国首个以法定机构模式主导区域开发治理的公共组织——前海管理局，形成“政府职能 + 前海法定机构 + 咨委会社会机构”的市场化政府治理新格局，负责前海合作区的开发建设、运营管理、招商引资、制度创新、综合协调等工作。2015 年 4 月，前海管理局加挂中国（广东）自由贸易试验区深圳前海蛇口片区管委会牌子，实行一体化运作。

（三）贸易便利化

在大多数国家建立的自由贸易园区中，涉及贸易便利化的措施一般包括如下方面。①货物进出不受限制，实行境内关外制度。例如，德国汉堡自贸

① 闫然：《全球先进自由贸易区的功能定位、监管模式与政策创新——以迪拜、新加坡、伊基克为例》，《上海商学院学报》2014 年第 4 期，第 35 ~ 41 页。

② 张磊、徐琳：《从 WTO“必要性”到 TPP“一致性”：论国际经贸协定中国内规制监管的发展特征与趋势》，《社会科学》2016 年第 3 期，第 65 ~ 74 页。

③《欧盟委员会报告：TTIP 和监管》，http：//china. huanqiu. com/News/mofcom/2015 - 02/5669974. html? qq - pf - to = pcqq. group，最后访问时间：2018 年 9 月 5 日。

区货物进出不要求每批申报和查验，法定时间（45 天）内无须记录。②关税减免。大部分自贸区对货物进出区内实行减免关税，并在自贸区立法中直接规定国内统一的海关立法不适用于区内，区内实行特殊立法。例如，香港除对酒精饮料、烟草及其制品、石油、化妆品和药品入境征收关税外，其他的生产资料和生活资料都免税[①]。③便利的海关通关制度。自贸区内根据实际情况实行“经认证的经营者”（AEO）、“统一清关”制度、“单一窗口”及“一站式平台”制度、“电子海关系统”、信息共享及多部门协作、部分货物免除入境报关手续、24 小时通关服务、物流直通程序等制度。④货物管理便利化。货物管理主要体现为货物仓储加工制造便利和优惠、货物监督简便化。

双边或多边的自由贸易协定推出了许多高标准的贸易便利措施。例如，当前美国与欧盟自由贸易协定谈判将贸易便利化列为主要议题，包括：第一，双方同意就除汽车以外的工业产品建立“零关税”和“零补贴”自贸区进行谈判，谈判期间美国不对欧盟汽车征收惩罚性关税；第二，欧盟承诺增加进口美国液态天然气的数量和“大量大豆”；第三，双方承诺将共同致力于推动世界贸易组织进行改革；第四，商讨欧美技术标准的融合问题[②]。又如，欧盟与日本《欧日经济伙伴协议》规定，欧盟与日本将逐步取消现有商品 99% 的关税，基本上实现零关税，免除包括汽车工业和农业等领域的关税项目；同时要求双方均需废除要求对方产品在本国进行测试、认证等非关税措施[③]。

在货物贸易自由化方面，当前深圳前海蛇口自贸片区主要法律文件包括：《关于依托中国（广东）自由贸易试验区降低国际贸易成本　促进贸易便利化的若干意见》《关于中国（广东）自由贸易试验区有关进口税收政策

---

① 钱震杰、胡岩：《比较视野下自由贸易区的运行机制与法律规范》，清华大学出版社，2015。

② 《欧美达成贸易框架协议的意料之外和情理之中》，澎湃新闻，https：//baijiahao. baidu. com/s？ id = 1607683201838460599&wfr = spider&for = pc，最后访问时间：2018 年 8 月 10 日。

③ 《日欧打造世界最大自由贸易区新兴经济体仍难入局》，https：//baijiahao. baidu. com/s？ id = 1606415120934824249&wfr = spider&for = pc，最后访问时间：2018 年 8 月 10 日。

的通知》《广东检验检疫局自贸试验区进口“CEPA 食品”检验检疫监督管理规定》《深圳海关关于在中国（广东）自由贸易试验区深圳前海蛇口片区试行企业“主动披露”制度改革相关事项的公告》《深圳海关关于自贸区报关企业注册登记改革相关事项的通告》《海关总署关于支持和促进中国（广东）自由贸易试验区建设发展的若干措施》《深圳海关关于支持和促进中国（广东）自由贸易试验区前海蛇口片区建设发展的若干措施》等。前海蛇口自贸片区已经探索实行的便利化贸易监管措施，包括深圳海关启动跨境邮件全天候通关模式，推动智能化通关、进口商品“1 +4 全球溯源核放”；单一窗口上线运行，成立“中国前海”船籍港，前海还推行国际航行船舶进出口岸“网上查验”等等①。

（四）投资自由化

各国自贸区内有关投资的制度一般包括以下内容。①外资准入和监管。自贸区普遍采取宽松的外资准入政策，允许投资的领域范围相对较广，率先放开一些服务业领域的投资准入，对外资实行国民待遇。例如，新加坡贸易园区对外商投资企业限制较少，仅需通过年度备案、提交周年申报表、已经审计的财务报表②。香港对于外地投资几乎没有投资限制，外地投资者可以100% 持有其投资的任何行业。投资没有特殊的审批申请流程，设立公司仅需遵循《公司条例》中的相关注册要求③。②企业扶持和优惠政策。为鼓励创办企业，自贸区提供各种形式的津贴补助和税收优惠政策，特别是所得税的减免退。例如，肯尼亚对自贸区的制造业和酒店业给予 100% 的投资补贴；对与生产有关的基础设施、环保投入，也计入投资并享受补贴④。韩国

① 《前海：以创新引领改革开放新时代》，参见微信公众号：莒南经济开发区，最后访问时间：2018 年 9 月 8 日。

② 林雄：《中国自贸区建设与国际经验》，中山大学出版社，2016，第 217 页。

③ 招商局集团有限公司：《一带一路和境外投资法律合规手册香港分册》，法律出版社，2017，第 23 页。

④ 《中国商务部：境外投资：肯尼亚投资政策与环境解读》，http：//www. mofcom. gov. cn/article/zhengcejd/bq/200803/20080305409912. shtml，最后访问时间：2018 年 9 月 10 日。

实行自由经济区进驻企业资金援助政策，满足外国人投资支援等相关条件的可获选址补助金、雇佣补助金、教育训练补助金、咨询费用的支援以及对大规模外国人投资企业的特别支援①。

双边或多边国际投资协定或谈判也都进一步强化投资自由化的议题，内容还逐步广泛关注环境、劳工标准、知识产权、出口限制、国有企业、投资仲裁机制等。可以说，明确投资保护的基本原则、建立投资争端解决机制、允许资本自由转移是双边或多边自由贸易协定的主要内容与特点。例如，TPP 投资自由化内容包括国民待遇、最惠国待遇、符合习惯国际法原则的最低待遇标准，禁止非公共目的、无正当程序、无补偿的征收，禁止当地成分、技术本地化要求等实绩要求，任命高管不受国籍限制②。

深圳前海蛇口自贸片区涉及投资的主要法规文件包括：《中国（广东）自由贸易试验区深圳前海蛇口片区社会信用体系建设实施方案》《深圳前海深港现代服务业合作区产业发展资金管理暂行办法》《深圳前海深港现代服务业合作区产业投资引导基金管理暂行办法》《深圳前海深港现代服务业合作区现代服务业综合试点专项资金管理办法（修订版）》《深圳市前海深港现代服务业合作区法律服务业专项扶持资金实施细则》《深圳前海深港现代服务业合作区现代服务业综合试点项目验收指引（试行）》《中国（广东）自由贸易试验区保险机构和高级管理人员审批备案管理办法》《深圳前海深港现代服务业合作区总部企业认定及产业扶持资金申报指南》《深圳市前海管理局关于发布深圳前海深港现代服务业合作区企业所得税优惠产业认定操作指引（试行）的通告》《深圳市地方税务局、深圳市国家税务局关于发布深圳前海深港现代服务业合作区企业所得税优惠政策操作指引的通告》《深圳市国家税务局关于创新自贸试验区税收服务 10 项措施的通告》等，内容

① 《韩国光阳圈自由经济区》，http：//www. gfez. go. kr/menu. es？ mid = a30102020100，最后访问时间：2018 年 8 月 10 日。

② 商务部国际司：《〈跨太平洋伙伴关系协定〉内容摘要》，http：//FTA. mofcom. gov. cn/article/zhengwugk/201510/28814_ 1. html？ from = timeline&isappinstalled = 0 #% E7% AC% AC% E5% 8D% 81% E5% 85% AD% E7% AB% A0，最后访问时间：2018 年 9 月 10 日。

上规范了外商投资企业的准入方式、产业发展资金的管理、产业投资引导基金、专项资金、扶持项目的验收指引等事项。

（五）外汇管理与金融政策

自贸区普遍采取宽松、自由、开放的外汇管理和金融政策，实行资金进出自由政策，鼓励开展离岸金融业务。当前各国自由贸易区金融外汇管理制度主要体现为宽松的外汇管制，允许资金自由进出、外汇自由兑换，外汇结算便利，减免存款准备金和存款保险。在外汇管制方面，部分自贸区如新加坡，全面取消外汇管制，外汇、各种形式的合法收入均可以自由进出自贸区①。在资金进出方面，有的自贸区如香港，对于资金进出没有限制，股利、专利权费用、利息等利润和其他收入可以自由地转移到外国。在利率政策方面，部分自贸区实行利率自由，或者减免存款准备金制度。例如，美国自贸区区内减少对银行存款利率的限制，取消对银行贷款规模的直接控制，允许更广泛的业务交叉，鼓励金融市场的创新和金融工具的创造②。在金融服务机构方面，部分自贸区内特设专门的金融服务机构，如香港贸易发展局、新加坡金融管理局、卢森堡金融推广署、迪拜国际金融中心法院和迪拜国际金融中心遗嘱检验认证机构、爱尔兰都柏林国际金融服务中心。

金融服务也是国际法层面的自贸区寻求突破的核心议题之一。TPP 将金融服务独立成章，制定全面的金融服务条款，将金融服务区分为跨境服务和投资（商业存在），涵盖一般贸易协定的核心义务，采用负面清单的承诺方式，市场准入限制低，国内监管制度对新金融服务开放，保持信息传输和数据处理的通畅，坚持竞争中立，全面的金融投资保护，以不符措施和例外条款的形式保证 TPP 成员监管者的自由裁量权③。

---

① 林雄：《中国自贸区建设与国际经验》，中山大学出版社，2016，第 179 页。

② 钱志义、杨婷、曾旻睿、施柳琼：《自由贸易区金融及相关政策国际经验简介》，http://www.csrc.gov.cn/pub/newsite/yjzx/yjbg/201505/t20150514_276942.html，最后访问时间：2018 年 10 月 10 日。

③ 蒙英华、汪建新：《超大型自贸协定的服务贸易规则及对中国影响分析——以 TPP 为例》，《国际商务研究》2018 年第 1 期。

当前深圳前海蛇口自贸片区的金融服务法律法规主要是各种暂行办法和实施细则、中国人民银行的指导意见、银监会通知等。主要包括《前海跨境人民币贷款管理暂行办法》《前海跨境人民币贷款管理暂行办法实施细则》《前海深港现代服务业合作区资本项目收入支付审核便利化试点实施细则》《关于推进前海湾保税港区开展融资租赁业务的试点意见》《深圳银监局关于试行中国（广东）自由贸易试验区深圳前海蛇口片区银行业监管相关制度的通知》《中国人民银行关于金融支持中国（广东）自由贸易试验区建设的指导意见》《中国人民银行关于扩大全口径跨境融资宏观审慎管理试点的通知》《进一步推进中国（广东）自由贸易试验区深圳前海蛇口片区外汇管理改革试点实施细则》，内容涉及跨境双向股权投资、跨境资产转让、跨境人民币贷款、跨境双向发债和跨境双向资金池等。

（六）劳工保护

各国自贸区实行各具特色的劳动法律法规。韩国提供劳工培训方面的资金援助政策，包括雇佣补助金、教育训练补助金①，在自由经济区内废除了各种劳动规章限制性规定，如无须企业对国家有功者、残疾人、高龄者等特殊群体的义务雇用，允许带薪休息日及带薪生理休假等②。新加坡《外国人力雇佣法案》对外籍工人实行配额制度；雇用外国劳动力的雇主根据不同行业向政府缴纳劳工税③。香港《雇佣条例》调整所有雇佣关系，内容全面，包括雇佣合同、薪酬、休假、反歧视、雇佣保障等各个方面④。迪拜企业雇用外国员工无附加限制性条件，自贸区便利员工工作签证申请程序，减少签证费用，根据投资额和企业规模设定免费工作签证名额⑤。也门《自由

① 刘恩专：《世界自由贸易港区发展经验与政策体系》，上海人民出版社，2018，第134页。

② 刘恩专：《世界自由贸易港区发展经验与政策体系》，上海人民出版社，2018，第131页。

③ 刘恩专：《世界自由贸易港区发展经验与政策体系》，上海人民出版社，2016，第102页。

④ 香港政府：《香港便览－就业概括》，https：//www.gov.hk/sc/residents/，最后访问时间：2018年10月15日。

⑤ 董森：《浅谈上海自贸区对中国经济的影响》，http：//www.doczj.com/doc/2805544d49649b6649d7471b－10.html，最后访问时间：2018年10月18日。

区法案》第17条规定，企业有权雇用所需要的员工，但要求同等技能条件下，应优先雇用也门国民，且不得雇用也门政府参与联合抵制的国家国民①。日本为企业雇用当地工人提供便利，如冲绳县政府专门设立了“冲绳青年雇用促进奖励金”和“本地求职者雇用奖励金”，提供雇主补助以补贴企业因雇用年轻人而增加的设备和设施②。

受WTO和国际劳工公约发展进程及各国政治经济形势影响，不同时期自由贸易协定的劳工标准规则不尽相同，纳入模式也存在差异，一般为附属协议模式或嵌入条款模式③。但近年来，将劳工保护纳入双边自由协定谈判议题已经成为自贸协定谈判的新动向。例如，TPP制定专门劳工合作备忘录，规定了劳工权利保护与人力资本开发政策的要求，需承诺对劳工进行权利保护和机制保护，设立了“劳工权益调查员制度”，允许非政府组织跨国调查④。

深圳前海蛇口自贸片区尚未有针对自贸片区内劳工保护的专门性立法，目前仅有关于人才住房的暂行办法，以规范前海人才住房的筹建、配租及相关管理活动，早期实施的部分关于人才认定的暂行办法已失效⑤。

（七）环境保护

各国自贸区建设普遍强调环境保护问题，杜绝高污染的企业入驻。新加坡自贸区要求入驻企业必须遵守环境立法；明确各类废物的处理和排放标准；设立相应的专门机构，负责健康、安全和污染问题；严格限制高污染企业进入自贸区内；对劳动力密集、污染性强、货物附加值低的行业进行限

---

① 《也门自由区法》：http：//aden. mofcom. gov. cn/aarticle/ddfg/200203/20020300009156. html，最后访问时间：2018年10月17日。

② 邬展霞、仇倩、王晓：《世界主要自由贸易区：运行特色、税制设置和税政评析》，《科学发展》2014年第6期。

③ 李西霞：《加拿大自由贸易协定劳工标准及其启示》，《河北法学》2018年第4期。

④ 余芳：《国际经贸新规则下中国自贸区发展战略的推进》，《新经济》2016年第15期。

⑤ 已失效的文件包括《前海深港现代服务业合作区境外高端人才和紧缺人才认定暂行办法》《深圳市人民政府关于印发深圳前海深港现代服务合作区境外高端人才和紧缺人才个人所得税财政补贴暂行办法的通知》。

制[①]。香港环境保护由环保局负责制定相关政策，下设环境保护署和能源及可持续发展科；环境保护相关制度包括《空气污染管制条例》《废物处置条例》《水污染管制条例》《噪音管制条例》[②]。

环境保护问题也是近年来双边或多边自由贸易协定谈判的重要议题。在TPP文本中，环境保护作为单独章节出现，内容主要包括：同意履行《濒危野生动植物国际贸易公约》，采取行动打击野生动植物非法贸易并开展合作；同意推动可持续林业管理，保护本国领土内濒危野生动植物，保护湿地等特别自然保护区的生态完整性；开展可持续的渔业管理，推动鲨鱼等重要海洋生物保护，打击非法捕捞，禁止某些可导致对渔业资源过度捕捞或非法、未申报、无管制捕捞的有害补贴；同意增强补贴项目透明度，尽最大努力克制引入可导致过度捕捞或捕捞能力过剩的新补贴；同意有效实施各自的环境法，不为了鼓励贸易或投资削弱环境法；减少船舶污染，保护海洋环境，减少臭氧层破坏物质的排放；实施多边环境协议的承诺，提高环境政策决策、实施和执行透明度；为公众参与环境保障实施提供机会，包括公众意见书和环境委员会的公开环节等等[③]。

深圳前海蛇口自贸片区关于环境保护的制度仅在《深圳经济特区前海深港现代服务业合作区条例》中有所提及，内容包括坚持低碳环保的理念，实现经济、社会、环境的可持续发展等原则性规定，对于如何更好地实现自贸区内的环境保护问题缺乏操作性和实践性规定。

（八）透明度条款和反腐败

无论是多边或者双边自由贸易协定，还是各国国内法规范的自由贸易区，均要求规则的透明度和公众参与，强调反腐败。TPP建立了“透明度和

---

① 林雄：《中国自贸区建设与国际经验》，中山大学出版社，2016，第177~178页。

② 香港环境保护署：https://www.epd.gov.hk/epd/tc_chi/top.html，最后访问时间：2018年10月10日。

③ 商务部国际司：《〈跨太平洋伙伴关系协定〉内容摘要》，http://FTA.mofcom.gov.cn/article/zhengwugk/201510/28814_1.html?from=timeline&isappinstalled=0#%E7%AC%AC%E5%8D%81%E5%85%AD%E7%AB%A0，最后访问时间：2018年9月8日。

公众参与”条款，提出双方应当在透明的前提下开展监管合作，并加强公众的参与；要求双方至少每年公开一次主要监管法案；制定计划，并对利益相关人的咨询和参与作出更细致的规定①。美国 BIT 范本关于透明度条款内容包括对提前公布拟议法规的要求、对中央政府层面普遍适用的法规公布要求、对标准及技术法规制定过程中的透明度要求、投资者能够依据“投资法律和决定的公布”提请仲裁②。

在信息公开和透明化层面，2015 年 9 月 18 日前海管理局依据《政府信息公开条例》编制了《深圳市前海管理局信息公开指南》，前海管理局在职责范围内，负责主动或依申请公开机构设置、统计数据、政策法规、人事信息、采购信息、土地出让、重大建设项目、资金信息、规划计划、信息公开报告、权责清单等各类政府信息，获取形式分为依申请公开和主动公开；在监察层面，前海还借鉴香港廉政公署，设置了前海廉政监督局③。

（九）知识产权

各国自贸区普遍重视知识产权保护问题。例如，韩国自贸区缩短专利审查处理时长（2014 年专利审查处理时长年均 11 个月），提供知识产权信息及咨询；加强与五大知识产权局的多边合作，根据专利合作条约落实国际专利申请制度，保护外国商标④。新加坡与外商订立专利使用费、技术援助费及调查开发费的支付合同的外资企业，免除所得税的一半⑤；并引进专门的

---

① 张姣：《自由贸易协定国际监管合作规则：发展动向与实证分析》，《武大国际法评论》2017 年第 6 期。

② 叶楠：《论美国投资条约中的透明度规则及其对我国的启示》，《北京工商大学学报》（社会科学版）2013 年第 6 期。

③ 前海管理局官网：http：//www. szqh. gov. cn/sygnan/xxgk/xxgkzn/，最后访问时间：2018 年 10 月 15 日。

④ 韩国新万金官网：http：//cn. saemangeum. go. kr/why/why1000. htm；InvestK OREA 官网：http：//www. investkorea. org/ch/company/infra. do，最后访问时间：2018 年 8 月 12 日。

⑤ 刘恩专：《世界自由贸易港区发展经验与政策体系》，上海人民出版社，2018，第 101 页。

非诉讼纠纷解决机制——世界知识产权组织仲裁与调解中心办事处[1]。香港分别规定了《商标条例》《专利条例》《版权条例》《注册外观设计条例》等知识产权法规。

知识产权保护也是多边或双边自由贸易协定关注的重要议题。TPP 对于缔约方之间的知识产权保护建立了配套制度体系，专利权标准根据《与贸易有关的知识产权协定》和国际最佳实践；区别规定用于企业和个人的品牌名称和标识的保护性规定；提出了新地理标识保护透明度及程序保障要求；重申对《与贸易有关的知识产权协定》和公共健康声明的承诺；提供执行体系，包括民事程序、临时措施、边境措施以及针对商业规模的商标假冒和侵犯版权等行为采取刑事程序和惩罚等[2]。

深圳前海蛇口自贸片区正在建设知识产权的多元保护机制，设有深圳市中级人民法院深圳知识产权法庭、前海人民法院、华南高科技知识产权仲裁中心、知识产权司法鉴定机构、知识产权专业律师事务所和其他知识产权高端服务机构，强化知识产权保护审判并加强知识产权执法。

（十）争端解决

与投资有关的争议解决机制建设是各国自贸区制度建设的重要组成部分。在迪拜，迪拜国际金融中心纠纷解决管理局下设 3 个各自独立的机构，即迪拜国际金融中心法院、迪拜国际金融中心—伦敦国际仲裁院、阿联酋海事仲裁中心以及根据“12 号迪拜法”设立的与 DIFC（迪拜国际金融中心）法院相关的法庭及附属机构[3]。为了规范自贸区法律的实施，部分国家规定了法律责任条款。《新加坡贸易区法案》第六部分规定了“犯罪和惩罚”，

---

① 马秋、杨青蕾：《自贸区跨境电商知识产权法律风险防控研究》，《辽宁师范大学学报》（社会科学版）2018 年第 1 期。

② 商务部国际司：《〈跨太平洋伙伴关系协定〉内容摘要》，http：//FTA. mofcom. gov. cn/article/zhengwugk/201510/28814_ 1. html？ from = timeline&isappinstalled = 0 #% E7% AC% AC% E5% 8D% 81% E5% 85% AD% E7% AB% A0，最后访问时间：2018 年 9 月。

③ 《人民法院报》2017 年 7 月 14 日，http：//rmfyb. chinacourt. org/paper/html/2017 - 07/14/content_ 127738. htm？ div = 0，最后访问时间：2018 年 9 月。

第 21 条规定了对未另行规定的罪行的处罚、第 22 条规定了对尝试和教唆犯的处罚、第 23 条规定了对个人、代理人的处罚①。多边或双边自贸协定也重视争端解决机制的构建。TPP 建立了合作—磋商—ADR—中立、无偏见的专家组解决争端，适用于协定所涉及的所有争议，公众可跟踪整个争端解决过程，获取争端解决中提交的各项意见及专家组提交的最终报告，并参与听证会②。

深圳前海蛇口自贸片区致力于建设多元化纠纷解决机制，包括落户最高人民法院第一巡回法庭、最高人民法院第一国际商事法庭、“一带一路”国际商事诉调对接中心，成立港澳台和外国法律查明基地，引入深圳国际仲裁院，设立前海法院、前海检察院等机构。

三 域外自贸区立法发展对前海蛇口自贸片区的借鉴

（一）立法先行、依法治区

通过完善法律制度，明确和固定自贸区的经济政策，这是国际社会自贸区发展的一个重要特征。国际法规范的自由贸易区建立在双边或者多边国际条约基础上，以国际法为发展依据；各国国内法规范的自由贸易园区也根据各国自行制定的国家立法予以规范。应该承认，制定国家层面的统一自贸区立法对于规范自贸区的发展和运作将更具有权威性和有效性。一方面，立法明确规定自贸区管理机构在运营管理过程中的可为空间和不可为事项，有助于避免各自贸区单独立法中可能出现的法律冲突问题。另一方面，在法律制度完备的前提下再着手建立自贸区，自贸区建设可以在一个规范化的框架下

① 全球法规库：https：//sso. agc. gov. sg/Act/FTZA1966#P1VI－，最后访问时间：2018 年 10 月。

② 商务部国际司：《〈跨太平洋伙伴关系协定〉内容摘要》，http：//FTA. mofcom. gov. cn/article/zhengwugk/201510/28814_ 1. html? from = timeline&isappinstalled = 0 #% E7% AC% AC% E5%8D%81% E5%85% AD% E7% AB% A0，最后访问时间：2018 年 9 月。

有序进行。可以说，制定统一的国家层面的自贸区立法，先立法，后设区，依法治区是国际社会多数自贸区发展的共同特点。

中国当前缺乏国家层面的统一的自由贸易园区法，对于自贸区的设立条件，设立标准和程序均缺乏统一规范，各自贸区制定的条例或管理体系比较庞杂，内容也不够清晰和透明，重复和雷同立法现象突出。推进自贸区建设过程中，在总结大量可复制可推广经验的基础上，待时机成熟，应适时推动国家出台统一的“自由贸易园区法”，对所有自贸区进行统一的宏观规范与管理，以明确自贸区的定义、性质、地位、目的、功能定位，明确自贸区的管理体制，明确配套制度的合法权限，规范自贸区暂停相关法律法规实施的程序。

（二）适时修订，应对经济高速发展

自贸区的高速发展催生了许多新的经济贸易行为，需要及时的规则指引。在保持自贸区法律制度稳定性的同时，适时修订自贸区规则，为自贸区的日常事务管理和经济高速发展提供保障。美国在 1934 年制定《对外贸易区法案》后，历经多年发展，法案框架基本不变，但其内容根据经济发展需求、通过登报征求意见和举行听证会的方式，收集公众意见，不断调整修订[①]。

未来前海蛇口片区制度建设仍需要根据自贸区发展情况不断推进原有制度完善与新制度构建。一方面，应尽快完善前海蛇口自贸片区的基本法。包括适时出台《中国（广东）自由贸易试验区深圳前海蛇口片区条例》，并尽快修订 2011 年制定的《深圳前海深港现代服务业合作区条例》，以保持立法之间的协调。另一方面，可以考虑建立对法规规章和规范性文件的适时修订与清理机制，对已出台的制度文件进行定期清查，及时清理不符合自贸区实践需求与发展的制度文件，根据情况适时修订或废除。

① 刘恩专：《世界自由贸易港区发展经验与政策体系》，上海人民出版社，2018，第 69 页。

（三）高效、便利的管理体制

国际上自贸区一般有国家层面的主管机构，从国家层面对自贸区进行制度顶层设计，成熟的自贸区还赋予地方层面和市场化的公司或法人机构共同参与治理的机会。

就前海蛇口自贸片区而言，当前深圳前海管理局法定机构运作模式已经取得了一定的经验和成果，但运作中外部管理模式与内部治理架构仍存在进一步完善的问题。2018 年国务院印发的《进一步深化中国（广东）自由贸易试验区改革开放方案》提出，“进一步推动法定机构改革，探索经济管理的市场运作方式”，表明法定机构改革仍然是广东自贸区乃至深圳前海蛇口片区应承担的制度改革重任。未来，可进一步借鉴香港或新加坡法定机构管理机制，修订《深圳前海深港现代服务业合作区管理局暂行办法》，完善前海管理局法定机构制度，并探索进一步成立承担特定经济管理或社会职能的法定机构。

（四）目标明确，标准日益提高的规则体系

国外自贸区法律制度的设立有非常明确的规则体系，即以自贸区贸易便利、投资自由、通关便利、金融开放、政府放权为宗旨和目标制定规则，有力地推动自贸区构建良好的法治营商环境。未来前海蛇口自贸片区应致力于构建和完善相关的规则体系，具体包括：制定完善的企业准入和管理规则，提供企业准入和管理的一站式服务平台，提供专门针对中小企业的激励政策和优惠政策，制定竞争中立条款并设计相关保障机制。完善并修订负面清单，细化外商投资管理规定，促进外商投资自由化；提高自贸试验区外商投资开放度、透明度，着力构建与负面清单管理方式相适用的事中事后监管制度；完善国家贸易单一窗口和一站式平台，推进单一窗口的贸易便利化改革，建立符合市场需求的前海金融服务平台，筹建法定机构性质的金融管理局。

（五）专业、高效的争端解决机制

完善争端解决机制是当前多边或双边贸易协定及国内自贸区建设的主要

内容。前海国际商事和法律服务中心已经取得较好成绩，未来应继续探索建立专业、高效的争端解决机制，联合港澳，打造国际法律服务和商事争端解决中心。具体包括：逐步完善粤港澳司法互助与合作、纠纷解决机制合作；联合“一带一路”周边国家，打造“一带一路”法律合作联盟组织，扩大前海法律服务业在“一带一路”沿线国家的影响力；整合现有民间调解、仲裁调解和法院调解三种调解模式，建立统一的国际调解中心，提倡、鼓励和促进以调解方式解决争议，制定调解程序规则或调解实务指引，打造深圳前海国际调解中心品牌；借助深圳市创新型城市的产业优势，推进在线法律服务和争端解决平台建设，打造深圳涉外和国际在线法律服务中心；深化律师业合作，拓展联营所的执业业务范围，推动大湾区内律师执业资格互认。

B.4
前海蛇口自贸片区制度创新发展路径分析

闫 佳*

摘 要： 中国广东自由贸易试验区前海蛇口自贸片区是新时期国家改革开放的战略平台，前海在深港合作、金融创新、投资便利化、服务业开放等领域形成了一系列“比特区还要特”的创新政策体系，被誉为“特区中的特区”。前海蛇口自贸片区自设立以来，经历了初创期、起步期、爆发期和模式期的一系列探索，逐渐形成了一套以投资便利化、贸易便利化、金融开放创新、事中事后监管、法治创新、体制机制创新、人才管理创新和基层党建创新等八大制度创新板块为主要内容，与国际通行规则深度融合、有效满足新时代发展需求的创新制度体系。未来，前海还将继续坚持把制度创新和自身优势结合起来，通过开放倒逼改革，通过改革激发市场活力，实现跨越式发展。

关键词： 创新体系 前海模式 融合发展

建设自由贸易试验区是党中央在新时代推进改革开放的一项战略举措，在改革开放进程中具有里程碑意义。从 2013 年第一家自贸区——上海自由贸易试验区成立至今，中国的自贸区建设已经走到了第六个年头。从自贸区

* 闫佳，前海管理局自贸制度创新处干部。

设立之初，制度创新一直是自贸区建设的核心与本质，习近平总书记在2014年5月考察上海自贸试验区时指出：要切实把制度创新作为核心任务，以形成可复制、可推广的制度成果为着力点。为落实习总书记指示精神，推动自贸区建设发展，全国12个自贸区都推出了多项改革创新措施，形成了不少制度创新成果。

截至2019年4月，国务院和各部门已向全国或特定区域复制推广自由贸易试验区改革试点经验171项。

在密集推广和复制这些经验的节点，自贸区的建设者和工作者似乎更应该回到一个核心问题上——何为制度创新？自贸区的精神，就是自由、开放和创新，而这些精神的具象化体现，则是制度创新。习近平总书记在2016年再次强调，自由贸易试验区建设的核心任务是制度创新。实际上，自贸区本身就是一种制度创新的产物，加强制度创新和改革系统集成，是全面深化改革和扩大开放的试验田，承接着国家发展创新实验的战略任务，因此，也只有坚持制度创新，自贸区对接国际贸易新规则、以开放促发展的作用才能真正得以发挥。

前海合作区及自贸片区创设之初，就秉持以制度创新激发改革、深化改革，从而获得更高质量发展的理念。在此基础上，纵观各自贸区推出的发展举措，从确立以负面清单为核心的投资管理制度到以贸易便利化为核心的贸易监管制度，从探索更加适应开放市场的金融开放创新到有效防范化解金融风险，从创新型法律制度建设到政府职能转变，全部都围绕制度创新这一核心任务展开，没有制度创新，这些高质量发展举措都不可能得以实施。

自成立以来，前海始终把制度创新和前海的独特优势结合起来，通过开放激发改革动力和市场活力，为前海跨越式发展提供了推力。7年以来，经济总量在千亿能级持续提升，制度创新走在全国前列，新城建设突飞猛进，深港合作成果丰硕，产业集聚实现跨越式发展。数据显示，前海蛇口自贸片区已经成为中国发展最快、质量最高、效益最好的区域之一。片区注册企业从2012年的5215家增长至2018年12月的17.49万家，年均增长率高达62.7%。2018年，前海蛇口自贸片区注册企业增加值2549.5亿元，增长

25.6%；实现税收收入445.94亿元，同比增长30.3%；固定资产投资465.33亿元，增长8%；实际利用外资45.08亿美元，增长1.3%。2019年一季度，实现税收收入145.38亿元，同比增长23.9%；全社会固定资产投资增长18%；实际利用外资6.19亿美元，增长107.3%。前海作为粤港澳大湾区的核心引擎作用初步显现。

未来，前海蛇口自贸片区将继续在建设城市新中心、打造高水平对外开放门户枢纽、加强粤港澳自由贸易试验区深度合作、服务“一带一路”建设等方面发挥全面深化改革和扩大开放试验田的作用，实现这些目标则必须依靠制度创新。

一　前海制度创新的发展历程

（一）习近平总书记关于自由贸易试验区制度创新的重要指示

习总书记从2014年3月至2019年1月，共对自贸试验区建设进行了11次重要指示。其中，在2014年5月23日至24日考察上海自贸试验区时指出：希望试验区把扩大开放同改革体制结合起来，把培育功能同政策创新结合起来，大胆闯、大胆试、自主改。要切实把制度创新作为核心任务，以形成可复制、可推广的制度成果为着力点，努力创造更加国际化、市场化、法治化的公平、统一、高效的营商环境。2015年3月5日参加全国两会上海代表团审议时指出：要加强整体谋划、系统创新。要加快转变政府职能，发挥好试验区辐射带动作用，着眼国际高标准贸易和投资规则，使制度创新成为推动发展的强大动力。要加大金融改革创新力度，增强服务中国经济发展、配置全球金融资源能力。2015年3月24日中共中央政治局会议审议通过广东、天津、福建自由贸易试验区总体方案，指出广东、天津、福建自由贸易试验区和扩展区域后的上海自由贸易试验区要当好改革开放排头兵、创新发展先行者，继续以制度创新为核心，在构建开放型经济新体制、探索区域经济合作新模式、建设法治化营商环境等方面，率先挖掘改革潜力，破解改革难题。2016 年 3 月 5 日参加全国两会上海代表团审议时指出：自由贸易试验区建设的核心任务是制度创新。要深化完善基本体系，突破瓶颈、疏通堵点、激活全盘，聚焦商事制度、贸易监管制度、金融开放创新制度、事中事后监管制度等，率先形成法治化、国际化、便利化的营商环境，加快形成公平、统一、高效的市场环境。2018 年 3 月 28 日中央全面深化改革委员会第一次会议强调，进一步深化广东、天津、福建自由贸易试验区改革开放，要认真总结自由贸易试验区建设经验，按照高质量发展的要求，对照国际先进规则，以制度创新为核心，以防控风险为底线，扩大开放领域，提升政府治理水平，加强改革系统集成，力争取得更多可复制可推广的制度创新成果，更好地服务全国改革开放大局。2018 年 10 月，在自由贸易试验区建设 5 周年之际，对自由贸易试验区建设作出重要指示。建设自由贸易试验区是党中央在新时代推进改革开放的一项战略举措，在我国改革开放进程中具有里程碑意义。5 年来，各自由贸易试验区认真贯彻党中央决策部署，锐意进取，勇于突破，工作取得重大进展，一大批制度创新成果推广至全国，发挥了全面深化改革的试验田作用。面向未来，要在深入总结评估的基础上，继续解放思想、积极探索，加强统筹谋划和改革创新，不断提高自由贸易试验区发展水平，形成更多可复制可推广的制度创新成果，把自由贸易试验区建设成为新时代改革开放的新高地，为实现“两个一百年”奋斗目标、实现中华民族伟大复兴的中国梦贡献更大力量。

（二）前海制度创新是在习近平总书记倾注心血、亲自指导下逐步形成和发展的

从 2010 年至 2018 年，习近平总书记对前海一共进行了 5 次指示批示。

2010 年 1 月，时任中央政治局常委、国家副主席、港澳工作协调小组组长的习近平同志明确批示，要求高度重视前海开发开放，明确提出由国家发展改革委牵头编制前海发展总体规划。在他的关心推动下，国务院于 2010 年 8 月 26 日正式批复实施《前海深港现代服务业合作区总体发展规划》，建设现代服务业体制机制创新区、现代服务业集聚区、香港与内地合

作先导区、珠三角转型升级引领区，打造“特区中的特区”。

2012 年 12 月 7 日，习近平同志将离京到地方视察的第一站放在了前海。他说：“建设前海这个地方，使我们看到了深圳初创的景象。一张白纸，从零开始，但是可以画最美最好的图画。一张白纸，怎么才能画好？就是要把握住中央予以的定位。”这就是“依托香港、服务内地、面向世界”；他特别指出：在开发建设前海的过程中，要发扬特区人敢为天下先的精神，要敢于“吃螃蟹”，做第一个“吃螃蟹”的人，要落实比特区还要特的先行先试政策，大胆地往前走。通过“坚定不移、持之以恒、艰苦奋斗、开拓创新”的努力，把前海打造成为“最浓缩最精华的核心引擎”。他特别强调：“我们搞好前海这个地方，实际上就是把它作为我们创新的动力，在这里获得经验向全国推广。”

2014 年 3 月 5 日，在前海即将进入大开放、大发展、大建设之时，总书记在审阅全国港澳研究会上报的有关调研报告后，专门来到全国人大广东代表团，就前海的发展方向提出重要指示。他强调：前海要增强与香港发展的关联度，要为香港发展扩大空间，为香港的结构优化发挥杠杆作用。他还专门交代时任中共中央政治局委员、广东省委书记胡春华同志亲自抓落实。

2018 年 10 月 24 日，习近平总书记再次视察前海并发表重要讲话，指出：“五年多了，前海的变化非常大，虽然这是意料之中的事，但是看了以后仍然感觉到很开心、很开心！”“发展这么快，变成这个样子，说明前海的模式还是可行的。”并嘱托深圳“要扎实推进前海建设，拿出更多务实创新的改革举措，探索更多可复制可推广的经验，深化深港合作，相互借助、相得益彰，在共建‘一带一路’、推进粤港澳大湾区建设、高水平参与国际合作方面发挥更大作用”。

2018 年 12 月 31 日，习近平总书记在新年贺词中，再次肯定“深圳前海生机勃勃”。

从决策、布局、指引到肯定，总书记持续的关注为前海改革创新注入了强大动力，对前海创造奇迹、再创辉煌产生了根本影响，为前海腾飞带来了巨大动能，促使前海大踏步走在发展高层次开放型经济的最前列。正是在这样的实践过程中，逐渐形成了又好又快发展的前海模式。

二　前海制度创新的发展历程

梳理总结总书记指引下前海的8年实践历程，前海的改革创新在经历了初创期（2010～2012）、起步期（2012～2015）、爆发期（2015～2018）后，进入了模式期的新阶段。

（一）初创期：前海制度创新总体框架初步确立

2010～2012年，是前海深港现代服务业合作区的初创期，也是之后成立的前海蛇口自贸片区的基础期。国务院发布了对前海总体规划和支持前海开发开放的有关批复，深圳市运用特区立法权颁布了“一条例两办法”，通过中央政府行政法规和特区地方立法的形式明确了前海的区域性质、总体思路、功能任务、治理结构、产业方向等要素，可以说通过法律的形式确立了前海改革创新的总体框架和发展方向，之后前海的各项创新探索基本都是在此框架内的落实与执行。因此，这一个时期奠定的政策基础对于前海的发展具有里程碑意义。

1.《国务院对〈前海深港现代服务业合作区总体发展规划〉的批复》（国函〔2010〕86号）

2010年8月26日，国务院对《前海深港现代服务业合作区总体发展规划》（以下简称《前海总规》）进行了批复，在战略定位上，将前海定位为“现代服务业体制机制创新区、现代服务业发展集聚区、香港与内地紧密合作的先导区、珠三角地区产业升级的引领区”，旨在深化与香港合作，构建更具活力的体制机制，推动现代服务业的集聚发展，促进珠三角地区的产业结构升级，并且明确将金融业、现代物流业、信息服务业、科技服务和其他专业服务作为前海着力发展的四大支柱产业。《前海总规》对财税政策、土地支持政策、口岸服务环境、社会保障服务衔接和营造优良人才环境等方面的政策措施进行了探索和创新，如对经认定的技术先进服务企业按15%的优惠税率征收企业所得税，在不破坏海洋生态环境的前提下，可以适当围填海，用于发展建设，前海企业与聘用的台、港、澳人员签订劳动合同，并缴纳社会保险费等。《前海总规》对于体制机制的创新探索和突破性的政策安排，为前海制度创新向纵深推进明确了发展方向、打下了坚实基础、提供了法治保障，是前海进行改革创新的基础推进力。

2.《国务院关于支持深圳前海深港现代服务业合作区开发开放有关政策的批复》（国函〔2012〕58号）

2012年6月27日，国务院对广东省人民政府和发展改革委做出了《国务院关于支持深圳前海深港现代服务业合作区开发开放有关政策的批复》（以下简称《批复》），支持深圳前海深港现代服务业合作区实行比经济特区更加特殊的先行先试政策，打造现代服务业体制机制创新区、现代服务业发展集聚区、香港与内地紧密合作的先导区、珠三角地区产业升级的引领区，在金融、税制、法治、人才、教育、医疗、电信等领域，出台22条开发开放和先行先试政策，这些政策在前海已经基本落实。

在金融领域，支持设立在前海的银行机构发放境外项目人民币贷款。前海在全国率先推动实现跨境人民币贷款、跨境双向发债、跨境双向资金池、跨境双向股权投资和跨境资产转让等“五个跨境”重大改革措施。截至2019年2月，跨境人民币贷款业务累计实际提款金额达371亿元。在进一步推进前海金融市场扩大对香港开放方面，支持在CEPA框架下适当降低香港金融企业在前海设立机构和开展金融业务的准入条件。2017年，CEPA框架下首家港资控股的全牌照证券公司汇丰前海证券有限责任公司成立，该公司由香港上海汇丰银行有限公司与前海金融控股有限公司共同发起成立，双方占股比例分别为：汇丰银行51%，前海金控49%。2018年，在自由贸易试验区外商投资准入特别管理措施（负面清单）中，金融领域取消银行业外资股比限制，将证券公司、基金管理公司、期货公司、寿险公司的外资股比放宽至51%，2021年取消金融领域所有外资股比限制。因此，港资控股这一创新举措已经在全国自贸区复制推广。

在税收领域，《批复》规定：在制定产业准入目录及优惠目录的基础上，对前海符合条件的企业减按15%的税率征收企业所得税。对在前海工作、符合前海规划产业发展需要的境外高端人才和紧缺人才，取得的暂由深圳市人民政府按内地与境外个人所得税负差额给予的补贴，免征个人所得税。前海对符合产业目录的企业和境外高端紧缺人才，均减按15%征收或者先征后返相关税金。

在法治领域，《批复》规定的香港仲裁机构在前海设立分支机构和粤港两地联营律师事务所两项政策均已在前海落地。深圳国际仲裁院已于2017年在前海设立，香港仲裁司协会会同国际仲裁院在前海设立了粤港澳商事调解联盟。广东省内共有11家联营律师事务所，其中有7家设立在前海。

在人才政策领域，根据广东省和深圳市陆续出台的相关政策的规定，香港注册税务师、会计师、执业药师、房屋经理、社会工作者等十多类香港执业资格专业人士可以在前海执业从业。另外，前海外籍高层次人才居留许可由原来的1~2年延长到2~5年，符合条件的可申请永久居留，前海还设立e站通服务中心人才服务窗口，直接为人才提供一站式便利服务。提供近5000套前海人才公寓，为入区企业高层次人才提供住房保障。推出移动通信“前海卡”，推动实现深港通信同城化，降低前海人才的通信成本。

在社会服务领域，《批复》支持前海在深港两地教育、医疗等方面开展合作试点。允许香港服务提供者经批准在前海设立独资国际学校，允许香港服务提供者在前海设立独资医院。前海的国际学校已经有哈罗公学等国际知名学校申报办学主体。另外，前海还在推动北京大学与剑桥大学合作，共同在前海设立“北大剑桥学院”，与美国伯克利音乐学院、合众音乐、腾讯音乐等开展合作建设，打造前海伯克利未来音乐中心。建设国际医院方面，计划与美国西达赛奈医疗中心、南方科技大学、泰康保险集团等国内外一流机构合作。

3.《深圳经济特区前海深港现代服务业合作区条例》

2011年7月6日，深圳市人大常委会发布实施了《深圳经济特区前海深港现代服务业合作区条例》（以下简称《条例》），以地方性法规的形式，对前海合作区的功能定位、治理结构、开发建设、产业发展、投资促进、社会建设、法治环境等方面进行了规定。

其中，在治理结构方面，《条例》对前海合作区的管理部门——深圳市前海深港现代服务业合作区管理局进行了明确规定，这是深圳市和前海地区在体制机制创新方面进行的有益探索，也是中国行政机构改革的标志性事件。根据《条例》第7条的规定：前海管理局是实行企业化管理但不以营利为目的的履行相应行政管理和公共服务职责的法定机构，具体负责前海合作区的开发建设、运营管理、招商引资、制度创新、综合协调等工作。另外，《条例》还规定：前海管理局根据国家规定，在非金融类产业项目的审批方面，行使计划单列市的管理权限。自此，中国内地首个法定机构成立，这标志着中国的机构改革迈出了革命性的一步。法定机构不同于中国行政机构设立的任何一种形式，前海管理局作为首个法定机构，既非政府，也非事业单位，而是实行企业化管理但不以营利为目的的公共机构。前海管理局法定机构，其实就是借鉴中国香港、新加坡公共服务管理的产物。虽然并非传统的行政机关，但是前海管理局根据《条例》的授权，承担了多项行政审批职能，截至2019年3月，前海管理局先后承接了省、市下放的涉及国土资源、科技、投资项目、工商登记、人力资源、文化、城市建设等领域共131项行政管理权限，并将市场监管、税务、公安、人力资源保障等部门的81项事项纳入前海管理局e站通服务中心统一办理。

法定机构的运作效果方面，一是前海管理局依法实行企业化、市场化的人事管理制度，享有独立的用人自主权，在深圳市政府确定的授薪人员员额、领导职数及薪酬总额范围内，自主决定人员聘用和薪酬标准。这一运作模式能够确保管理局根据岗位实际需求，以较为灵活的方式招聘工作人员。另外，在薪酬待遇方面的自主权，意味着前海能根据市场人力资源流动的实际和更具吸引力的幅度确定人员薪酬。二是在人员绩效考核方面，前海管理局并未采用对公务员的考核办法，而是运用更为企业化的考核方式，实行组织绩效考核与个人绩效考核双指标，年终考核等次分为S、A、B、C等档次，根据组织和工作人员个人的年度工作业绩、综合协调、群众满意度情况进行评定，考核等次与年终绩效奖金直接挂钩，且考核档次对应的奖金差额较大，以此激励先进，鞭策后进。前海能够在短短几年内快速发展，取得骄人成绩，与法定机构先进灵活的运作模式有密不可分的关系。

4.《深圳市前海深港现代服务业合作区管理局暂行办法》（深圳市人民政府令第232号）

2011 年 9 月 5 日，深圳市人民政府颁布《深圳市前海深港现代服务业合作区管理局暂行办法》（以下简称《暂行办法》），对前海合作区法定管理机构前海管理局的职责和运作机制进行了规定。前海管理局负责前海合作区内除金融类产业项目以外投资项目的审批、核准、备案或者转报管理。前海合作区内金融类外商投资企业的设立、变更以及外商投资项目的审批，由前海管理局在计划单列市的权限范围内办理。这一审批权限上的突破在《前海深港现代服务业合作区总体发展规划》中已经提出："对国家已做出明确规定的领域，在非金融类产业项目的审批管理上，赋予前海管理机构相当于计划单列市的管理权限。"《暂行办法》的规定，实质上是对于《前海总规》相关内容的细化规定。由于深圳在行政级别中属于计划单列市，这一规定曾引起了社会的广泛关注。需要说明的是，"计划单列市审批管理权限"并非行政概念，仅为经济审批权限的概念，而前海管理局获得非金融产业领域的审批权，主要目的在于规范管理和提高效率。作为非政府机关的法定机构在特定领域享有计划单列市的审批权限，在全国都是独一无二的。另外，《暂行办法》的出台也使得前海管理局的地位得到正式确认，对于消除社会各界的疑虑、促进前海各项工作蓬勃发展具有深远的意义。

（二）起步期：各领域改革创新举措"百花齐放"

在制度创新的总体框架确立后，2012 ~ 2015 年是前海各项制度创新的起步期，各领域均从无到有，推出了一系列改革创新举措，架构起前海特有的创新生态结构，对于在全国打出响亮的前海品牌意义重大。

1.《深圳前海深港现代服务业合作区境外高端人才和紧缺人才个人所得税财政补贴暂行办法》

根据《国务院关于支持深圳前海深港现代服务业合作区开发开放有关

政策的批复》的规定，“对在前海工作、符合前海规划产业发展需要的境外高端人才和紧缺人才，取得的暂由深圳市人民政府按内地与境外个人所得税负差额给予的补贴，免征个人所得税”。深圳市政府 2012 年发布了《深圳前海深港现代服务业合作区境外高端人才和紧缺人才个人所得税财政补贴暂行办法》这一规范性文件，正式实施“前海境外人才个税 15%”优惠政策。

截至 2019 年 3 月，前海共补贴境外高端人才和紧缺人才 453 人次，补贴金额合计超过 1.73 亿元人民币。对标香港标准税率 15% 的标准，前海打造了“类香港”的税收环境，认定港籍人才约占总认定人数的 50%，有效降低企业在前海的运营成本，促进一大批聘用境外人才较多的企业落户前海，吸引境外高端人才在前海聚集。该政策已经成为前海乃至深圳市吸引境外高端人才和紧缺人才的重要抓手，在实施过程中备受企业、人才重视，影响力逐步提升，引才聚才效应逐步显现。

2.《前海深港现代服务业合作区促进深港合作工作方案》

2014 年，在习近平总书记视察前海两周年之际，前海发布了《前海深港现代服务业合作区促进深港合作工作方案》，这一方案是新时期全方位深化深港合作的重要框架体系，标志着以前海为平台的深港合作将迈向更深层次、更高水平。该工作方案明确了 8 个方面、50 条具体措施，提出通过深港现代服务业紧密合作，到 2020 年在前海实现“万千百十”发展目标，即由港资、港企开发的建筑面积超过 900 万平方米，港资服务业规模突破一千亿元，成功孵化培育港资创新创业领军企业超过一百家，建设香港优势产业十大集聚基地，向香港企业出让不少于三分之一的土地。进一步扩大对香港开放，为香港服务业拓展市场空间和经济腹地创造条件，提出“设立前海深港全球商品展示交易中心，支持香港企业拓展内地市场”；在促进深港市场要素跨境流动方面，提出“借鉴国际贸易‘单一窗口’模式，依托深圳地方电子口岸建设公共信息服务平台，率先在前海开展跨境电子商务试点”。为推进深港金融深度合作，建设金融业对外开放试验示范窗口，提出“鼓励香港银行业金融机构在前海设立法人机构或分支机构”“在前海试点探索将跨境人民币贷款的放款主体逐步扩大至香港非银行金融机构”等。

为创新开发建设模式，形成深港共同开发建设新格局，提出“试点实行香港的规划及工程管理体制，引入工程担保、质量保险等市场化手段，并由投资者自主选择香港专业人士和企业参与项目开发建设管理”。为拓展香港专业人士就业创业空间，建立人才合作交流机制，提出“建设前海深港青年梦工场，打造青年创新创业和就业服务平台，为香港青年提供成长阶梯”等措施。

目前，该工作方案提出的改革创新措施大部分已经落实，并取得了良好的成效。在为香港企业发展拓展空间方面，深港合作区成立以来累计面向港企出让土地18宗，面积37.26公顷，占比47.3%，建筑面积约293.2万平方米，占比48.6%。在推进港资企业集聚发展方面，打造港资企业集聚区和转型升级引领区，香港汇丰、恒生、东亚、嘉里、港铁、周大福、九龙仓、太平保险、敏华控股等一大批知名港企在前海加速发展。截至2019年3月底，前海港企总数达到11231家，注册资本1.05万亿元。在打造深港青年“双创”平台方面，成立深港青年梦工场，累计孵化创业团队356家，其中港澳台及国际团队176家，总融资金额超15亿元人民币，机构和团队获得专利498件。累计为香港大学生提供2000余个实习岗位，接待2万余名香港青年参观。习近平总书记肯定“梦工场是圆梦的地方”。努力构筑深港融合的法治环境，华南地区仅有的两家外国律师事务所驻粤代表处落户前海。前海法院首创适用香港法律审判商事案件，首创“港籍陪审”和“港籍调解”制度，35件经济纠纷案件当事人选择适用香港法律审理。

3.《广东省人民政府关于支持前海加快开发开放的若干意见》

2013年8月27日，广东省政府出台支持前海开发开放的若干意见，该意见对前海赋予了更高级别的经济管理权限。该意见将广东省涉及服务业发展的部分省级管理权限，直接下放或委托前海管理局依法实施，进一步全面落实前海在非金融类产业项目审批管理上相当于计划单列市的经济管理权限；对法律、法规和规章规定不得委托或下放以及需省综合平衡的省级管理事项，前海深港现代服务业合作区管理局与广东省建立直接请批关系，与深圳市人民政府为报备关系。该意见的出台为前海进一步拓展创新空间、加大自主创新力度提供了有力的支持。

另外，该意见还提出，支持现代服务业集聚发展。该意见围绕支持发展金融业、现代物流、信息服务、科技服务和其他专业服务，提出了 13 项政策措施。支持将前海建设成为珠三角金融改革创新综合试验区的核心功能区；支持前海设立各类创新型金融机构和要素交易平台；支持前海在 CEPA 框架下降低港澳金融机构进驻前海的资产规模、持股比例、业务范围；支持前海湾保税港区向自由贸易园区转型升级；鼓励发展邮轮、游艇等现代旅游服务业；创新项目管理模式，在工程咨询、项目开发、工程建设、物业管理等方面探索建立与国际接轨的管理制度等。经过近 6 年的不懈努力，这些政策措施已经在前海落地并取得了一定成效。

（三）爆发期：制度创新“前海模式”基本形成

2015 年 4 月 27 日，前海蛇口自贸片区成立，将前海合作区 15 平方公里和蛇口区块的 13.2 平方公里进行合并，进行功能叠加。从片区成立到现阶段的 4 年时间里，在已有创新体系架构的基础上，前海通过不断探索，打造出独特的“制度创新 +”前海模式（制度创新 + 特殊政策、+ 深港合作、+ 营商环境、+ 体制机制、+ 风险防控、+ 新城建设），并带动片区经济、新城建设、深港合作、产业集聚等各方面实现了跨越式发展。

1.《国务院关于印发中国（广东）自由贸易试验区总体方案的通知》（国发〔2015〕18号）

2015 年 4 月，国务院下发了《国务院关于印发中国（广东）自由贸易试验区总体方案的通知》，通知明确了广东自由贸易试验区的总体要求、区位布局、主要任务措施、监管服务和税收政策。其中，作为广东自由贸易试验区的一个片区，通知再次明确了前海蛇口片区的重点产业和战略定位：重点发展金融、现代物流、信息服务、科技服务等战略性新兴服务业，建设中国金融业对外开放试验示范窗口、世界服务贸易重要基地和国际性枢纽港。明确了前海建设国际化、市场化、法治化营商环境，深入推进粤港澳服务贸易自由化、强化国际贸易功能集成、深化金融领域开放创新、增强自贸试验区辐射带动功能、提供监管服务和税收政策等主要任务和措施。

在监管服务方面，按海关监管方式划分，在非海关特殊监管区域内，重点探索体制机制创新，积极发展现代服务业和高端制造业；在深圳前海湾保税港区等海关特殊监管区域，试点以货物贸易便利化为主要内容的制度创新，主要开展国际贸易和保税服务等业务，比照中国（上海）自由贸易试验区内海关特殊监管区域的有关监管模式，实行“一线放开”“二线安全高效管住”的通关监管服务模式，同时实施海关特殊监管区域整合优化措施，并根据自贸试验区发展需要，不断探索口岸监管制度创新。

2. 其他相关政策文件

税收方面，出台《深圳市前海深港现代服务业合作区管理局关于发布深圳前海深港现代服务业合作区企业所得税优惠产业认定操作指引（试行）的通告》（深前海〔2015〕152 号）、《深圳市国家税务局关于创新自贸试验区税收服务 10 项措施的通告》（深圳市国家税务局通告 2015 年第 5 号），对符合条件的企业和个人予以税收优惠税率，并提供便利化办税流程。前海税务在营商环境指标体系、体制改革、信用税收、创新科研、简事快办等领域形成了一批可复制可推广的创新举措，前海地区的税收便利化水平在全国位居前列。

金融开放创新方面，出台《前海跨境人民币贷款管理暂行办法》《中国人民银行深圳市中心支行关于支持中国（广东）自由贸易试验区前海蛇口片区扩大人民币跨境使用的通知》《推进中国（广东）自由贸易试验区深圳前海蛇口片区外汇管理改革试点实施细则》《中国人民银行关于金融支持中国（广东）自由贸易试验区建设的指导意见》《推进深圳前海蛇口自贸片区外汇管理改革试点实施细则》等文件，在全国率先推动实施了跨境人民币贷款、跨境双向发债、跨境双向资金池、跨境双向股权投资和跨境资产转让等“五个跨境”以及外汇管理等方面的政策。另外，在金融风险防控方面，率先出台了《深圳前海深港现代服务业合作区外债宏观审慎管理试点实施细则》，并且落地了全国首单外债宏观审慎管理试点业务。前海在金融基础设施、金融市场、金融产品等多个方面的创新都取得了新的突破。

跨境贸易方面，制定了《深圳前海蛇口自由贸易试验区/海关特殊监管区入境货物〈转口证明书〉签证工作规范（暂行）》《中国（广东）自由贸易试验区前海蛇口片区原产地签证清单管理办法》、《中国（广东）自由贸易试验区深圳前海蛇口片区跨境电子认证应用管理暂行办法》。近年来，前海不断加大贸易便利化改革力度，加快现代物流产业发展，积极开展跨境电商综合试验、保税港区转型升级，升级国际贸易“单一窗口”，并在国际中转、集拼业务加大创新力度，深化与沿线港口的贸易便利化合作，提升西部港区的辐射带动效能，以粤港澳大湾区建设为契机深化与香港的贸易便利化合作，营造国际一流的营商环境，持续提高贸易便利化水平。

产业扶持和服务业集聚方面，制定了《深圳前海深港现代服务业合作区产业发展资金管理暂行办法》《深圳前海深港现代服务业合作区总部企业认定及产业扶持资金申报指南》《深圳市前海深港现代服务业合作区试行香港工程建设模式合作安排》《香港工程建设领域服务业专业人士备案指南》《中国（广东）自由贸易试验区深圳前海蛇口片区管理委员会关于加快发展高端航运服务业的指导意见》，构建起以金融业、现代物流业、信息服务业、科技服务业和其他专业服务业为支撑，具有前海特色的现代服务业产业体系。

在吸引高端人才集聚方面，制定了《前海管理局与香港特区政府发展局合作实施“深港（前海）公职人员交流计划”》《深圳市前海深港现代服务业合作区人才住房管理暂行办法》《前海深港合作区人才发展引导专项资金实施细则》《前海深港现代服务业合作区境外高端人才和紧缺人才个人所得税财政补贴办法》《关于支持港澳青年在前海发展的若干措施》《外国高端人才服务“一卡通”试点工作实施方案》《深化深港人才合作　加快全国人才管理改革试验区建设的若干措施》等，对到前海工作的人才从制度保障、税收补贴、住房保障、创新创业到生活便利都推出了相关的优惠政策，对于吸引境内外高端人才工作就业有很大的吸引力，也为前海能够在短期内蓬勃发展提供了人才保障。

法治建设方面，出台了《前海中国特色社会主义法治建设示范区规划》，提出了构建接轨国际的高标准商事法制体系、深化综合性司法改革、打造国际法律服务中心和国际商事争议解决中心、建设国家知识产权综合管理改革高地、创新共建共治共享社会治理格局和弘扬社会主义法治文化等任务和目标，并尽快出台相关政策措施。司法建设和保障方面，为加快建设社会主义法治示范区、为自贸区与合作区发展提供有力的司法保障、为全国法院全面深化司法改革提供实践样本，2015 年 1 月，前海合作区人民法院（以下简称“前海法院”）成立。2015 年 5 月，前海法院出台了《为中国（广东）自由贸易试验区深圳前海蛇口片区与前海深港现代服务业合作区建设提供司法保障的意见（试行）》，在司法审判、司法体制机制改革和司法服务等方面提出了一系列创新措施。

三　前海制度创新工作现状与成效

经过多年的探索与创新，前海逐渐形成了一套以投资便利化、贸易便利化、金融开放创新、事中事后监管、法治创新、体制机制创新、人才管理创新和基层党建创新等八大制度创新板块为主要内容，与国际通行规则深度融合、有效满足新时代发展需求的创新制度体系。

（一）深化营商环境改革，激发市场投资活力

对标世界银行标准，出台前海蛇口自贸区优化营商环境的“三十二条”举措，推进政务流程再造，降低企业制度交易成本，致力于打造法治化、国际化、便利化和稳定、公平、透明、可预期的全球最佳营商环境。在全国率先推出商事制度改革，实施“多证合一”和“一照一码”；打造外商投资“一口受理”升级版，企业办理营业执照和外商投资备案回执时限从自贸区成立前的 20 个工作日减少到 2 个工作日。开展城市基础设施 BIM 技术应用，利用三维数字化技术，助力前海打造新型智慧城市示范区，荣获“全球基础设施创新大奖”。推进“前海 80”建设项目审批制度改革，政府投资市政类项目、房建类项目审批时限都控制在 80 个工作日内，大大快于全国（全国是 180 天）。截至 2019 年 3 月，片区注册企业为 17.32 万家，位居全国自贸区前列。

（二）推行高度便利化的口岸监管服务模式

前海启动跨境快件全天候通关模式，引入“顺势监管”理念，实现国际快件包裹“智能分拣、集中查验、分区操作”。推动智能化通关、进口商品“1+4 全球溯源核放”、深港陆空联运、全球中心仓、原产地证智慧审签等试点改革。单一窗口上线运行，企业货物申报数据项减少 1/3，船舶申报数据项减少 80%、放行时间由 1 天缩短到 1 小时。在全国范围内率先帮助企业实现“一店三态”，即在同一实体店内实现“一般贸易进口”“保税展示交易”和“跨境电商进口”三大类进口商品“线上+线下”销售模式。建立超大型邮轮及集装箱船进出港口绿色通道，2018 年共计服务前海蛇口自贸片区邮轮进出港约 178 艘次，节省费用约 4000 万元。

（三）推进金融业对外开放示范窗口建设

前海在全国率先推动实现跨境资产转让、跨境人民币贷款、跨境双向发债、跨境双向资金池和跨境双向股权投资等“五个跨境”重大改革措施，其中跨境人民币贷款业务累计实际提款金额达 371 亿元。成立全国首家社会资本主导的前海再保险公司、首家民营互联网银行微众银行。CEPA 框架下首家港资控股的全牌照证券公司汇丰前海证券有限责任公司和东亚前海证券责任有限公司也相继成立。国家外汇管理局批复前海率先开展资本项目收入支付审核便利化试点，试点企业可凭支付指令直接在银行办理资本项目收入的相关支付，便利化程度大大提高，并已成功复制推广至南沙、横琴片区以及全国其他多个地区。前海金融资产交易所首创人民币债权资产跨境交易平台，打开了境内 13 万亿企业应收账款资产跨境交易市场，为丰富离岸人民币投资品、探索人民币资产国际定价、推动人民币国际化作出了积极尝试。前海已汇聚各类金融企业 6 万余家，成为全国最大的新金融、类金融机构集聚地。

（四）建立以信用为基础的事中事后监管机制

前海率先利用大数据构建社会信用体系，对区内 10 多万家企业完成信用查询和“企业画像”，在片区启动“企信惠”项目，为广大市民整合提供企业信用大数据。同时，被纳入“守信激励创新产品与服务”联盟成员单位，即将推出“信易租”“信易贷”“信易批”等“信易+”系列产品，为前海创建信用经济试验示范区打下了坚实基础。前海管理局与中央网信办合作打造“前海鹰眼系统”，对辖区内近6万家金融和类金融企业进行风险排查和预警，涉及20多类金融业态，做到了风险的早发现、早防范、早处置。招联消费金融首创AI反欺诈新模式，通过密度聚类算法对高风险区域进行动态识别，解决了反欺诈认定难问题，减少损失约9500万元。

（五）建设与国际接轨的法治引领体系

最高人民法院第一巡回法庭、最高人民法院第一国际商事法庭、最高人民法院港澳台和外国法律查明“一中心两基地”、粤港联营律师事务所、深圳国际仲裁院等一大批创新型法治机构集聚前海。前海法院在全国首创庭前会议制度、“港籍调解”与“港籍陪审”制度，适用香港法律在前海审判经济纠纷案件，形成了对接香港、接轨国际的法治环境。深圳国际仲裁院与世界银行国际投资争端解决中心合作建立商事纠纷解决机制，在市司法局、市贸促委的指导和各法律服务机构的共同努力下，成立前海“一带一路”法律服务联合会，为粤港澳大湾区建设和“一带一路”建设提供优质、高效、跨境、配套的法律服务和法律保障。前海公证处首创跨境公证法律服务，建立与境外委托机构便捷的沟通渠道，确保公证书使用效果，累计办理各类涉外业务13158件。

（六）加速推动高端人才管理机制改革

出台支持港澳青年在前海发展的36条优惠政策，支持港澳青年在前海实习、就业、创新创业，前海正成为港澳青年内地创业首选地和了解祖国内地的最佳窗口。联合市公安局、市社保局、市公积金管理中心等相关部门，在全国范围内率先落地港澳居民在区内工作免办“台港澳人员就业证”。联合市公积金管理中心推动实现港澳居民在前海缴存住房公积金，且可享受住房公积金个人住房贷款权利，进一步提升了在前海工作的港澳居民获得感。为外国高端人才提供“一卡通”服务，允许港澳金融和法律领域专业人才在区内提供专业服务等政策的落地实施，极大地方便了境外人士和港澳居民在前海就业生活。截至2019年7月，前海深港青年梦工场孵化港澳国际团队158家，对香港青年人心回归起到了很大的助推作用。

（七）推动规范权力运作和社会运行的体制机制创新

2018年7月，深圳市监察委员会派出前海深港现代服务业合作区监察专员办公室正式挂牌成立，将实现包括前海在内的全市各功能区所有行使公权力的公职人员监察全覆盖，是深圳市国家监察体制改革试点工作推出后的又一项重大举措。2019年2月，前海地方金融监管局成立，按法定机构模式运作，迈出前海管理局内设机构法人化第一步。

（八）推进基层党建制度创新

构建全领域政治引领体系、全业态组织覆盖体系、全流程工作运行体系、全要素队伍建设体系等“六大体系”，开展组织力提升行动、“初心使命”传承行动、“海岸线”强基行动、“金色先锋”引领行动、人才服务“筑巢行动”、“时代声音”传播行动、“民间使团”培育行动等“九大专项行动”。创设“第一议题”制度，各级党委、党工委、行政班子，办公会的第一议题是学习习近平新时代中国特色社会主义思想，创设“互联网+党建”、过“政治生日”等组织生活制度。在前海，以党建引领创新的格局初步形成。

四　制约前海制度创新深入发展的相关问题

（一）改革创新深度不足，重要改革创新难以取得突破

2018年，中央全面深化改革委员会在督查自贸区时指出了“六多六少”

问题（“有关部门和地方考虑局部多、考虑全局少”“地方先行先试诉求多、国家部委事权下放少”“研究贸易和投资便利化多、针对贸易和投资自由化的创新少”“针对货物贸易开放探索多、围绕投资和服务的创新少”“碎片化创新案例多、协同创新系统集成少”“自贸试验区相互复制借鉴多、原始创新举措少”），这些问题在前海的发展中也有体现。截至 2019 年 5 月，前海制度创新成果已经达到 442 项，覆盖了自由贸易区建设发展的方方面面，但是大部分创新措施还集中在流程再造和服务保障等浅层次改革方面，真正的重大关键领域的改革则很难触及。比如，实施与各自贸区发展特点相适应的负面清单制度和海关监管制度，在税率和税制上建立与对外开放相接轨的特殊安排，离岸金融和自由贸易账户功能方面的拓展等，这些都是随着改革进入“深水区”，制度创新遇到的“硬骨头”。大部分重大关键领域的改革事项都涉及中央事权，在地方的权限范围内无法自主解决，地方在推动相关改革时需要报请中央部委同意后方可实施，缺乏自主权。而在实际推进过程中，又受到与现行法律法规相冲突、中央各部委认识不一、经济形势变化等多重因素影响，由地方协调中央部委推动相关改革事项难度较大。

（二）跨部门协同创新难度较大，创新政策推进实施存在障碍

目前，自贸区改革创新呈现碎片化，各部委以及自贸区建设涉及的各主管部门都先后出台了支持自贸区建设的政策文件，但这些文件仅从主管工作层面提出措施，没有形成系统化、战略化的举措和措施。只涉及单一部门改革或程序优化的微创新进展较快，涉及跨部门、制度性改革推进则有很大难度，难以形成推动的合力，制度创新成效也难以科学量化地评估，也难以建立全面有效的协同监管体系。另外，在创新政策出台后实施的过程中，由于政策配套和系统集成不到位，各相关部门不愿全部授权，各部门落实措施的整合进程比较缓慢，部门间的信息共享难以推进，协调成本高，形成了“上通下不通”“左通右不通”的尴尬局面，导致创新政策的实施效果难以真正发挥，或者大打折扣。

（三）“大门已开小门不畅”，体制机制障碍有待进一步突破

在很多方面，虽然自贸区提出了创新政策，但行业规定、许可审批、配套措施等依旧维持不变，新开放领域的法律法规修改滞后期长，配套性改革滞后，制度创新依然面临“玻璃门”和“弹簧门”问题，如负面清单、外资准入仍然在准入门槛、许可审批或行政审批中存在资质要求、业绩要求、持续经营年限要求等障碍。又如，通过实施 CEPA，粤港澳已基本实现服务贸易自由化，但很多具体的领域还存在诸多体制机制障碍。例如，在建筑、规划等专业领域的行业规范和管理规则无法完全对接，金融、法律、会计、航运、电信等服务领域仍然存在股权比例、业务范围、服务时间等方面的限制，CEPA 及其补充协议确立的有关开放措施还需要完善配套法规和实施细则。

（四）全国自贸区发展同质化、特色创新不足

目前，包括成立不久的海南自贸试验区在内，全国一共有 12 个自贸试验区。近期，一些内陆省份可能还会设立更多的自贸区，自贸区已经呈现遍地开花的态势。纵观各自贸区，在设立之初，均结合自身地域发展特点和初始优势，对各自的功能定位和创新路径进行了规划。例如，广东自贸区三个片区中，广州南沙新区片区重点发展航运物流、特色金融、国际商贸、高端制造业等产业，前海蛇口自贸片区重点发展金融、现代物流、信息服务、科技服务等战略新兴服务业，而珠海横琴新区片区则重点发展旅游休闲健康、商务金融服务、文化科教和高新技术产业。第三批自贸区中，辽宁助力东北振兴和工业转型，浙江聚焦海洋战略和大宗商品，河南聚焦打造交通物流枢纽，湖北打造创新和产业高地，重庆打造西部开放门户城市，四川主打西部国际开放通道枢纽，陕西定位引领丝绸之路经济带。第一，既然规划不同，各自贸区推出的改革创新措施应围绕功能定位进行设计，但在实际运行过程中，自贸试验区因受制于如前所述的中央事权、协同创新等条件限制，能够真正结合自身定位进行的制度性突破比较有限，只能将主要精力集中在流程再造和优化服务等浅层制度创新方面，如互联网政务、微信手机办理业务或

者无纸化操作等等，造成了各自贸区原始创新和特色创新不足普遍存在的现象。第二，在自贸区发展的过程中，一些自贸区陷入了“大而全”的思维定式，并未突出特点，实行错位发展。在产业选择方面，金融、科技、文化、物流、海陆空港等等，什么热门搞什么，什么容易搞什么。第三，国务院和各层级地方政府，均不定期推出适合复制推广的制度创新成果和案例，以供其他自贸区和地方借鉴，但是在复制推广方面，也存在一些“不根据实际情况进行甄别调整，拿来就用”的情况。如何在自贸区的改革创新上做到突出特点、错位发展，减少相互之间的无序竞争，也是前海需要引起重视的问题。

（五）改革创新的效率不高，程序机制有待优化

各部委结合部门职能出台了很多支持自贸试验区的政策措施，但这些措施内容原则性较强，需要地方层面探索操作方案；地方研究形成配套制度后，还需要再上报部委审批实施，程序多、效率低。

五 前海制度创新发展构想与展望

（一）推动高水平对外开放

探索制定具有前海特色、适用于国际投资者的外资准入负面清单，自主实施新开放领域的开业许可。清理和取消准入后内外资差别化待遇，推进内外资统一管理。率先建立中性的市场竞争体制，在市场准入、审批许可、经营运行、招投标等方面打造公平竞争环境，探索开展区域性国资国企综合改革试验，在政策、融资、营商环境等方面为民营企业、中小企业提供更好的发展条件。

（二）推进贸易监管制度创新

建设部门协同和全流程互联的国际贸易“单一窗口”，实现智能自动系

统模式下的进出口申报、贸易许可、贸易统计、贸易综合服务功能。建立信息完备、运行高效的风险管理制度，推进国际贸易监管向风险识别、信息整合、贸易安全管理拓展。

（三）在风险可控的前提下进一步进行金融开放创新

加大金融风险防控力度，加强跨境金融机构监管合作和信息交流，重点以科技为载体，打破数据孤岛，共享各部门系统资源，共建集成系统，形成动态摸底、全面监测、及时预警、联动化解的科技化风险防控闭环体系，进一步提升金融风险防控能级。建设本外币一体化的账户管理体系，推进资本项目管理便利化，加快跨境投融资业务创新，开展离岸业务。在账户管理和风险隔离的框架下，探索建立离岸金融管理制度，实行与国际接轨的信息保密、宽松监管和财税支持。完善促进金融科技健康发展的行业管理和监管制度，推进监管科技创新，开展金融创新监管沙盒试点。推进支持实体经济的债券、资产证券化等跨境人民币业务创新。

（四）加强深港深度合作和全面联动

加快对港澳金融业全面开放，推进前海与香港债券、股票、保险、货币等多种金融市场互联互通和基金互认，支持港澳私募基金管理机构开展业务。加强深港科技创新联动，支持两地政府、企业、科研院校协同开展科技研发。推动开发深港科技服务平台，加强研发设计服务、知识产权服务、技术转移服务、科技咨询服务等集聚发展，合作打造创新服务业集群，推动制造业加速向数字化、服务化发展。建设开放、便利的粤港澳人才共同市场，打造在医疗、教育、住房、社会保障、社会福利等方面与港澳全面对接的人才服务体系。允许具有港澳执业资格人士在前海直接提供服务，简化港澳人士办理执业资质认可和职业备案手续，并将执业服务范围扩大至粤港澳大湾区。

（五）推进国际科技合作创新

建设国际科技人才创新创业平台和成果孵化基地，积极引进国际风险资本，鼓励跨境风险投资。允许符合条件的外资创业投资企业和股权投资企业开展境内投资项目，探索外资企业管理新模式。建设面向技术交易平台，推动科技、产业信息对接和成果转化，建设新型信息枢纽中心。建立健全信息开放、数据采集、发布、存储、应用和保护的法规体系，积极参与数字经济国际标准、国际规则制定。

（六）探索面向国际的司法裁判机制与法律服务创新

推进诉讼便利化改革，开辟涉自贸区案件快速审理绿色通道，为涉自贸区案件提供专项便捷服务。完善和解、调解、仲裁等多元化争议解决机制，优化专业调解、商事仲裁、行政调处等争议解决新模式。支持将与港澳司法机构交流与合作的有关审批权限下放至前海司法机构，探索建立国际和区际司法协助与交流新机制。支持深港法律服务业参与有关国际组织业务交流活动，为前海营造更为便利和公平的营商环境。

（七）推进政府监管制度创新

创建国际信用经济试验示范区，推动政府监管职能向市场化运作转变。实施以信用为核心的市场监管改革，建立以大数据为支撑的跨部门协同监管机制。实施守信激励改革，推广“信易＋”系列措施。实施公共信用服务改革，打通政府、企业和消费者的信用信息通道。推进行政综合执法体制改革。在商务、知识产权、环境保护、水务、劳动监察、文体旅游、工程建设、城市管理、国土资源、市场监管、安全生产、食品药品安全、交通运输等重点领域开展综合行政执法，健全跨部门、跨地区执法协作机制。

B.5 前海湾保税港区制度创新的实践与探索

前海管理局保税港管理处课题组*

摘　要： 近年来，前海管理局在各方面支持下，积极推进保税港区的制度创新实践与探索，取得了丰硕成果。先后产生共25项具有“保税+”因素的制度创新成果，“保税+实体新零售”等源于前海湾保税港区的3项创新成果被评选为广东自贸区三年最佳贸易便利化制度创新案例；4项成果被评为前海蛇口自贸片区三年最佳突破性、最佳标志性创新案例。同时，保税港区的发展也面临诸多转型升级的问题和压力，如土地资源紧缺、经营主体单一、交通配套设施不足等问题。前海管理局将继续大胆改革创新，持续推进保税港区发展。

关键词： 保税港区　贸易便利　实体新零售

一　前海湾保税港区概况

（一）基本情况

深圳市前海湾保税港区于2008年10月18日经国务院批复设立（国函〔2008〕94号），是国内第9个保税港区，规划面积3.71平方公里。前海湾保税港区是前海蛇口自贸片区和前海深港现代服务业合作区政策叠加的核心

* 课题组成员：朱志强、肖何凌；执笔人：朱志强，前海管理局保税港管理处干部。

区域，是贸易便利化制度创新的重要依托，是现代物流业及其衍生的金融、科技、国际贸易等行业的基础和支撑。一期于2009年7月10日通过国家11个部委联合验收，面积约1.17平方公里，于9月1日试运行，包括妈湾港区5、6、7号3个10万吨级泊位与堆场约0.46平方公里和园区部分0.71平方公里，主要由招商局集团下属企业负责管理运营。其中一期园区2017年入驻企业约40家，已建成仓库总面积超过62万平方米（其中冷库约10万平方米）。

二期规划面积1.726平方公里，现正根据海关要求进行整改建设，截至2019年7月，前海湾保税港区二期相关隔离设施、监管设施建设已按标准建设完成。主要包括：隔离围网、巡逻道（含巡逻道的排水、照明）、围网监控、20单元新建卡口、18单元卡口改造等内容。下一步将尽快完成封关验收相关工作。

2017年，前海湾保税港区内注册企业826家，其中加工企业5个，营业收入679982.6万元；物流企业450个，营业收入648999.6万元；贸易企业116个，营业收入116210.9万元；其他服务类企业253个，营业收入28991.7万元。

2018年全年，前海湾保税港区进出口总值157.4亿美元，同比增长140%，海关入库税收突破百亿元，同比增加180%。入仓作业量累计1716452立方米，同比增加11.22%。累计进境箱量34492标箱，同比增加20.64%，累计出境箱量（不含转进口）66477标箱，同比增加14.89%。

（二）特点和优势

1. 区位优势

前海湾保税港区位于深圳西部港区、珠江入海口东侧，背依大、小南山，是前海深港现代服务业合作区的重要组成部分。位于粤港澳1小时生活圈的核心位置，地处珠三角区域发展主轴与沿海功能拓展带的十字交汇处，依托全球首屈一指的深港港口群，30公里半径范围内拥有两大国际机场和两大世界级集装箱枢纽港，具有深港融合圈、空港辐射圈、海港服务圈

“三圈叠加”效应，具备发展现代服务业的最佳区位优势。

2. 政策优势

保税港区是中国开放程度最高的海关特殊监管区域，享受保税区、出口加工区、保税物流园区相关的税收和外汇管理政策，主要功能包括仓储物流，对外贸易，国际采购、分销和配送，国际中转，检测和售后服务维修，商品展示，研发、加工、制造，港口作业等 9 项。税收方面，国外货物入区保税，国内货物入区视同出口并实行退税，港区内企业之间的货物交易不征增值税和消费税。

同时，前海湾保税港区享有前海蛇口自贸试验区、前海深港合作区、保税港区“三区叠加”的财税、通关、金融、人才等先行先试政策。其中，前海合作区是深港合作的国家战略区域，在金融、财税、法治、人才、教育、医疗、电信方面实行比经济特区更加特殊的先行先试政策。比如，在财税方面对符合条件的企业和个人给予 15% 的税率优惠，拥有跨境贷、跨境债等低成本融资渠道等。同时，为支持前海现代服务业创新发展，国家财政部、商务部设立了前海现代服务业发展综合试点，对符合条件的产业项目将给予一定额度的资金支持。

3. 制度优势

前海是全国唯一一个社会主义法治示范区，前海管理局作为全国首个法定机构，按照“一条例两办法”的有关规定，承接前海深港合作区公共服务和行政管理职能，具有管理机制更灵活、运作机制更高效等优势，是国家探索符合国际惯例的“小政府、大企业”市场化运营自贸区发展的重要举措。同时，为加强对前海开发建设的指导、协调和服务，经国务院同意，建立深圳前海深港现代服务业合作区，建设部际联席会议制度，通过互通信息、相互配合、相互支持、形成合力共同促进前海区内产业的全面发展。

（三）发展定位

1. 总体定位

以前海总体发展战略为统揽，以建设与国际惯例接轨的自由贸易区为目标，依托港口发展优势和已有的政策优势，在巩固出口业务优势的基础上，进一步拓展进口和国际转口贸易，并依托货物贸易发展服务贸易，通过增量进入带动存量优化调整，实现现代物流、贸易、航运、金融四大产业集群发展，建设亚太地区重要的供应链管理中心、高端航运服务基地、创新金融示范基地，成为前海合作区开发开放的前沿阵地。

2. 功能定位

一是面向亚太地区的国际贸易服务平台。依托西部港区面向亚太地区的航线资源，背靠珠三角的产业优势和香港的国际金融中心优势，以建设优势产品的贸易服务平台为突破，培育专业市场，建设珠三角地区专业产品的交易平台、展示平台、信息服务平台等贸易服务平台。

二是国际供应链管理中心。依托珠三角地区优势产业，以保税港区现有国际物流企业为基础，与香港合作发展上游的供应链咨询服务、供应链金融服务、供应链信息服务等供应链管理服务业，逐步形成在亚太地区具有重大影响的供应链管理中心。

三是港深国际航运平台。以巩固和发展香港国际航运中心的地位为核心，依托深圳港口发展优势，启动一批航运物流业功能性项目，努力营造航运服务业发展环境，打造港深国际航运平台，成为香港国际航运中心的重要支撑。

四是中国对外开放的创新金融示范基地。以保税港区的贸易、航运和供应链管理的发展需求为动力，以前海深港合作区总体发展规划为依据，在人民币结算、衍生品交易等方面创新金融服务体系，为其他地区金融体系的创新提供示范样本。

二　前海湾保税港区创新实践

在监管部门的大力支持下，前海湾保税港区不断创新通关监管模式，推出了一系列便利通关措施，包括“货物按状态分类监管”“账册互转”“先入区后报关”“分送集报”“无纸化通关”“跨境快速通关”等，并在此基础上率先在全国研究推出“前海全球中心仓”“保税＋实体新零售”“跨境电商出口 B2B 线上交易结算”“深港陆空联运”等创新模式，形成具有“前海模式”特色的贸易便利化通关环境，主要有以下几个方面。

（一）打造“全球中心仓”

该项目在“仓储货物按状态分类监管”政策的基础上，进一步构建“一区多功能，一仓多形态”，通过先行先试特殊区域内账册的互联互转、构建海关 WMS 智能系统对接企业 WNS 仓库管理系统，进一步实现非保税货物与保税货物“同仓存储”、出口贸易与进口贸易“同仓调拨”、小额交易与大宗贸易“同仓交割”、外贸与内贸“同仓一体”等“四个同仓”。该模式充分借力“前海蛇口自贸片区、前海深港现代服务业合作区、前海湾保税港区、粤港澳大湾区”的“四区叠加”优势，助力企业打通“一带一路”沿线贸易，满足企业同时供应国内海外两个市场、同时存在多种贸易方式的需求，使原来需要存储于多个地区、多个仓库的多种物流及贸易形态可以在自贸区内的一个中心仓内“一站式”完成。

该项目主要有以下亮点。一是允许国内非保税货物以非报关方式入区仓储，海关通过物理隔离等方式实施分类监管。二是允许保税港区不同管理账册下货物的互联互转，运用信息技术手段拆除了园区内非保税账册、普通保税账册、电商账册等几本贸易管理账册之间的“围墙”。三是构建海关 WMS 智能系统，实现海关数据系统和企业仓库管理系统实时对接，实现海关对企业仓库的嵌入式、数字化监管。四是通过加强关企协作，在有效监管仓库、账册的基础上，叠加“入区即卸货”“先入区后报关”等原有的前海湾保税港区优惠政策，进一步释放政策红利。

主要取得了以下成效。一是货物可非报关入区，区内企业可改变原来要同时设立区内保税仓库、区外非保税仓库的做法，大幅降低管理和资金成本。二是区内货物可以在不同账册间“结转”，区内企业可以根据市场需求，混合经营跨境电商、保税仓储、保税展示交易、非贸货物等不同贸易形态，实现多种贸易方式的分拨、集拼和混成。

以一家园区企业实际货物流转为例，该企业通过将区内 900 万欧元的保税货物由保税账册转电商账册，与传统模式相比避免了退港再入园的成本和时间，共节约费用约 100 万元人民币，节约时间 20 余天。

下一步前海将通过“全球中心仓”模式的不断升级，无缝连接国际、国内两个市场，助力全球商品在前海“走出去”和“引进来”，助力企业打造“1 万公里的生意、0.1 米的距离体验”，构筑前海全球商品贸易中心。

“全球中心仓”模式属于全国首创，灵活先进的监管理念建立了高效化利用保税港区仓库资源的优势，帮助前海打造重要贸易基地，为全国跨境物流新模式探索提供了参考、积累了经验。

（二）建设离港空运服务中心

深圳海关推出前海湾保税港区通关便利创新政策，加快推进“离港空运服务中心”建设，在前海实现空运货物的集货、分拨、分流、打板、运输等服务功能，辐射香港、深圳、广州三大机场。企业可在前海完成出口货物全部业务流程，送抵三大机场后可直接“登机”，为以前海为中心的“全球揽货—前海集聚—机场直飞”进出口贸易生态圈创造条件，打造“航空货运直通登机口”。

该模式是深圳海关“深港陆空联运”的全面升级，实现了前海湾往返香港、广州、深圳三大机场六个流向的货物流通，促进大湾区国际空运资源的互补、互联、互通，进一步发挥粤港澳大湾区空港的集群效应。

该模式助力打造粤港澳大湾区航空货运一体化服务平台，从香港出口的货物能实现提效降费，并能享受广、深两地机场航线和运力资源，企业出口物流选择更加便利。该模式运作成熟后，预计由前海“登机”的出口货物每年将达到 8 万～10 万吨，每年为企业节约物流成本 8000 万元。截至 2019 年第一季度，由前海“登机”进出口的货物达 1215 吨，货值达 35.16 亿元人民币。

（三）建设“海运国际中转分拨集拼中心”

在前海湾保税港区监管仓库内，对境外进口货物、国际转运货物、区内出口货物进行分拨、集拼、转运、清关等业务，打造 MCC 前海模式。企业可依托深圳西部港区每周 160 班次海运集装箱航线，将全球各地进口、中转货物拼装运抵前海湾保税港区，在区内按照货物流向、商业安排进行分拨和重新拼箱。依托该模式，企业可在前海实现全球揽货、中转分拨、进出口集拼等一站式业务。同时，运抵至园区待出口的国内货物可以与国际中转货物按流向完成拼箱，使得商业运作更加灵活。该创新模式将吸引国际中转柜从新加坡等地转移至前海，既为深圳港的发展提供增量货源，优化西部港区集装箱吞吐量的结构，又可通过分拨集拼为企业节约海运中转和出口的物流成本，强化自贸区国际航运枢纽港的地位。预计2020年前海湾保税港区的中转集拼箱量将达到1万到1.5万标箱，2025年会达到10万标箱，可为物流企业和货主节省约4000万美元的运输成本。截至2019年第一季度，前海湾保税港区已完成150票共计47个货柜的分拨集拼业务。

（四）推出“保税+社区新零售”模式

综合运用国家级“跨境电商综合试验区”“前海湾保税港区”及“供应链创新与应用试点区域”的叠加优势，创新“保税+社区新零售”模式。该模式把卖场从保税港区搬到市民居住的社区，海外商品可以凭保出区，市民可以更便利地买到心仪的商品，企业也可以加快货物和资金的流转。“保税+社区新零售”模式在全国率先实现了跨境电子商务、社区实体店、物流到家的优势互补、叠加创新，以“新零售”助推消费升级。自2018年8月以来，前海湾保税港区的跨境电商保税商品陆续进驻顺丰优选的方鼎华庭店、南海玫瑰园店、新洲花园店，为市民购买海外商品提供了便利，增加了自贸区贸易便利化政策的溢出效应。截至2019年第一季度，顺丰公司已开设11家社区店，业态正平稳增长。

三　发展中存在的困难和问题

（一）产业结构现状与前海的定位、发展目标有一定差距

前海湾保税港区自运作以来业务量实现迅猛增长，但总体而言，由于保

税区内经营的业务范围较狭窄，仍主要为物流企业、货物集拼地、配送中心、货柜存放地，以低附加值的传统物流为主，不符合前海发展高端现代服务业的定位。

（二）港区土地资源紧缺、周围交通等基础设施建设薄弱、现状较为复杂等因素制约了保税港区产业转型升级

全国 14 个保税港区中，前海湾保税港区规划面积最小，土地资源十分紧缺。保税港区地处城市新中心，区域内交通较为繁忙，一期保税区被事实上分割成两片，通行车道窄，难以满足更高业务量的货柜车的通行需求。港口区硬件设施较为落后，只有 3 个 10 万吨级集装箱泊位。与此同时，由于历史原因，保税港区所属红线范围内还存在油库等危险品仓库、散杂货物码头、天然气高压输气管道，安全生产压力较大，政府通过产业指导引导转型升级的先天条件不理想。

（三）经营主体较为单一，产业发展引导力不强

目前，一期区域均由招商局集团下属企业具体运营，企业在区内经营过程中往往以营利指标为导向，相关的举措也是围绕仓库出租率、收取服务费用、经营成本压缩等方面开展，对未来产业发展的引导方面主动性不强。

四　未来展望

加快推进前海改革再深入、开放再扩大、创新再突破、质量再提高，打造粤港澳大湾区核心引擎和“一带一路”功能枢纽，做好做实保税港区二期围网建设和管理工作，丰富区内贸易业态，加快推进空间规划和产业规划工作，重点围绕现代物流、国际贸易、科技服务、创新金融四大产业推动保税港区转型升级。

1. 现代物流

一是发展国际中转。提高水水中转的比例。探索通过启动中资外轮捎带

等业务形成若干功能亮点，助推高端航运业集聚发展。探索研究在保税港区二期围网内配套建设集装箱空箱公共提还箱点，推动企业在保税港区仓库内运作国际中转集拼业务。启动中资外轮捎带功能试点，研究中资外轮开展国际中转业务启运退税的可行性，建立便利化海关监管流程。二是发展国际集拼、分拨、配送。以珠三角制造业集群为依托，建设消费电子产品全球集拼分拨中心和珠三角 IT 产品国际配送基地。加快集拼和分拨周转率，引导香港离岸配送业务向保税港区转移，集中发展特色冷链物流，形成深港跨境配送品牌优势。发展物流分拨中心，促进保税港区物流功能升级与行业板块融合发展，培育集聚知名产品的亚太、国际分拨配送中心，推动仓储物流向供应链管理转型升级，拓展国际分拨配送中心的资金结算等新型功能。三是发展保税仓储。分类管理保税仓储，重点发展中转型、转口型、保税延展型、期货型、保税加工型保税仓储。发展多式联运、分拨配送、延迟转运等多元化的保税运输手段，优化加工、生产型企业的供应链管理。改善物流基础设施条件，优化保税仓储业的结构和环境，推动保税仓储从单一的保税货物堆放向全球采购配送中心、单证金融中心、信息平台中心、联运枢纽中心发展。四是发展航运服务。推进船舶登记，引进国际知名港资航运物流企业，支持发展航运经纪、航运管理、航运中介、航运咨询等相关服务业。率先启动一批航运物流业功能性项目，努力营造航运服务业发展环境，促进航运服务业集聚发展。

2. 国际贸易

一是发展转口贸易。重点发展物流增值型转口贸易，提升国际商品集散能力，持续改善港口硬件基础设施、干线数量、保税港区管理等条件，提升物流增值服务收益；支持流通型转口贸易发展，通过国际中转箱量不断增加、港口整体经营环境改善，逐步推动物流增值型转口贸易发展。二是发展国际采购和分销。以珠三角制造业集群为依托、以保税港区的出口集拼、国际配送和国际中转业务发展为基础，引导上游的国际采购、国际分销延伸，增强前海对口岸货物的集散能力和亚太地区资源要素的配置能力；强化国际展览和跨国采购功能，打造面向国际国内市场的专业产品展览，促进跨国采购功能的实现。三是发展保税展示。推动建设集保税展示、进口贸易、互联网金融于一体的国际葡萄酒投资交易平台。对接国内知名财富管理公司、文化艺术品拍卖企业等，推进国家文化贸易基地建设，探索建立文化艺术品保税物流综合服务平台。落实海关保税展示交易创新制度，探索以国别馆模式建设全球商品 B2B2C 网购中心。四是发展跨境电商。支持服务贸易、跨境消费业务的新模式。鼓励第三方企业建立综合性的跨境服务贸易与跨境服务性消费平台，实现各类服务贸易与跨境服务型消费电商化。推动金融业与跨境电商产业的创新融合，以深港澳合作为特色，力争在跨境电商交易、支付、物流、通关、退税、结汇等环节全面破解跨境电商发展中的深层矛盾和难题。五是发展专业交易平台。加快大宗商品市场建设，规范发展大宗商品远期交易平台，加大服务功能拓展，提升市场的区域辐射力。加快建设国家级进口商品、平行进口汽车及零部件、船舶零部件、文化艺术品、投资级葡萄酒、大宗商品及高新技术等的专业产品贸易服务平台，集聚国内外重要经济贸易性机构，建设具有国际先进水平的旗舰型展馆。六是发展加工贸易。发挥自贸试验区集聚优势，支持建立服务于加工贸易转型升级的公共服务平台和加工贸易产品内销平台，建设加工贸易产品内销后续服务基地，鼓励发展加工贸易结算业务。

3. 科技服务

开展区内研发设计、检测维修业务。探索推动全国首家平行进口汽车交易所项目建设，创新维修、保险、检测、零部件供应模式，突破平行进口汽车试点瓶颈，集聚平行进口汽车试点企业和认证、维修、保险等上下游企业，打造全国最大的平行进口汽车集散中心。积极争取在保税港区内开展研发设计和高技术、高附加值产品的境内外维修等保税服务业务。推动自贸试验区开展境内外高技术、高附加值产品的维修业务试点，促进生产性服务业发展。

4. 创新金融

一是发展供应链金融。推出金融机构信贷类产品和中间增值服务，包括存货质押贷款、应收账款质押贷款、保理、仓单融资、原材料质押融资和预付款融资、财务管理咨询、现金管理、应收账款清收、结算资信调查等，提升前海湾保税港区供应链管理能力和组织中枢能力。二是发展期货交易。支持国内期货交易所在前海湾保税港区内设立期货保税交割仓库，开展期货保税交割、仓单质押融资业务，并适时扩大期货保税交割品种，丰富前海湾保税港区金融业态。三是发展融资租赁。开展深圳船舶或海洋工程设备跨境租赁和飞机跨境租赁业务，探索发行跨境集合型ABS（资产支持证券）产品，重构中国融资租赁交易模式，拓宽人民币双向投融资渠道，提供融资便利化渠道，打造前海融资租赁业发展差异化竞争优势。四是发展航运金融。为航运业发展提供全方位的金融服务，包括航运保险、船舶融资、资金结算和航运价格衍生产品等，增强前海湾保税港区海洋经济服务能力。

B.6

前海廉政监督体系的建设与完善

前海廉政监督局课题组*

摘　要： 防止利益冲突是一种前置性、预防性的廉政建设制度，是国际上普遍推行的预防腐败体系建设的重要内容，具有广泛意义的廉政基础性制度。前海廉政监督局深入贯彻全面从严治党要求，解放思想，大胆探索，立足国际视野，通过建立、实施防止利益冲突制度，初步在前海构建起“法律底线”“纪律红线”“防止利益冲突警戒线”三级纵深的廉政监督体系，进一步深化廉政风险防控，引导公职人员习惯在监督和约束下工作，为前海廉政监督的法治化建设进行了有益探索。

关键词： 防止利益冲突　从严治党　廉政监督

建立完善的反腐体制机制，是国际社会反腐败成功的重要保障，其中，防止利益冲突是国际上普遍推行的预防腐败体系建设的重要内容，是具有广泛意义的廉政基础性制度。防止利益冲突制度对公权与私利的冲突行为作出的原则性、理念性界定，不直接针对具体以权谋私行为提出“禁止”和“不准”，可以有效补充各种单行法规存在的盲点和漏洞，达到前移预防公权私用、以权谋私“关口”的目的，是一种前置性、预防性的廉政建设制度。中

---

* 课题组成员：李伟杰、胡国权、何平、李伟建、江书聪。执笔人：何平，前海廉政监督局预防腐败处处长；李伟建，前海廉政监督局预防腐败处副处长；江书聪，前海廉政监督局预防腐败处工作人员。

国从20世纪80年代开始逐步展开对公职人员防止利益冲突的探索，十八大后，党中央旗帜鲜明地提出，要防止利益冲突，更加科学有效地防治腐败。

前海是中央深化改革开放的重要试验区域，是国家唯一批复的中国特色社会主义法治示范区，也是广东省要求建设的唯一“廉洁示范区”。进一步加强廉政风险防控，探索建立防止利益冲突制度，积极推动反腐败工作与国际接轨，对前海建设“廉洁示范区”，为全市乃至全省、全国提供重要的实践经验，具有很强的现实意义。2016年初，前海廉政监督局联合前海廉政监督咨询委员会、综合开发研究院（中国·深圳）启动对前海防止利益冲突的相关研究。

一　前海开展防止利益冲突工作的背景

（一）利益冲突的概念

“利益冲突”涉及社会学、政治学、法学、行政伦理学等多学科，是国际社会通行的廉政概念。通常指公职人员职务所代表的公共利益与其私人利益之间的矛盾和冲突。主要分为三种类型。

1. 直接型

公职人员凭借公权力介入市场，直接从利益关联者那里收取私人利益。这种情况是利益冲突的常见类型。前海廉政监督局近年来查处的曹某、王某、杨某等涉及前海的典型案件，都属于这一类型。

2. 间接型

一般指公职人员利用手中权力，间接实现个人利益或帮助亲属、朋友等特定关系人谋取相关利益。在实际案件中，这种情况也比较多，往往出现在领导干部身上，而且还与直接型利益冲突交织在一起。省政府原副秘书长、省政府发展研究中心原主任谢某，他没有具体的审批权等“硬权力”，就是利用策划起草有关“调研报告”，给省政府提供决策参考和建议，这个“软权力”，暗地里帮助关联企业获取政策支持、谋取巨额利益。谢某本人也在其中收受巨额贿赂。

3. 预期型

公职人员在职时关照某人或某公司，退休或离职后，到该公司任职或接受利益输送。近年来，这种比较隐蔽的利益冲突形式越来越多地表现出来。广东商学院原党委书记杨某，他在职时主持推动该学院与某公司合作开办民办学校，或明或暗地转移了大量国有资产。2009 年，杨某被免去党委书记职务并办理退休，随后在该公司下属企业任副董事长，实际不在岗还领取报酬，年薪 100 多万元。

（二）利益冲突与腐败行为的异同

利益冲突和腐败行为，这两个概念既密切联系，又有所区别。首先，都具有“以权谋私”的特征，从表现形式上看高度重合；其次，在危害程度上，腐败行为比利益冲突更为严重，而腐败发生过程中必定或多或少夹杂着利益冲突；再次，在惩处方式上，腐败行为属于犯罪，系刑法调节范围，而利益冲突则系行政伦理范围，不属于刑法调节，在中国没有相关行政伦理法的情况下，只能用党纪政纪进行调节。总之，利益冲突并不等于腐败，但是利益冲突很可能导致腐败。因此，防止利益冲突可以作为法律“底线”和纪律“红线”之前的一道“警戒线”“防火墙”。只要公职人员能够坚守防止利益冲突制度，也就站在警戒线、防火墙之外，就会远离腐败。

（三）国际、国内防止利益冲突的探索和实践

利益冲突不是一个新概念，前海也不是第一个开展防止利益冲突的地区，实际上，国内外在防止利益冲突方面都进行了许多有益的实践探索。

1. 部分国家和地区防止利益冲突的做法

一是香港的做法。香港廉政公署一方面依靠内设的防止贪污处对政府及公营和私营机构制定各种相关的防止利益冲突指引，指导相关机构做好内部防止利益冲突工作；另一方面，借助内设的社会关系处及其下设的廉政研究中心、商业道德发展中心等机构，宣传推广一系列涉及廉洁和诚信等伦理道德的教育活动。二是新加坡的做法。新加坡制定具有高度惩罚性和威慑力的

各类反贪法律，推行“高薪养廉”，建立完善廉政“保证金”制度、财产申报制度、公共管理制度、品德考核制度等一整套体系。三是加拿大的做法。加拿大政府重视价值引导和制度规约，先后出台了《政府官员行为准则》《利益冲突章程》，以规范官员的道德行为，并于2006年制定实施了加拿大联邦《利益冲突法》，取得了良好的效果。

2. 国内防止利益冲突制度建设的情况

国内防止利益冲突的探索，大致可分三个阶段：初步探索阶段（1984～1992年），国家对利益冲突问题及其危害开始有了较为清晰的认识，防止利益冲突建设坚持政企分开的原则，以禁商为主旋律；逐步发展阶段（1993～2002年），利益冲突设计的内容逐步扩大，从禁商延伸到日常公务活动，并注重制度的执行力；加速推进阶段（2003年至今），开始对利益冲突的前瞻性和可能性进行研究和防范，制度内容涵盖面越来越广，限制条款越来越严厉。

尽管中国防止利益冲突制度建设在不断向前推进，但一直以来仍存在一些不足。一是系统性不足，相关内容仍分散在各种准则、条例、通知和规定之中，尚未形成独立、统一的法律制度；二是统一性不足，各种防止利益冲突制度的调整对象不同，而且相关规定的原则、尺度也不尽相同；三是稳定性和可持续性不足，国内防止利益冲突制度往往针对当时的社会乱象，具有较强的时效性，但时过境迁之后就失去现实意义；四是科学性不足，制度支撑薄弱，利益申报是构建防止利益冲突制度的一个极其关键的重量级支柱，中国已出台财产申报相关规定，但申报主体范围窄、申报内容不全、技术支撑弱、立法层级低等问题长期存在；五是权威性不足，惩罚措施不明，国内大多数防止利益冲突的举措都缺少相应惩戒措施，大大降低了制度的执行力。

（四）党的十八大以来，中央和省委、市委关于开展防止利益冲突工作的要求和部署

十八大以来的五年，是极不平凡的五年，在以习近平总书记为核心的党中央的坚强领导下，国家解决了许多过去想解决而没有解决的问题，许多过去想办而没有办成的大事。其中，最得党心民心的，就是雷霆万钧的反腐败

斗争。习近平总书记指出，对执政党而言，其执政地位最大的威胁不是竞争对手，而是腐败。改革开放以来党面对的“四大危险”，其中之一就是腐败问题。腐败从哪里来？利益冲突是产生腐败的重要根源，防控好利益冲突就能够从源头上减少腐败的发生概率，从而巩固党的执政之基。

党的十八大报告提出，“要深化重点领域和关键环节改革，健全反腐败法律制度，防控廉政风险，防止利益冲突，更加科学有效地防治腐败”。十八届中央纪委二次全会强调，“要深入开展廉政风险防控工作，建立健全防止利益冲突制度，注重运用科技手段防治腐败”。防止利益冲突首次写入党代会报告，并正式纳入反腐倡廉范畴，彰显了党要管党、从严治党的坚强决心。

近年来，广东省、深圳市高度重视防止利益冲突工作，并进行了系列部署。广东省纪委在《关于加强“廉洁示范区”建设的指导意见》中要求，各自贸片区廉政监督机构要积极探索、建立健全防止利益冲突相关制度。深圳有关市领导非常关心前海防止利益冲突工作开展情况，亲自指导、部署相关工作。

二　前海防止利益冲突工作的重要现实意义

（一）前海建设防止利益冲突制度的重要性

第一，从源头上防止利益冲突的发生，有利于深化源头治本、强化廉政风险防控，是前海贯彻落实党的十九大精神，坚持和加强党的全面领导，坚持党要管党、全面从严治党的重要举措，是新时代前海党风廉政建设的“四梁八柱”之一。

第二，前海深港合作区是“一带一路”的桥头堡和重要支点，是国家战略平台，建立具有前海特色的防止利益冲突制度，既是前海党风廉政建设和反腐败工作接轨国际的一项积极探索，也是向世界展示新时代中国特色社会主义党风廉政建设和反腐败工作成就的重要窗口。

（二）前海防止利益冲突的现实意义

从廉政工作的角度看，前海深港合作区自2010年成立以来，特别是

2012年12月7日，习近平总书记第一次视察前海并发表重要讲话后，短时间内汇聚了众多的项目和资金。片区注册企业从2012年的5000多家增长至2018年12月的约17万家，年均增长率高达63%。注册企业增加值从2013年的49亿元增加到2018年的2500多亿元，增长了50多倍；税收从5亿元增长到400多亿元，增长了80多倍。项目和资金集中，其中自然蕴含了极高的廉洁风险。因此，通过实施防止利益冲突制度，设立廉政"警戒线"和"防火墙"，引导和保护前海公职人员在新时代前海的开发建设中绕开"暗礁"、排除"地雷"，在廉洁的土壤上，敢闯敢试，善作善成。这是前海实施防止利益冲突制度的主要目的和现实意义。

三 前海防止利益冲突的主要做法和成效

（一）以"严、全、细、新"为原则，周密谋划制度设计

制度建设事关根本、事关全局、事关长远。前海防止利益冲突制度的谋划设计，突出了"严、全、细、新"四字诀。一是"严"，在利益冲突的行为限制、监督及惩处等方面，"严"字当头，采用"上限"设置、"顶格"处理。二是"全"，将前海管理局机关工作人员，局属企业工作人员、参股控股企业中的派出人员，以及各类借调、借用、挂职等其他依法行使公共职权的人员全部纳入监管范围，实现对前海公职人员的全覆盖。三是"细"，不仅对前海公职人员从事营利活动、兼职取酬等11个方面的利益冲突行为作出具体限制，还明确了利益冲突回避和监督问责的方式和具体操作流程。四是"新"，既将分散在现有各类法律法规中防范利益输送的重点措施以及国际上的先进做法加以归纳吸收，同时也结合监督检查和审查调查工作中遇到的新情况、新问题，首创性地制订了针对性防范措施，如借贷限制、金融活动限制、私下交往限制等。

（二）以强化执行为核心，扎实打造"不能腐"的警戒线

制度的生命在于执行。《深圳市前海深港现代服务业合作区管理局防止利

益冲突规定（试行）》（以下简称《防止利益冲突规定（试行）》出台后，前海廉政监督局以开展形式多样的监督检查为手段，确保“好的制度”能够发挥“好的作用”。一是定期开展专项监督检查。自2017年起，针对前海处级以上干部，每年至少开展一次专项监督检查。检查中发现，在兼职取酬、裸官、配偶违规经商办企业等方面，存在问题的处级以上干部7名。由前海廉政监督局及时按程序处置和谈话提醒，经谈话主动退出4人，责令纠正2人，调整职务1人。二是铺开离职审查。自2018年起，前海副处以上干部离职，需向前海廉政监督局报告离职后拟从业情况，同时须承诺遵守《防止利益冲突规定（试行）》等有关规定。前海管理局一名干部在离职限制期内在原分管范围内违规从业，违反防止利益冲突规定。前海廉政监督局对其诫勉谈话，并作了通报。三是试点任前审查。2019年起，前海廉政监督局结合廉政审核工作，在前海拟新提任副处以上干部的考察阶段，开展利益冲突任前审查工作。四是借贷审核。在前海管理局办公信息化系统中嵌入防止利益冲突申报模块，前海公职人员可通过该模块申报借贷信息，前海廉政监督局可通过系统后台，全面掌握相关情况。五是严格执行回避。《防止利益冲突规定（试行）》实施后，前海公职人员及各级各部门强化了防止利益冲突意识，对可能产生的利益冲突主动回避。例如，某领导干部的亲属在局属公司任中层领导，2017年退休后，所在公司欲返聘其继续任职。《防止利益冲突规定（试行）》出台后，该局属公司依据有关规定，及时取消了返聘意向。六是承诺书全覆盖。2018年初，前海廉政监督局推动前海管理局及局属企业所有公职人员近700人，全部签署了《防止利益冲突承诺书》。2019年初，前海廉政监督局收到举报，局属企业某工作人员涉嫌违规经商办企业，因为没有明确依据启动核查，调查工作遇到瓶颈。随后，前海廉政监督局调取了该人员亲笔签署的《防止利益冲突承诺书》，以防止利益冲突制度为切入口，启动了线索排查，打通了瓶颈。实践证明，承诺书制度的设计切实发挥了作用。

（三）各方关注，成效明显

一是上级部门充分认可。2018年8月，广东省政府印发了《深化中国

（广东）自由贸易试验区制度创新实施意见》（粤府办〔2018〕34 号），赋予前海蛇口自贸区全省唯一的“廉洁示范区”建设任务，其中明确要求“建立防止利益冲突制度，构建‘法律底线、纪律红线、利益冲突警戒线’三级纵深的廉政监督体系”。同年，深圳市纪委监委在全市复制推广前海防止利益冲突制度，制定出台了《深圳市关于防止公职人员利益冲突的若干措施》。

二是全国纪检监察系统高度关注。前海《防止利益冲突规定（试行)》出台后，中央纪委国家监委研究室、信访室有关调研组来深圳赴前海调研期间，专门调取了前海防止利益冲突相关文件和材料。沈阳、哈尔滨、重庆、上海金山及揭阳、湛江、肇庆等兄弟城市的纪检监察机关先后来前海廉政监督局，专题调研防止利益冲突工作。

三是前海各级各部门积极贯彻。前海各级各部门和全体公职人员认真学习、坚定支持、积极贯彻，各单位主动邀请前海廉政监督局宣讲解惑，前海税务局制定了本单位《防止利益冲突暂行规定》，前海法院以防止利益冲突为主要内容制定出台了《前海法院法官行为规范》。前海各项重点工作，如《加强“一把手”监督的实施细则》《集中整治形式主义官僚主义工作方案》《“不忘初心、牢记使命”主题教育工作方案》以及各类工程招投标合同、金融企业监管、财务采购制度等，已嵌入防止利益冲突制度。

四　前海防止利益冲突工作存在的突出矛盾和问题

尽管前海防止利益冲突试行工作取得了一些成效，但面对新形势、新情况、新任务，还有不少矛盾和问题。

（一）与上位法及上级有关规定的矛盾

1. 在适用范围方面

2018 年初颁布的《监察法》第 15 条明确了监察对象范围，包括公务员、参公管理人员、受委托从事公务的人员等六大类。2018 年 12 月，深圳市出台的《公职人员防止利益冲突若干措施》中规定，适用范围是“公务员、参公管理人员、受委托从事公务的人员”。与之相比，前海《防止利益冲突规定（试行）》因为出台时间相对较早，其适用范围将前海管理局机关及局属企业的所有公职人员包括基层员工“一网打尽”“全体覆盖”，明显突破上位法和上级有关规定。

2. 在监督手段和惩处措施方面

前海《防止利益冲突规定（试行）》制订之时，一些内容条款特别是监督和惩处的措施，其表述主要依据当时的政策规定。现在，原《行政监察法》已废止，《监察法》《公务员法》《中国共产党纪律检查机关监督执纪工作规则》等一批重要法律法规均已颁布出台。因此，前海《防止利益冲突规定（试行）》个别条款内容必须及时作出修订。例如，《防止利益冲突规定（试行）》第 21 条“延伸追究”中规定的“警示约谈”，这一手段在《监察法》和《中国共产党纪律检查机关监督执纪工作规则》中已不存在；第 22 条“违规处理”中“涉嫌违法的，移送司法机关处理”与《监察法》表述严重不符，须修改为“涉嫌职务违法或职务犯罪的，由监察机关依法处理”。

3. 个别规定内容与市里的措施相比存在较大差异

例如，“亲属从业方面”，前海规定的限制范围为“前海管理局领导班子成员及副处级以上公职人员的直系亲属”，深圳市的措施规定为“正局级及以上人员的配偶、子女及其配偶”，两者相比，前海的规定覆盖面更大，也突破更大。再如，“金融活动限制”方面，前海《防止利益冲突规定（试行）》第 14 条以专门条款的形式，对公职人员的“金融活动”包括承揽金融业务、在金融机构谋取私利、利用内幕信息谋利等方面作出限制；深圳市措施则将这一方面的限制，分散规定在“履行职务、营利活动、借贷借用”等不同的条款之中。还有，“借贷活动限制”方面，前海规定“公职人员在其上下级和管理服务对象之间，不得发生借贷行为”，深圳市措施则规定可以向下属和管理服务对象借贷款，但“一个自然年度内累计金额超过十万的”，需要书面报告，二者差异明显。

（二）执行中有“五大难”

1. 发现难

前海廉政监督局在开展利益冲突监督检查时，受限于工作力量和信息化手段的短板，只能紧紧抓住处级以上干部这个“关键少数”。监督方式也以前海各单位先开展自查自纠，前海廉政监督局从中发现疑点，再深入核查的方法为主，难以实现大范围、广覆盖地对防止利益冲突规定的实际执行情况开展深入调查，一定程度上影响了防止利益冲突制度的深入执行。

2. 核实难

前海廉政监督局的核查方式，主要还是依靠传统的手段，通过手工制表、人眼识别、调阅原始的档案及领导干部个人有关事项报告，赶赴银行、证监、市场监管部门现场查阅资料等方式进行，程序烦琐、手段单一，耗时长、效率低。如何利用信息手段开展利益冲突监督工作，迫在眉睫。

3. 统筹难

前海地域不大，但区内国家机关、市直机关、法定机构、社会团体等机构性质不尽相同的单位，一应俱全。而且，前海党工委刚成立不久，基层党组织建设起步较晚，各级纪检监察力量配备尚不齐整。受困于干部管理权限这一实际，前海防止利益冲突工作特别是统筹指导，开展得不深、不广。尽管已试行两年，但一些基层党组织对防止利益冲突制度还不了解、不重视，既没有结合实际制定内部制度，也没有开展自身的监督检查，主体责任不易落到实处。

4. 观念普及难

“利益冲突”是国际社会通行的廉政理念。但是，前海的相关实践还处于初步阶段，普遍缺乏统一的认识。前海部分公职人员对“利益冲突”的概念也存在误解，认为“利益冲突”在国内环境下比比皆是，要防止“不可能、做不到”。此外，前海管理系法定机构，内部实行企业化管理，前海管理局的公职人员不再具备公务员身份。因此，前海管理局机关一些公职人员认为，“我既不是公务员，也不是领导干部，连个人有关事项都不用报告。防止利益冲突，防我干吗”。

5. 寻求指导难

由于防止利益冲突工作在深圳市、在前海尚属于“新鲜事物”，遇到困惑和问题时，既缺乏可借鉴的国内经验，上级部门也难以给予充分指导协调，前海只能“摸着石头过河”，在不断试错中不断改进，走一步是一步，前进一步算一步。

五 新形势、新情况下前海防止利益冲突的工作思路

广东省委省政府已发文明确，赋予前海蛇口自贸区全省唯一的“廉洁示范区”建设任务，其中明确要求“建立防止利益冲突制度，构建‘法律底线、纪律红线、利益冲突警戒线’三级纵深的廉政监督体系”。新的形势决定新的任务，前海将采取以下措施。

1. 及时全面总结并修订前海防止利益冲突制度

计划启动前海区域内的全面调研，总结两年来试行工作的成效、存在问题，结合当前法律法规、政策文件和前海新时代开发开放实际需要，全面梳理和修订完善前海防止利益冲突制度，重点强化各级各部门主体责任。

2. 积极破解实践难题

针对利益冲突发现难、核实难等问题，主动出击。一是以前海纪工委挂牌为契机，提请前海党工委为纪工委增加力量。二是在现有“利益冲突”监管模块基础上，叠加利益冲突的申报和回避在线监管；在前海干部廉政档案信息化系统中，开发利益冲突监督模块，努力实现数字化监管。三是试点前海新提任处级干部财产公示制度，进一步加固廉洁的“警戒线”。四是结合主题教育、作风建设等重大任务，把防止利益冲突的工作理念、主体责任意识、具体方式方法等灌输到基层一线，努力营造齐抓共管的生动局面。

3. 大胆探索深港防止利益冲突新路径

在落实深港“廉政机制协同”工作中，探索与香港廉政公署建立防止利益冲突的交流协作机制，学习借鉴香港的经验做法，结合共同开展的防贪服务和防贪教育，在防止公职人员跨境利益冲突方面探索合作路径。

B.7
前海土地开发制度创新与实践探索

前海管理局土地与房地产管理处课题组*

摘　要： 作为“特区中的特区”和土地制度改革综合试点地区，前海在土地开发制度创新方面具有有利的法治环境和充分的现实需求。在此背景下，前海从构建差别化土地供应体系、探索三维立体化地籍管理体系、构造新型土地整备增值收益分配机制、完善人才住房筹集和管理机制等方面作出了积极的探索和尝试，在政策制度、技术规范的建立完善和实际项目的运作管理中都取得了显著成效，推动了前海土地管理水平和土地利用效率的提高，保障了公共基础设施建设、重点产业项目落地和人才安居乐业的空间需求。未来前海可在完善土地供应和批后监管机制、深化土地立体化开发研究、完善人才住房管理制度等方面进一步深化制度创新和实践探索。

关键词： 特区立法　土地开发　土地整备

一　前海土地开发制度创新的背景

（一）法治环境良好，为土地开发制度创新提供了肥沃的土壤

深圳作为经济特区，被赋予了立法权限，前海作为特区中的特区，获得

* 课题组成员及执笔人：罗和平、王宁、吴慧、郜昂，前海管理局土地和房地产管理处干部。

了特殊的发展政策，也承载了独特的发展使命。2010年8月26日国务院批复的《前海深港现代服务业合作区总体发展规划》要求，前海进一步发挥经济特区的先行先试作用，积极探索促进现代服务业发展的体制机制，探索全面推进中国现代服务业发展所需要的法律制度，为全国转变经济发展方式、实现科学发展发挥带头示范作用。

在这一背景下，前海充分借鉴香港及其他地区法治建设的先进经验，开展了先行先试的探索性立法工作，搭建了以“一条例两办法”（《深圳经济特区前海深港现代服务业合作区条例》《深圳市前海深港现代服务业合作区管理局暂行办法》《深圳市前海湾保税港区管理暂行办法》）为主干的前海特色规范体系。这三项基础性立法为前海的治理机构、管理结构、财政体制等有关前海开发建设的各个方面提供了创新性的规范，促使前海形成了自主创新的良好法治环境，也为包括土地开发在内的各领域制度创新提供了肥沃的土壤和充分的支撑。

（二）战略价值日益凸显，对土地开发利用提出了更高要求

自2000年深圳市委三次党代会提出在前海地区发展物流业（深圳三大支柱性产业之一）、前海片区填海工程着手开展以来，前海地区经历了数次重大变迁。2003年《深圳市近期建设规划（2003~2005）》将前海列为重点发展地区，提出前海作为港口物流园区，建设妈湾等港口码头和疏港道路、电厂、南山污水厂等基础设施。2004年《珠江三角洲城镇群协调发展规划（2004~2020）》提出，前海处于重要的战略区位，应作为地区性副中心之一。2008年《深圳市城市总体规划（2010~2020）》将前海地区定位为城市双中心之一，构筑区域型高端服务业集聚区。同年，国务院正式批准同意设立深圳前海湾保税港区。2010年8月26日，国务院正式批复《前海深港现代服务业合作区总体发展规划》，标志着前海深港现代服务业合作区正式成立。前海合作区总面积14.9平方公里，包括桂湾片区、前湾片区和妈湾片区，明确前海合作区的战略定位为粤港澳现代服务业合作示范区。2012年前海纳入深圳土地管理制度改革两个综合试点之一，同年国务院提出支持开

发开放的22条先行政策，前海被视为“特区中的特区”。2014年12月，经中央批准，深圳前海蛇口片区正式纳入中国（广东）自由贸易试验区，总面积28.2平方公里。伴随着数次变迁，前海地区的产业定位不断优化，战略地位不断提高。完成了从城市发展备用地（市政基础设施用地）向前海湾物流园区、深港现代服务业合作区及新的城市双中心之一的演变。战略价值的日益凸显，也使得前海地区的土地价值快速攀升，如何进行土地开发，最大限度地对“土地”这一稀缺资源进行合理高效分配，成为前海土地管理中的新挑战。

二　前海土地开发创新举措

（一）多元供给模式，构建差别化土地供应体系

结合区域综合规划目标、土地的规划建设功能和产业发展需求，进一步创新和完善土地供应模式，按步骤、有节奏、分批次实施了挂牌出让、拍卖出让、作价出资、招标出让、土地租赁、临时使用等多样化的土地供应方式。

1. 规范土地招拍挂供应机制

为进一步规范前海合作区土地供应，防止恶性竞争导致高地价、高楼价、高租金，促进产业健康发展，严格控制投机性需求，合理引导投资性需求，有效保障符合前海合作区产业发展导向的总部经济、产业项目和深港合作项目的用地用房需求，2016年5月，前海管理局发布了《深圳市前海深港现代服务业合作区土地使用权招标拍卖挂牌出让若干规定（试行）》（以下简称《招标拍卖挂牌出让若干规定》）。

《招标拍卖挂牌出让若干规定》坚持需求导向和发展引领，坚持公开公平公正和诚实信用，坚持节约集约和可持续发展，突出总部经济、产业发展和深港合作；规范土地出让条件，完善出让方式和竞价规则；严格控制规模，精简准入门槛，不设定影响公平公正、排斥市场竞争的限制性条件。

《招标拍卖挂牌出让若干规定》对设定产业条件的金融、现代物流、信息服务、科技服务和其他专业服务等产业项目用地和专门面向香港企业出让的办公用地限全部自用，自用期限不少于项目用地竣工之日起 10 年，自用期满限整栋销售；不设定产业发展要求的用地，根据区位、规模、功能、结构等情况，设定建成后的办公、商业物业限整栋销售、整层销售，最小销售单位不得少于 500 平方米等的规模或比例。办公物业的租售对象仅限注册在前海合作区有实际经营活动的企业法人或其他组织。上述政策和措施，保证了前海用地出让楼面地价不超出周边相应区域，未出现房地产炒作现象，办公用房和公寓都没有出现地王、楼王等现象。

2. 试行土地作价出资供应方式

在综合交通枢纽和产业用地上试行作价出资供应方式。筹集轨道建设资金，深入开展站城一体化开发、街坊土地一体化开发模式，推动土地节约集约利用。

3. 创新1. 5级土地开发建设模式

为快速实现聚集人气、出形象、见效益的目标，促进高端产业和高层次人才加快集聚，快速引进提供高品质公共服务和优质生活环境的项目，完善前海开发建设的配套服务，通过对近期不进行开发建设的国有储备土地进行短期利用，创新 1. 5 级土地开发建设模式。试行土地租赁方式利用土地，制定了《深圳市前海深港现代服务业合作区土地租赁管理办法（试行）》，成为国内首个土地租赁的管理细则。建立了较为完整的关于土地租赁供应方式的操作程序和相关要求，保障了 1. 5 级土地开发依据制度规范运行，形成了可复制可推广的创新政策，为类似区域开发建设提供借鉴。

4. 试行临时用地有偿使用、差别化收费、集中管理

为加强和规范临时用地管理，保障前海开发建设需要，促进土地节约集约利用，前海于 2017 年 1 月出台了《深圳前海深港现代服务业合作区临时用地管理办法（试行）》，对临时用地的使用和管理作出了具体规定。分两期规划建设了集中临建区，在集中临建区为施工单位安排办公和生活空间，以妥善安置施工单位管理和施工人员，保障前海开发建设工作的顺利推进。

针对不同类型项目、不同使用年期、不同使用面积的临时用地，实行差别化收费标准，促进临时用地利用效率的提高。

（二）通过三维地籍的管理理念和技术手段，推动土地立体化管理

前海深港合作区规划构建的立体化空间利用体系，土地空间用途多样、立体空间复合，以往常规基于二维用地范围和技术指标相结合的土地开发利用和管理模式，在现阶段不断凸显出产权关系空间交错、建设边界交叉、管理界限多种重叠等问题，已不能满足立体空间管理所需，前海将三维地籍的管理理念和技术方法纳入土地规划管理、开发建设和运营管理的全生命周期中，在土地立体化管理制度、政策、技术标准、信息平台、数据库等方面进行了探索。

一是结合市政、交通、房建等建设工程的二维设计和 BIM 设计规律，按照不增加额外特殊设计的原则，制定《前海深港合作区三维产权体数据标准（征求意见稿）》，实现在既有设计成果中抽取数据，生成三维权属空间。建立了“数据标准—空间生成—管理系统—数据库”三维地籍技术管理体系，具备了土地管理从二维走向三维的技术手段。

二是制定《深圳市前海深港现代服务业合作区立体复合用地供应管理若干规定》，在理论上探索立体宗地的定义和条件，地役权、共有宗地设置等，为立体空间出让奠定基础。创新提出土地立体一级开发方式，明确建设性质、资金安排、建设程序和建成后的立体空间供应政策等，为立体复合用地一体化开发提供了一种实施路径，满足施工安全性、经济性、整体性的需求，提高开发建设效率和品质。

三是优化三维立体宗地管理机制，建立逐级确定立体权属空间的管理模式，提出工程竣工验收后的地下空间校核制度，以建筑物实际使用的地下空间作为最终的权属地下空间，为未来轨道、市政管线等工程建设设置空间权提供保障，也在源头上理清权属关系，有利于推动公共设施建设。目前，已在十余个建设项目上运用三维方式设定建设用地使用权。

（三）破解土地整备难题，实现多方共赢

在前海1492公顷用地中，有780公顷土地是在2010年前海深港服务业合作区成立以前出让的，占前海片区总面积的近一半，且绝大部分为协议出让，以物流、仓储、工业、基础设施等功能为主。在土地资源日益稀缺、土地价值快速攀升的背景下，用地企业分享土地增值收益的意愿强烈，而且往往不愿意退出。前海当前需进行土地整备的用地对象为有较强实力的国有企业（央企、市属企业，还有上市公司等），获取新功能土地、继续参与前海开发建设的诉求强烈。

前海积极探索了以土地产权为依据、以土地价值评估为基础、体现多方利益和多方共赢的新型土地增值收益分配模式。构建了新型土地增值收益分配模式，将推动实现从“国家垄断土地一级市场 + 收购收回”方式向“市场价格合理补偿 + 合理征税 + 土地增值收益分享”方式转变，从“土地发展权国有化 + 建设用地指标管制”向“规划管制 + 发展权市场化交易”方式转变。

一是以保障城市发展利益为前提，构建新型土地增值收益分配模式。其一，全方位落实涉及城市发展利益需要的用地及空间。严格实施公共利益项目落地规划，对于新规划中规划为公益性的土地，政府直接全部收回，涉及的补偿问题则借助土地增值收益分配过程中的算大账来统筹解决。其二，强化人才公寓配建。针对土地整备范围内土地二次开发提出人才公寓配建要求，具体配建指标在规划指标中予以落实。同时配建的人才公寓优先提供给片区企业、人才使用。该配建人才公寓建成后政府将核算建设成本，考虑合理利润，采用“建设成本 + 合理利润”对相应物业进行回购。其三，切实保障产业空间。前海土地整备规划提出，在办公、研发办公两种业态以外配建一定比例的产业用房。这部分配建物业将以租或售的方式向辖区内注册企业按照相应的要求进行供给，一定程度上满足中小企业对产业空间的需求。从规划实施角度来看，这有利于城市空间、环境的整体打造，为入驻前海的企业提供高品质配套、功能完善的营商环境。

二是以利益合理分配为路径，创新利益共享新模式。其一，尊重现有产权价值。采用科学的评估方法，合理确定原用地合同在原规划条件下的原价值，统筹考虑原用地合同在履行过程中企业的投入情况和实际使用收益，对于这些原价值给予充分的考虑和合理的补偿，尊重原土地权利人的合法权益。其二，合理分享土地增值收益。根据规划调整改变为经营性用地的规划增值扣除原价值和刚性计提等，剩余土地价值按照一定比例进行利益共享。在双方价值分配格局明晰的基础上，根据“等价值”和利益共享价值确定留给企业的用地外，其他经营性和非经营性土地全部收回。通过这一做法创新，企业获得新规划条件下一定土地的开发经营权，政府获得城市发展需要的土地资源，原有已出让土地得以全面盘活。

（四）创新完善人才住房筹集和管理机制，提升人才安居环境

自人才住房工作开展以来，前海立足国家重大战略发展定位以及深港合作等实际，不断开拓创新，积极建立完善人才住房管理工作制度，组织开展人才住房规划布局研究。快速高效组建前海人才乐居公司，专职开展人才住房筹集建设等相关工作，推动前海人才住房管理工作取得了全方位、开创性的成果。

一是务实创新人才住房制度。2016 年，前海组织起草并发布《深圳市前海深港现代服务业合作区人才住房管理暂行办法》（以下简称《人才住房管理暂行办法》）。《人才住房管理暂行办法》是前海乃至全市人才住房管理方面的创新性文件，首次对人才住房管理工作作出了详细的规范化指引。《人才住房管理暂行办法》立足前海实际，结合合作区产业政策，旨在聚集各类优秀人才，扶持合作区产业发展，加强深港合作，改善人才安居环境，规范合作区人才住房的筹建、配租等工作。

二是科学编制人才住房规划。2016 年底，组织开展人才住房规划课题研究，首次启动编制《前海深港现代服务业合作区人才住房规划（2017～2020）》，该规划是对前海人才住房工作进行全面综合分析并提出解决方案的创新性成果。作为前海人才住房的顶层设计，规划针对人才住房的定位、

供需分析、布局原则、建设筹集渠道、人才住房体系、租金、建设标准、制度体系等内容进行了全方位的研究，尤其针对前海港澳外籍人才对住房的差异化需求，提出建设国际人才公寓，强化深港合作和服务粤港澳大湾区。

三是强化人才住房组织保障。2017 年底，围绕前海建设人才特区的战略目标，对标市人才安居集团，前海管理局成立前海人才乐居公司。作为专门从事前海合作区人才住房筹集建设和运营管理等综合事务的国有公司，具有政策性和功能性属性，并通过市场化运作和企业化管理，贯彻落实前海人才住房的政策法规、总体规划、年度计划，探索建立具有前海特色的人才住房可持续发展模式，提供适应前海产业发展特点和满足不同层次人才的住房需求，提供一流品质的城市配套服务。

三　前海土地开发创新经验成效

（一）土地差别化供应成效

一是建立了规范的土地管理改革创新政策制度，保障差别化土地供应在制度管理下规范运行，促进前海土地市场合理有序发展，推动土地供应供给侧结构性改革、土地节约集约利用、土地精细化立体化管理。

二是有力促进了前海合作区土地合理供应，严格控制投机性需求，合理引导投资性需求，有效防止恶性竞争导致高地价、高楼价、高租金，促进产业健康发展，保障了符合前海合作区产业发展导向的总部经济、产业项目和粤港合作项目的用地用房需求。

三是促进了前海产业格局的形成。合作区成立后累计供应经营性地块 38 宗，总建筑面积 603 万平方米，成功引进了汇丰银行、东亚银行、腾讯、微众银行、招联消费金融、嘉里集团等香港和国内知名总部项目，推动了前海现代服务业的发展，其中面向港企出让占比 47%，为深港合作奠定了良好的基础。

四是为快速实现聚集人气、出形象、见效益，通过 1.5 级开发，打造了企业公馆、创新商务中心、深港青年梦工厂、港货中心等办公和配套服务设施。截至2019年7月，租赁用地23.3公顷，总建筑面积16.62万平方米，期限8~15年。

五是通过建设集中临建区，实现了临时用地集中管理和差别化有偿使用，提高了土地节约集约利用水平，有效保障了施工人员的办公和住宿需求。

（二）三维地籍应用成效

前海大胆创新，通过典型案例，探索多宗土地分层设定建设用地使用权，类型广泛，包括招拍挂用地立体分宗、房建类市政设施、线性市政设施和交通设施等。其中，综合管廊国内同类项目首个以三维地籍方式设定建设用地使用权，率先实现三维空间精细化管理，为推进基础设施不动产权统一登记、明晰权属空间界限、探索市场化管理运营奠定了基础。

为保护地铁安全，创造性地提出先供应交易广场中北区地下空间，再进行交易广场北区地面以上“插座式”土地供应的立体土地复合开发模式。开展国际金融科技城综合开发研究，按照标志性窗口区域的要求，研究拟定供地方案，确保地块高标准出让，实现地块发展目标。

（三）土地整备成效

前海土地整备通过政策创新和系统设计破解了整备困局，充分体现了利益共享的理念，在解决土地整备问题方面发挥了重要作用，一揽子盘活了存量土地，缓解了土地供求矛盾，为前海基础设施建设提供了空间保障，促进了前海开发建设。历经多年的发展，土地整备取得重大工作成效，其中，招商局集团土地整备相关协议签订，进入全面实施阶段。

（四）人才住房筹集和分配成效

前海通过规章制度的建立和规划计划的研究，完善了人才住房管理的顶层设计，同时通过专营机构的组建，强化人才住房管理的组织保障，加快了人才住房的筹集和分配。截至 2018 年底，通过回购、配建、购买等方式，前海共筹集了 5700 余套人才住房，其中大部分人才住房于 2016 年开始面向前海企业配租，为吸引和集聚优质产业和优秀人才在前海合作区开业、就业提供住房保障，为人才集聚营造了优良的环境，为企业归巢、产业发展、深港合作提供了有力的支撑。

四 前海土地开发制度创新未来展望

前海蛇口自贸片区叠加了更多的政策优惠，也有利于实现片区联动、优势互补。在此背景下，前海土地开发利用的效率和质量也应该提升到一个更高水准，结合前海在土地开发方面已经开展的研究和实践，未来前海可以在完善土地供应机制、深化土地立体化开发研究、完善人才住房政策体系等方面进一步深化制度创新和实践探索，为前海蛇口自贸区规划落实和产业发展提供有效的空间支撑。

（一）完善土地供应和批后监管机制，服务产业发展、保障新城建设

完善土地管理政策，精简土地审批流程，提早介入项目用地报批工作，按照“成熟一批、上报一批”的原则，为前海合作区基础设施合法开工提供保障。加强土地批后监管，督促开发建设的用地单位按照土地出让合同约定履行职责。进一步完善并出台《前海立体复合开发用地供应管理若干规定》，扩大立体空间权设定的应用，推动土地立体化管理模式应用，精细化土地管理，提高土地利用效率。

（二）进一步深化三维土地空间立体化利用管理机制和技术规范研究，为土地立体化管理提供充分支撑

前海已经在立体化空间规划设计、三维产权的界定和描述、土地立体化管理机制建立要点研究等方面取得了一定进展，并在小范围内对三维地籍管理模式进行了试点，但与全面实现土地立体化利用和管理的目标仍有较大差

距，需要进一步深入和细化研究，推动土地立体化管理机制的完善和技术规范的确立。

一是进一步深化三维土地空间的立体化利用管理机制研究。以现有土地管理流程为基础，剖析各业务部门产生跟土地立体化利用管理技术数据更新相关的行政许可，建立土地立体化利用管理技术数据变更权限分配体系及变更流程、土地立体化利用管理技术数据变更机制和数据应用权限分配体系及应用流程等一整套土地立体化利用管理技术机制。进一步在土地立体化利用管理模式下研究整个土地管理业务流程中涉及三维管理的各种机制和业务规则。业务流程与机制规则的研究需要在前期研究成果的业务落地与实际应用过程中不断作出调整，因为此项研究内容可能存在不完备性，需要根据实际情况实时作出符合真正需求的流程与机制调整。

二是细化土地立体化利用管理技术规范研究。主要包括三个方面。其一，三维产权体测绘规范研究。分析研究土地立体化利用管理技术测绘内容，探讨土地立体化利用管理体系与常规测绘体系的关系，或者说分析现有的测绘技术条件是否已经满足土地立体化利用管理的需要，如果不能满足，则研究在常规测绘体系的基础上如何以最节约、简约的方式提供低成本升级方案，并相应修订或补充常规测绘体系在土地立体化利用管理条件下的测绘技术标准、流程及规范。

其二，土地立体化利用管理竣工验收技术规范。从三维地籍技术应用情况看，对于特殊立体化土地空间开发利用的案例，尝试使用三维地籍技术的同时用地单位都会对立体化划地红线有所担忧，这是在土地立体化利用管理升级过程中不得不碰触的配套管理规范的附带升级，即立体化利用管理模式必然提升土地开发后续管理的升级和进一步的精细化，升级和精细化的直接体现之一便是三维竣工设计验收技术规范的制定，这需要在管理机制研究前期规范明朗的前提下，开展此规范的研究制定。

其三，三维产权体登记规范。世界各国都面临着如何恰当登记“三维地籍物”的困难，国家缺少对于土地垂直空间范围的详细的法律规范，导致无法清晰地对空间分层的土地使用权和与之相关的不动产权进行确权登记。本部分内容便是研究土地立体化利用管理技术的登记对象与登记内容，制定土地立体化利用管理技术登记的流程和规范，探索土地立体化利用管理登记发证规则等。

这些规范或规则是为管理机制服务的，它们要考虑与现有常规管理机制的融合性，而不是完全不切实际地大跨步升级变革。因此，这些规范规则的制定需要以实际需要和业务落地为准则，在前海模式实践应用过程中不断修正、完善，这是规范制定的基本原则。

（三）完善人才住房政策体系，全面提高人才住房管理服务水平

落实深圳市住房保障制度改革，及时修订完善《人才住房管理暂行办法》，结合政策环境以及前海实际情况，创新优化人才住房各项管理制度，为未来前海人才住房管理相关工作提供有效的政策支撑；拓宽人才住房筹集建设渠道，通过投资建设、项目回购、合作开发、长期租赁等多种渠道筹集前海人才住房房源，筹备高端服务型人才公寓，丰富前海人才住房多样化供应体系，满足未来前海不同层次人才的住房需求；提高人才住房专业化运营管理水平，为前海各类人才提供优质服务；加强对人才住房工作的全流程监督，保障人才住房工作高效运转，为前海产业配套设施完善、营商环境提升、人才集聚提供保障。

B.8
前海城市开发建设规划创新与实践探索

前海管理局规划建设处课题组*

摘　要： 随着前海的开发建设，《前海深港现代服务业合作区总体发展规划》《前海深港现代服务业合作区综合规划》《中国（广东）自由贸易试验区深圳前海蛇口片区及大小南山周边地区综合规划》等各层次法定规划，对前海的定位多次进行提升。以“依托香港、服务内地、面向世界”为总方针，精耕细作、精雕细琢，前海在城市规划、建设规划方面进行了一系列大胆探索，努力以高水平规划引领前海发展。前海在城市规划方面仍面临规划定位标准难以适应新形势、新变化，规划定位转变升级、几大瓶颈协调耗时较长等问题。未来前海将克服上述难题，以世界眼光、国际标准、中国特色和高定位，完善城市建设规划，建设面向世界的粤港澳深度合作示范区和城市新中心。

关键词： 城市规划　规划定位　规划优化

一　基本情况

（一）发展背景

前海的规划定位先后经历了多次重大提升和变化，1996 年《深圳市

* 课程组成员：郭华丽、王珩瑜、许俊。执笔人：王珩瑜、许俊，前海管理局规划建设处干部。

城市总体规划（1996～2010）》将前海规划为发展备用地，建设重点为西部港区、西部能源基地；2003 年《深圳市近期建设规划（2003～2005）》将前海定位为“港口物流园区”；2008 年底，国务院批复《珠江三角洲地区改革发展规划纲要（2008～2020 年）》，提出深圳前后海地区和广州南沙、珠海横琴等一道作为加强与港澳服务业、高新技术产业等方面合作的载体。

2010 年 8 月，国务院批复《深圳市城市总体规划（2010～2020）》，前海定位为“城市双中心之一”。随后，在深圳经济特区成立 30 周年之际，国务院正式批复《前海深港现代服务业合作区总体发展规划》，前海定位为“粤港现代服务业创新合作示范区”。2011 年 3 月，国家正式将前海开发纳入“十二五”规划纲要，上升为国家发展战略。2014 年 12 月，成立中国（广东）自由贸易试验区，前海蛇口为三大片区之一；2017 年 5 月，广东省十二次党代会将前海定位为“粤港澳深度合作示范区和城市新中心”。

（二）规划编制历程

“规划先行，谋定后动”。在市委市政府直接领导下，市规划国土委组织国内外高水平机构编制完成《前海深港现代服务业合作区综合规划》（以下简称《前海综合规划》），作为指导前海建设发展的总体规划。

在规划编制过程中，一是引智借力，善用“外脑”。如何形成与前海发展战略定位相匹配，集内涵、生态、灵活性和可生长性于一体的空间发展结构与理念成为决定前海未来的重要环节。为充分吸收国际先进规划理念，探索紧凑集约、绿色发展的国际先进城市发展模式，2010 年初，市规划国土委启动前海概念规划国际咨询，吸引了国内外共 61 家设计机构/联合体报名，8 家入围第二阶段。经过专家评审，“前海水城”概念方案获得第一名。该方案以水为核心，将现状河渠拓宽为线性复合公共开放空间框架，形成前海相对独立又联动发展的三大片区。二是综合研究，共同谋划。2010 年下半年，在国际咨询基础上，市规划国土委启动了《前海综合规划》编制工作，由深圳市城市规划设计研究院技术统筹，包括中国综合开发研究院、深圳市环境科学研究院、深圳市交通规划研究中心等14家国内外机构参与共同完成，并开展了产业空间布局规划、综合交通规划、综合市政规划、低碳生态城区研究、土地整备、投入产出分析、规划环境影响评价等七个专题研究。三是深度参与，审慎决策。2011年3月22日深圳市主要领导确定以“前海水城”为核心的特色方案。2012年2月，市政府常务会议审议并原则通过《前海综合规划》；2013年6月5日，市政府批复发布《前海综合规划》。规划目标定位以体制机制创新为突破，规划理念创新为先导，促进粤港现代服务业紧密合作和融合发展，重点发展金融、现代物流、信息服务、科技服务和其他专业服务。规划总建设规模2600万至3000万平方米，规划就业人口65万~75万、居住人口15万~22万。

2015年11月，为适应前海成为国家自贸试验区的新形势，前海管理局会同市规划国土委启动《中国（广东）自由贸易试验区深圳前海蛇口片区及大小南山周边地区综合规划》编制工作，研究内容包括空间规划及产业发展、实施策略等，在更大范围内研究自贸试验区一体化协调发展。2018年9月13日，市政府六届一百三十九次常务会议原则通过《中国（广东）自由贸易试验区深圳前海蛇口片区及大小南山周边地区综合规划》。2018年11月29日，市政府印发《深圳市人民政府关于中国（广东）自由贸易试验区深圳前海蛇口片区及大小南山周边地区综合规划的批复》（深府函〔2018〕494号），同意印发实施该规划。

二　规划主要内容和特点

前海规划汇聚国际先进规划智慧和经验，以“前海水城”为核心理念，构建“三区两带”的城市规划结构，努力探索以滨水个性、产城融合、紧凑集约、高效便捷、低碳生态为特色，面向未来的城市发展新模式。

（一）建立层级简洁、可实施性强的规划编制体系

借鉴香港的规划体系（地区图则（法定文件）+内部图则），建立了前

海“综合规划+单元规划+专项规划”的规划编制体系，也是在国内较早开展城市总体规划、土地利用总体规划、国民经济与社会发展规划的“多规合一”。

《前海综合规划》是指导前海建设的总体规划，是对前海土地使用、主次道路、公共空间系统的结构性安排，确定各单元的发展要求（用地面积、建设规模、主导功能、配套设施等），是下层次规划的依据和总体框架。

单元规划是对前海划分为22个开发单元的综合性、实施性详细规划，深度基本达到详细蓝图，细化用地布局、功能比例、公共空间、市政交通、配套设施（项目、布局、规模）等，是指导前海土地出让和开发建设的直接依据，并增加了城市设计、开发导控等详细研究，为精细化管理提供条件。

专项规划包括道路交通、公共交通、市政工程、水系统、地下空间等。目前已完成80多项单元规划、专项规划、规划研究等，已基本实现前海各层次规划的全覆盖，为前海开发建设奠定坚实基础。

（二）亮点突出、理念先进，创新规划编制

前海规划符合中央城市工作会议以及《中共中央、国务院关于进一步加强城市规划建设管理工作的若干意见》精神和要求，在规划理念、成果表达等方面进行诸多创新。

一是以街坊为单位，一体化整体开发。以土地的节约集约利用为导向，实行以轨道站点为核心、城市综合体为主的TOD开发模式，鼓励集中开发、土地功能混合、建筑空间高度复合，探索建筑形象、公共空间、地下空间、交通组织一体化的街坊，加强土地集约利用，提升建设品质。以十九单元03街坊、二单元05街坊为试点不断完善整体开发模式，并逐步推行到前海各单元开发建设中。

二是统筹地上地下空间，多功能复合开发。前海地下空间开发规模780万平方米，地下地上融为一体，地铁出入口、风亭、冷却塔等设施充分与建筑融合设置，实现多功能复合利用，提升景观品质和物业价值。以前海综合交通枢纽为例，用地面积20万平方米，总建筑面积约200万平方米，其

“站城一体”的开发理念将大型综合交通枢纽与超大型上盖城市综合体连为一体，枢纽功能主要位于地下，包括交通大厅、口岸设施等功能；上盖综合体主要包含办公、商业、酒店、公寓等功能，枢纽与物业在地下高度融合，实现无缝衔接。

三是小地块密路网，多模式一体化交通体系。打造以轨道交通为核心，“公交+慢行”为补充的绿色交通发展模式。前海总体轨道线网由城际铁路、市域快线、市区干线组成，规划13条轨道线路，线路总长度约63公里，站点约35座；按照“设施融入建筑、服务全程提速、运营绿色开放”的理念，结合地块布局多处附建式公交首末站，300米站点覆盖率达到70%，下楼就有站，到站就上车；建立地下、地面、空中三层立体化步行系统，串联轨道站点、地块、城市公共空间，搭建风雨无阻的网络化步行系统，覆盖约80%的开发区域。

四是打造精品建筑，精细化管控设计。①实行以建筑为主导、多专业协同审查，每个项目建筑方案都进行专家评审，严格把关，对建筑、天际线、街道、公共空间等四大要素进行控制和指引，重点控制建筑立面虚实比。②制定《前海深港现代服务业合作区非国有资金投资项目建筑方案设计招标投标规则》及《前海创新建筑方案优选制度　打造精品建筑实施意见》，提高建筑方案设计招标投标效率和质量。③对重点项目建筑立面幕墙实行样板单元审查，组织召开重点项目现场审查会，对建筑立面色彩、材质等选取和定样进行研究比较，确保与周边建筑呼应和协调，加强建筑立面、城市公共空间品质的全过程管控。④每个季度对在建房建项目的建设情况进行动态巡查，对建筑的立面色彩、材质以及公共空间、景观绿化、场地是否与已审批的施工图一致，对建筑及环境的细节、品质进行把关。⑤探索试行街坊总建筑师制，前海十九单元03街坊、二单元05街坊实行整体开发，统筹街坊地下空间、交通组织、建筑形态、景观及公共空间等。⑥自2017年起，新出让土地在出让条件中明确要求进行高水平国际招标或委托中国科学院院士（建筑学专业）、中国工程院院士（建筑学专业）以及梁思成建筑奖得主、普利兹克建筑奖得主主持建筑方案设计，提供高水平建筑方案成果；与

2018 年出让用地单位签订《前海建设项目质量监管协议书》，提出项目设计、建设、管理等方面精细化管理要求。⑦通过城市仿真、BIM 等技术，试行建筑设计、审批“智慧化”管控，争取在 2019 年全面试行 BIM 报建。

五是高标准高星级，全面实施绿色建筑。以绿色建筑集中、大规模开发为发展方向，探索高强度开发下的可持续城市发展模式。编制实施了《前海深港现代服务业合作区绿色建筑专项规划》，以创建“高星级绿色建筑规模化示范区”为总体目标，明确新建公共建筑达到 100% 绿色建筑标准，其中二星级 50% 以上，三星级 30% 以上，是国内高星级绿色建筑比例最高的城区。此外，大力发展装配式建筑，采用工厂生产模块化箱体、运至建设场地拼装搭建，达到可循环使用的目标。

六是以“滞”“净”为主，打造立体化海绵城市。前海在早期开发过程中即率先引入国际先进的低影响开发建设理念，作为深圳市海绵城市近期建设重点区域之一，坚持因地制宜、问题导向。针对前海高强度立体式开发的区域特点，以“滞”“净”为主，凸显“薄海绵”特色，对建设项目从规划、设计、施工、验收到维护管理进行全过程管控，有效控制雨水径流、着力消减面源污染，力争 2020 年区域年径流总量控制率达 65%，面源污染消减率达 55%，建设“自然积存、自然渗透、自然净化”的海绵城市。

七是倡导低碳理念，建设集约化市政设施。区域集中供冷系统是前海实现绿色低碳的重要举措，共规划 10 个冷站、90 公里供冷管网，总供冷量 40 万冷吨，服务建筑面积 1900 万平方米，是全球规划最大的区域集中供冷群，每年可节约 1.3 亿度电，减少约 13 万吨二氧化碳排放量。规划建设高效安全的综合管廊，至 2030 年，前海共规划综合管廊 7 条，共 15.6 公里，全面提升市政设施服务效能和空间使用效率，打造“百年市政系统”，构建城市地下管线的生命线。鼓励市政设施紧凑、紧邻布局，创新型规划 220/20 千伏供电体系，简化电压层级，并结合附建式变电站建设模式，有效减少变电站布点密度，节约集约使用土地。

在编制前海综合规划、单元规划、专项规划以及重点项目的建筑设计方面，鼓励引进全球高端规划设计团队共同打造高品质优秀成果。几年来，共吸引了包括德国 GMP、美国 KPF、美国捷得、荷兰 KCAP、美国 SOM、美国 FO、英国 TFP、BENOY、香港利安等十多家世界知名设计公司进行规划设计，成果具有较高的国际水准。例如，《前海城市风貌和建筑特色规划》获得 2017 年度全国优秀城乡规划设计奖，《前海综合规划》《前海二、九开发单元规划》分别获得 2013 年度、2015 年度全国优秀城乡规划设计一等奖，《前海水系统专项规划》获 2013 年度全国优秀城乡规划设计二等奖，《前海绿色建筑专项规划》《前海十四、十六开发单元》《前海十九单元 03 街坊整体城市设计》等十多个项目获得省、市优秀城乡规划奖项。

三 规划实施过程中的主要问题

前海从一片滩涂起步，短短几年，国际金融城、自贸城、深港创新城和国际枢纽港等“三城一港”拔地而起。虽然片区面貌日新月异，但是前海的建设无论是自然环境还是建设现状，都存在与规划目标定位的较大差距，而政策落实、体制机制创新等方面的问题，更使前海规划的实施面临诸多困难和挑战。

（一）规划的定位和标准难以适应新形势、新变化

习近平总书记对广东、深圳以及前海工作的重要批示指示，省十二次党代会赋予前海的新定位新使命，这些新形势、新变化，给前海开发开放带来新的历史契机。同时，也需要重新审视、反思前海规划。对标国际一流城市如曼哈顿、东京湾等城区，前海在功能混合、职住平衡、交通、公共设施等方面都有明显差距。

在曼哈顿 37 平方公里范围内（包括下城、中城以及部分上城），其功能高度混合，办公占 30% ~35% 、商业占 40% ~45% 、居住占 20% ~30% ；职住较为均衡，曼哈顿就业人口与居住人口比约为 1.5∶1；轨道交通网络发达，规划有 21 条地铁线、102 个地铁站点，24 小时运营，公交通勤分担率接近 90% ，保障了每天约 100 万的就业人口流动；文化、商业、教育、休

闲等服务功能极其丰富，城区内密布数量众多、分布均匀、大小多样的公共设施，包括文化、教育、医疗等；独立占地或建筑内附建的形式均有。对照这些国际先进城区，《前海综合规划》在产城融合、城市功能配置、职住比平衡等方面还需进一步优化。

（二）功能定位多次转变提升，已建基础设施成瓶颈

前海的功能定位经历了从发展备用地到市政基础设施基地，从港口物流园区到深港现代服务业合作区的多次重大改变和提升。但基于早期的定位，在前海大开发、大建设之前，已初步建成占地面积近 7 平方公里的妈湾片区，集聚了以传统物流、集装箱和散杂货堆场、码头等为主导并初具规模的低端产业。

此外，按照早期规划，前海及周边地区建有众多重大市政基础设施，包括沿江高速、妈湾热电厂、南山污水处理厂、南山垃圾焚烧发电厂、南油石化妈湾油库以及汇集成品油管、高压电力走廊、高压燃气管的市政走廊，以货运和长途客运为主、严重分割前海与南山的平南铁路等。这些建成的基础设施，不仅占用大量土地资源，而且对前海环境质量和景观形象造成严重影响，需要按照《前海综合规划》要求进行改造或搬迁。由于涉及面广、政策复杂、投资巨大、程序烦琐等，改造或搬迁难度极大。

（三）高密度地下空间开发，技术复杂、施工难度大

前海基本由填海而成，地质情况复杂。前海立体化公共空间中，地下空间开发占据近 1/3 土地面积，地下空间包括地下轨道交通、地下人行通道、地下车行通道以及综合管廊四大系统，横向、竖向大量并排与交叉。在如此高强度空间开发建设之下，不仅地下系统之间需要相互协调，基础设施与基础设施间、基础设施与单元开发间、新建项目与既有设施间的关联度大，尤其是在填海造地的软基施工，难度和风险都非常高，对开发建设的安全性、系统性和时效性要求特别高，工程建设协调的难度和复杂性非常大。

（四）几大瓶颈问题协调解决耗时长

历史遗留的航空限高、水环境、平南铁路拆迁等瓶颈问题，都制约了前海的开发建设。一是航空限高问题。前海全部位于深圳机场净空保护区内，受到航空限高影响，所有建筑都被要求控制在153.73米内。在市委市政府主要领导的大力协调以及民航中南局的指导支持下，历时4年，该问题已基本解决。二是水环境问题。前海地处前海湾流域下游，面积14.92平方公里，只占前海湾流域面积的21%，其水环境主要受上游宝安片区、南山片区79%面积的影响。一些流经宝安、南山片区的河流，新旧城区共存、人口建筑密集，雨污分流改造尚未完成，未经处理的污水直接排出，导致入湾水系以及湾区的水质极差。经过前海管理局、市水务局、南山和宝安区政府共同努力整治，前海3条水廊道及前海湾水质已基本达标，消除黑臭现象。三是平南铁路拆迁问题。平南铁路1994年运营，沿前海片区边沿南北贯通地面铺设，前海段长7.5公里、占用约50公顷的前海规划建设用地，阻隔前海与市区之间的交通联系，与多条规划道路、市政设施交叉。在市委市政府主要领导亲自协调推动下，签订了平南铁路资产收购及经济补偿协议，平南铁路深圳西站以南段已拆除2.4公里，其余线路需待解决平南铁路公司临时安置问题后才能拆除。

四　前海城市新中心规划优化

针对上述在规划实施中发现的问题，同时为全面贯彻落实党的十九大精神和习近平总书记关于前海工作的重要指示精神，认真落实省十二次党代会、市委六届七次全会赋予前海“城市新中心”新的定位要求和市委六届九次全会、市政府工作报告对前海城市新中心规划建设作出的任务部署，前海管理局会同市规划国土委、市交通运输委开展《前海城市新中心规划》编制工作。

《前海城市新中心规划》编制过程中受到市委市领导高度重视，深圳市委、市政府主要领导多次专题听取汇报，充分肯定规划成果。前海管理局也会同深圳市相关部门对规划成果多次进行优化，并于 2017 年 10 月 22 日召开了由中国工程院院士等 9 位知名专家参加的规划优化专家咨询会。与会专家对前海规划优化方案高度认同、一致认可，并提出了许多有价值的意见和建议。2018 年 5 月 4 日，《前海城市新中心规划》经市政府六届一百一十九次常务会议审议通过，2018 年 9 月市政府同意正式印发实施。

《前海城市新中心规划》按照习近平总书记视察前海提出的“精耕细作，精雕细琢”重要指示精神，根据省委省政府、市委市政府在新时代和大湾区新格局下对前海的新定位、新要求，以世界眼光、国际标准、中国特色和高点定位，明确将前海建设成为依托香港、服务内地、面向世界的粤港澳深度合作示范区和城市新中心，融合山、海、林、城、岛、港、湾的世界上独具特色的湾区城市新中心的规划目标；并提出“一湾两山五区四岛”（远期）的规划结构，将城市新中心规划研究范围扩大至前海、蛇口、宝安中心区、大铲湾片区、大小铲岛、孖洲岛、大小南山等区域，总用地面积约 72.1 平方公里（含水面约 16.8 平方公里）。规划优化重点放在“减体量、增绿色、平职住、强配套、畅交通”等方面，具体内容如下。

一是减体量，适当降低开发总量，以减少办公类建筑规模为主，前海片区建筑总规模从 2600 万～3000 万平方米降低至 2380 万平方米；同时增加布局前海国际金融交流中心、中国国家博物馆·深圳馆、未来音乐中心等大型公共设施。

二是增绿色，减少建设用地，规划整合数个规模不等的公园绿地。

三是平职住，增加居住和公寓建筑规模以及公共设施建筑规模，前海片区就业人口规模由 65 万～75 万降为 52 万，居住人口由 15 万～22 万增加至 23 万，职住比由 4∶1 提升为 2.3∶1。

四是强配套，着力打造世界级湾区客厅，分段集中布局国际会议中心、中国国家博物馆·深圳馆、前海城市新中心地标等国际、区域级公共设施，引导布局国际商事法庭、知识产权法庭等区域性、中高端公共服务设施。

五是畅交通，进一步优化前海的交通组织，一方面加快建设月亮湾大道快速化改造、妈湾跨海通道、新城立交等已规划的对外联系通道；另一方面，在更大范围构建前海交通体系。

法治政府

Law – Based Government

B.9 前海蛇口自贸片区综合行政执法实践与探索

前海综合行政执法局课题组*

摘　要： 前海综合行政执法局作为与前海产业定位和功能布局相匹配的综合执法机构，自成立以来取得了一定成效，同时在改革实践与探索中遇到了诸如权责失衡、执法力量薄弱等问题，今后应加强顶层设计，用法治思维和法治手段为前海法治建设添砖加瓦。

关键词： 行政执法　队伍建设　严格执法

* 课题组成员：张建民、宋素茹、何茜、齐哲先、徐建。执笔人：宋素茹、齐哲先，前海蛇口自贸片区综合行政执法局干部。

一 基本情况

（一）主要背景

2015年4月8日，国务院下发《中国（广东）自由贸易试验区总体方案》，在广州南沙、深圳前海蛇口、珠海横琴设立了三个自贸片区。这是新形势下全面深化改革、扩大开放和促进内地与港澳深度合作的重大举措。根据创新行政管理体制的要求，各片区要建立集中统一的综合行政执法体系，相对集中执法权，建设网上执法办案系统，建设联勤联动指挥平台。为建设国际化法治化营商环境，优化行政管理服务，2016年广东省印发《中国（广东）自由贸易实验区综合行政执法体制改革方案》，在前海蛇口、横琴、南沙三个自贸片区开展综合执法工作，旨在进一步推动政府管理由注重事前审批转向注重事中事后监管，探索建立与国际高标准投资贸易规则体系相衔接、与自贸试验区各片区产业定位和功能布局相匹配的综合行政执法体系和运行机制。

（二）成立时间及主要职责

根据2016年9月27日《广东省人民政府办公厅关于印发中国（广东）自由贸易试验区综合执法体制改革方案的通知》（粤府办〔2016〕98号），2017年3月2日《深圳市机构编制委员会关于组建深圳前海蛇口自贸片区综合行政执法局有关事项的通知》（深编〔2017〕4号），2017年4月26日《关于深圳前海蛇口自贸片区综合行政执法有关事项的通知》（深南编办〔2017〕8号）的文件精神，设立深圳前海蛇口自贸片区综合行政执法局（以下简称综合执法局），是深圳市南山区人民政府管理的综合行政执法机构，与南山区城市管理局合署办公，下设2个派出机构，分别为南山街道执法队、招商街道执法队。

根据上述省、市、区的文件精神，综合执法局的主要职责如下。①贯彻有关法律、法规、规章和制度，行使法律、法规、规章和省、市政府授予的综合执法职权。②在自贸片区范围内承担商务、知识产权、工商、质监、食品药品安全、交通运输、环境保护、水务、劳动监察、文化（含新闻出版广播影视、版权）、建设工程文明施工、城市管理、国土资源、安全生产等管理领域法律、法规、规章规定的行政处罚权以及相关的监督检查、行政强制职权。③牵头建立由区直有关部门及自贸片区管委会参与的联席会议制度，定期研究自贸片区综合行政执法的相关政策，统筹、协调解决自贸片区综合行政执法的重大事项以及相关部门职责衔接问题。④建设综合行政执法信息平台，完善综合行政执法信息共享机制，推进智能化监管。⑤指导、监督、检查街道综合执法事务，组织开展自贸片区内重大和跨街道的综合执法活动。⑥负责对自贸片区综合执法引起的行政复议和行政诉讼进行应诉。⑦承担区委区政府交办的其他事项。

（三）总体目标

在区委区政府和市前海管理局的领导下，按照减少层次、整合队伍、提高效率的要求，探索推进“一支队伍管执法”的综合行政执法体制改革，建设与国际高标准投资贸易规则体系相衔接、产业体系先进发达、市场监管安全高效、行政执法公平公正的综合行政执法运行机制。优化自贸区投资环境和生活环境，为建设市场秩序规范、法制环境优良、监管集中高效的自由贸易园区提供坚实有力的行政执法体制机制保障。

二 制度机制建设情况

综合行政执法体制改革是与人民群众生产生活密切相关的，权力越集中，任务越艰巨，故在改革推进过程中，需要法律的约束和制度的规范。

（一）明确权责清单

“法无授权不可为，法定职责必须为”，这是对一个行政执法机关最基本的要求。《广东省人民政府办公厅关于印发中国（广东）自由贸易试验区综合执法体制改革方案的通知》（粤府办〔2016〕98号）只是规定了需要集中的几大执法领域，对于具体的权力事项，需要再明确界定。综合执法局在区编办前期梳理的各部门权责清单基础上，聘请有资质的律师事务所协助梳理。对相关部门移交的有争议部分，如涉及“城市规划”和“价格监督检查”这2个管理领域的权责清单，及时请示市委编办予以明确，切实做到依法履职。

（二）统一执法文书

14个管理领域涉及11个市、区职能部门，每个市、区职能部门又有各自不同的执法系统（不同的法律文书、不同的执法流程、不同的执法平台），如果不统一执法系统，势必会导致大量重复、无效的工作。通过细致调研、科学分析、立足实操、大胆创新、充分论证，已经编制出一套通用的法律文书。

（三）完善规章制度

制定具有综合执法“特色”的《常用执法手册》《行政执法文书使用规范》《法制审核方案》《案件审理规定》《双随机一公开监管方案》《联席会议制度》《综合执法勤务巡查制度》《常见巡查事项一览表》《综合行政执法程序指引》《执法工作运行方案》和《行政执法公示信息内部审核和管理制度》等制度，确保集中的执法权在阳光下开展，在制度的笼子里运行。

（四）取得执法资格

执法资格共包括两个方面，一是执法局的主体资格。2018年8月29日，以市政府的名义向省政府呈报了《广东省人民政府关于在中国（广东）自由贸易试验区深圳前海蛇口片区开展综合行政执法工作的公告》，省政府于2018年12月4日完成审批程序发布，并通过机要发文的形式向市政府传达。按以往惯例，省政府通常会在发布的公告中明确施行时间，但因无法准确掌握前海综合行政执法局对外开展执法工作的准备情况，广东省司法厅执法协调处领导建议前海综合行政执法局等市法制办制好执法证，与业务主管部门办好工作交接等工作后再施行。故结合前海综合行政执法局各方面的准备情况，于2019年1月1日起正式以深圳前海蛇口自贸片区综合行政执法局的名义对外开展执法工作。二是执法人员的执法资格。从2018年9月28日起，前海综合行政执法局就着手向市法制办申请给原有执法证的队员申请办理更新执法证。截止到2019年1月1日，已办好40名执法队员的执法证，确保了综合执法工作的顺利开展。

三　成效与问题

（一）取得的成效

1. 主动介入，提升前海环境

成立初期，前海综合行政执法局在区委区政府的领导下，在未取得执法主体资格前依托南山街道办党工委以“介入式”执法方式参与前海片区综合治理工作，主动担当，积极协调相关部门在妈湾片区开展了清理占用绿化带乱搭建、“三合一”场所、无证废品收购站、堆场围合管理、铲湾渠污染源整治等几大专项整治行动，共拆除临时建筑70余栋，清理553个集装箱，清理存在安全隐患的大型废品收购站5个，清理土地面积近100万平方米，及时消除各安全隐患点。尤其在妈湾片区C2区域整治中，前海综合行政执法局牵头组织各部门清理了6个混凝土搅拌站、3个水泥中转站、1个临时余泥渣土中转码头、1个建材公司和11个沙场，用10个月时间实现了从全面控停到全面清拆，共拆除生产线24条，罐体74个，临时建筑物14715平方米，清理占地近20万平方米，圆满完成妈湾片区整治工作，实现妈湾片区城市环境大提升、大改变，为前海的经济发展作出了贡献，并得到区委区政府的嘉奖和表扬，得到了前海管理局的肯定，得到了辖区居民和企业的肯定。

2. 积极履职，严格依法执法

从 2019 年 1 月 1 日起，前海综合行政执法局正式以深圳前海蛇口自贸片区综合行政执法局的名义对外开展执法工作。截止到目前，综合行政执法工作有序开展，包括以下方面。

一是在巡查方面。据统计，2 个街道执法队因日常巡查或专项检查而进行的检查共有 9000 余宗，其中市场监管 4 个领域 1400 余宗（其中对保健品市场开展“双随机一公开”检查 141 宗），交通运输领域 1100 余宗，国土资源领域 500 余宗，城市管理领域 6000 余宗。

二是在执法办案方面。截止到 2019 年 8 月 31 日，共办理案件 777 宗，各领域案件比例见图 1。

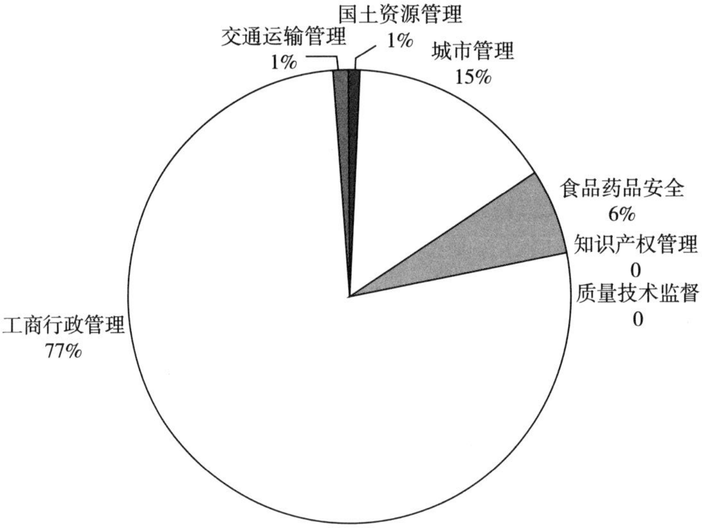

图 1　各领域案件比例

从案件属地看，前海片区约占 75%，蛇口片区约占 25%（见图 2）。各片区分领域案件数量对比见图 3。

2019 年 1 ~8 月共计罚款 185 余万元。其中市场监管领域 125 余万元（占罚款总金额的 76%），城市管理 32 余万元，单宗最高罚款金额为 122045.08 元（国土资源管理领域案件）（见图 4、图 5）。

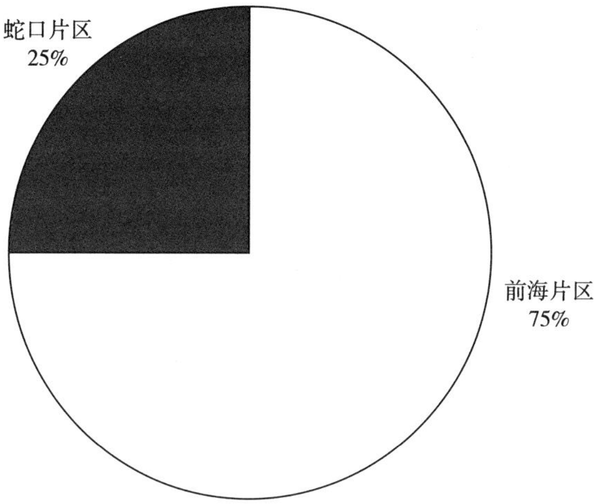

图 2　各片区案件占比

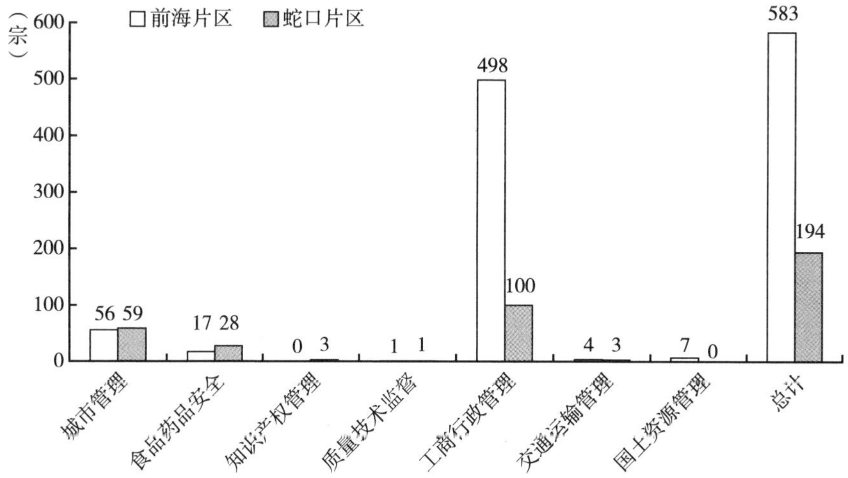

图 3　各片区分领域案件数量对比

同时，前海综合行政执法局为加强对街道执法队办案质量的把关，2019年1~8月对29宗重大行政执法案件进行了二级法制审核，其中市场监管领域23宗（全部来自蛇口片区），国土资源领域6宗（见图6）。

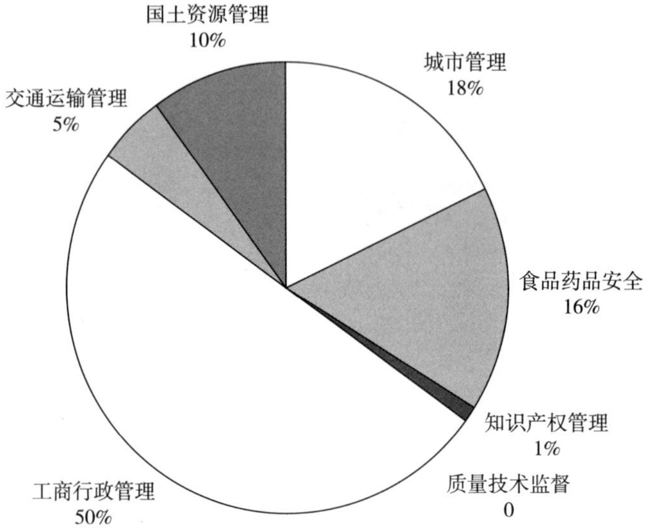

图4　各领域罚款金额占比

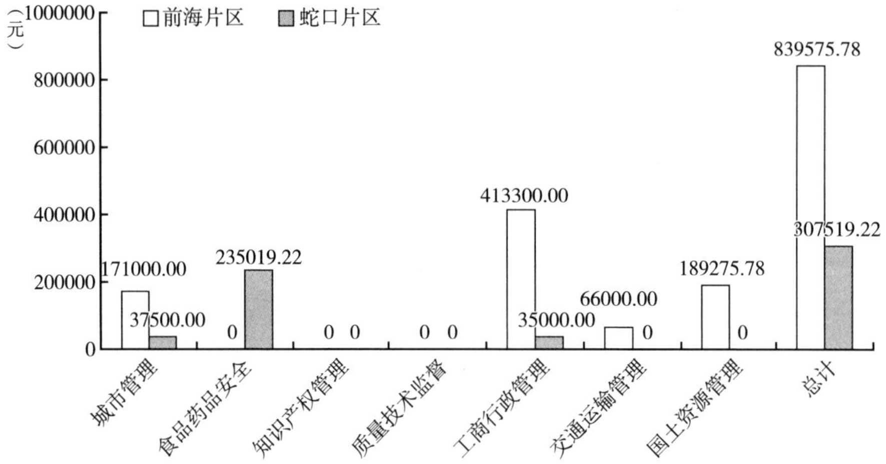

图5　各片区分领域的罚款金额

三是信访投诉举报和案件移送的处理情况。截止到目前，前海综合行政执法局共收到各类信访投诉举报和移送案件1040件，其中涉及市场监督管理领域的有1020宗，占比98.08%。

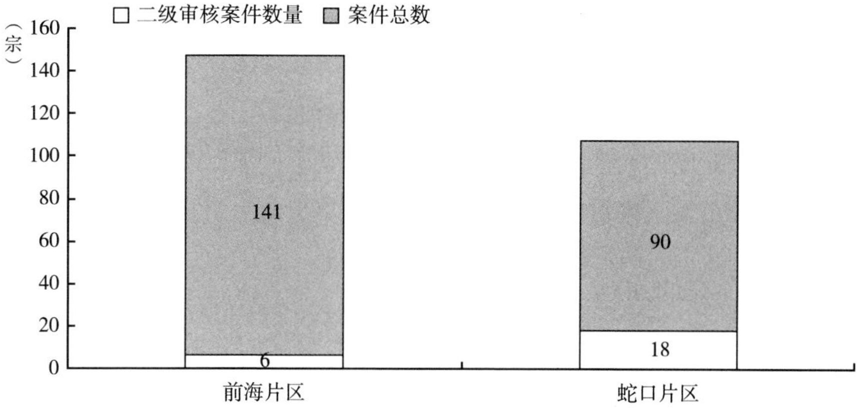

图 6　各片区二级审核案件数量及案件总数情况

3. 搭建平台，提高执法效能

在前海综合行政执法局前期多次与广东省司法厅执法协调处协调沟通的基础上，2018 年 11 月 12 日，广东省司法厅以行政命令的形式下发了《广东省司法厅关于提供本单位行政执法法律依据的函》（粤司函〔2018〕875 号），该厅为落实省委省政府《贯彻落实党的十九大决策部署任务分解方案》《关于在营造共建共治共享社会治理格局上走在全国前列的行动方案》以及《省委全面深化改革领导小组 2018 年改革工作安排》的部署要求，会同省政务数据局、数字广东公司全力推进“广东省行政执法信息与行政执法监督网络平台”第一期工程建设，此先行先试项目也得到了司法部的充分肯定和高度关注，已进入实质开发阶段，并选定前海综合行政执法局作为第一批 8 个试点单位之一，相关软件开发、硬件设备采购均由该厅列入了采购计划。省司法厅的这个全流程办案系统，推动执法科学化、信息化，以期解决目前传统、全人工、纸质材料为主的低效执法问题，以数据化、轻量化的智能辅助技术优化执法业务，减轻执法人员手工劳动量，并为后续的大数据统计、融合、信用分析提供可靠依据。进而实现执法数据可视化、集中化、实时化、智能化，打造自贸区综合行政执法智慧大脑。

实践证明，综合执法局的成立，初步破解了过去多头执法、重复执法的难题，以往看得见管不着、管得着看不见的问题得到了初步解决，政府依法管理事务能力得到提升，人民群众对行政执法的社会满意度也明显提高。同时，改革工作仍然任重而道远，与实现改革的目标相比还有很大的差距，机制体制不畅仍是制约改革向纵深推进的瓶颈问题。但任何改革都不会一蹴而就，随着改革的深入推进而伴生的问题，正是努力的方向和提升的空间。

（二）存在的问题

1. 法律法规不完善

“一支队伍管执法”无经验可循、没有相对应的管理机制。综合执法机构承接的各管理领域执法程序既有共性又各具特色，办案期限各有不同、执法方式和执法技巧也不尽相同，上位法就只有《行政处罚法》第16条笼统规定，国务院、省、市的政策也没有明确，具体的执行与操作是依据各地方各行业的法规和规章，在实际工作中难免造成当事人和执法人员的理解混乱，进而会造成使用不当，影响案件高效合理、合法处理，甚至对后续的复议、诉讼流程产生不利影响。

2010年，在前海开发建设期间，为解决区内办公场所不足的问题，在市场监管部门的支持下，该片区开展“注册地和实际经营地分离”的创新住所托管业务。截止到目前，前海蛇口自贸区已有近18万家托管企业。因属于先行先试的产物，没有及时有效的法律法规来应对日新月异的新问题，监管指引不明确，且前海商秘公司在执法调查方面配合度不够。

2. 基层治理权责“失衡”

一是综合执法部门与原业务主管部门之间权责不明晰。综合执法涵盖城市管理、工商管理、交通运输、环保水务等一系列不同领域工作，权责都是从不同的职能部门剥离出来，属于末端管理环节，与这些职能部门之间的职权划分困难，也不免会出现重合的部分。

二是派出机构街道执法队承担的非执法职责过多。除了履行综合执法职责外，执法人员还要承担街道办交办的其他大量急难险重工作，如抗洪抢险、防火防台风等，使执法人员无法专心做好综合执法工作。

3. 机构设置欠缺

一是缺乏具有协调力的省、市级机关。中国（广东）自由贸易实验区三个自贸片区的综合执法机构各自为政，在省级没有专门的协调机关帮助综合执法部门解决不断出现的新问题。在综合执法部门所在片区，因为是自贸片区特有的体制创新，市级层面没有上级部门，综合执法部门无法完全协调职权范围内的所有内容。

二是机制体制有待理顺。自贸区的综合执法部门因体制原因设置不一，如广东的三个自贸片区，横琴和南沙自贸片区综合执法部门是单独设立的机构，前海蛇口自贸片区综合执法部门是与区城管和执法局合署办公的机构。诚然，合署办公可以充分利用现有机构资源、精简机构设置，但从长远看并不利于执法机构的独立性和执法工作的开展，也与《国务院办公厅关于继续做好相对集中行政处罚权试点工作的通知》（国办发〔2000〕63 号）的文件精神“不得将集中行使行政处罚权的行政机关作为政府一个部门的内设机构或者下设机构”不符。

4. 执法力量薄弱

一是综合执法部门人员编制与体制机制创新的要求不匹配。以前海蛇口自贸片区为例，首先，虽然总编制有 59 名，超过省文件中“按不低于 40 名的标准核定编制”的要求，但是分散到 3 个部门，在一线的执法人员数量与所需要承担的 5000 多项权责远远不能匹配。其次，在 14 个管理领域的职责中，只有城管、国土资源、知识产权、工商管理、食品药品安全、质监、交通运输等 7 个领域有专业执法人员，其他商务、环境保护、水务、劳动监察、文化（含新闻出版广播影视、版权）、建设工程文明施工、安全生产等管理领域均没有专业的执法人员，综合执法部门面临严重缺员、执法队伍战斗力不强的困境。

二是人员素质参差不齐，构建一专多能的人才需要很长一段时间。综合执法不是简单的各部门职责叠加，如果只是职责叠加，那么按照以前各领域需要多少执法人员叠加即可，但这与改革的初衷不符，需要复合型的执法人员开展综合执法工作。但据统计，前海蛇口自贸片区综合行政执法局一线

39名有执法证的执法人员中，30岁以下1名，30～40岁10名，40～50岁19名，50～60岁的9名，其中转业干部19名，执法队伍整体水平不高、缺乏年轻干部、复合型执法人员不多，影响了执法水平的提高。

三是法制审核人员缺乏。法治化建设的不断推进，对基层执法工作的要求也是越来越高。2017年修改后的《行政处罚法》规定，行政机关中初次从事行政处罚决定审核的人员，应当通过国家统一法律职业资格考试取得法律职业资格。可见"依法行政"已不再是随口之言，国家已通过立法的形式体现了"法制审核"的重要性。对于综合了十几个管理领域的行政执法部门，更是需要通过法制审核的方式严把案件质量，这就需要给执法队伍配备足额的业务素质过硬的法制审核人员。但就综合行政执法队伍而言，在人员编制紧张、人员素质参差不齐的情况下，能保证配有法制审核人员已经很难，更何况是配备充足的高素质法制审核人员。

5. 自贸片区四至范围与招商街道行政区划不一致

2014年12月28日第十二届全国人民代表大会常务委员会第十二次会议通过了有关自贸区四至范围的规定，前海蛇口片区28.2平方公里。2015年6月10日广东省政府下发《广东省人民政府办公厅转发商务部等部门关于印发中国（广东）自由贸易试验区四至范围边界坐标的通知》（粤办函〔2015〕271号）文件，商务部、国土资源部、住房和城乡建设部以地理坐标的方式详细明确了广东自贸区四至范围。其中，深圳前海蛇口2个自贸片区中前海片区的地理坐标形成的四至范围与对外公布的地图吻合，但蛇口片区地理坐标形成的四至范围与对外公布的地图不吻合，存在以下2方面问题。

一是三部委批复的地理坐标范围不包括招商街道办事处辖区的四海公园（0.134平方公里）、独立山及周边区块（0.0257平方公里和0.0057平方公里），然而前海管理局公示的地图范围包含上述三区块。全国人大常委会公布的是"蛇口片区13.2平方公里"，而严格按照三部委批复的坐标框定的四至范围面积却只有10.6平方公里，面积有出入。

二是招商街道办事处下辖的大南山山脊东侧至山脚区域（1.701平方公

里）、赤湾山山顶至东侧山脚（0.416 平方公里）、赤湾左炮台山（0.142 平方公里）、部分海月社区、部分赤湾社区也不在蛇口自贸片区内。在蛇口自贸片区内的雷公岭社区却是蛇口街道办事处下辖社区。

综合执法局的执法范围涵盖整个自贸片区，这一点省、市、区文件都有明确的规定，综合执法局执法主体公告上也明确了综合执法范围是在自贸区范围内。那么，当前海综合行政执法局正式开展执法后，招商街道执法队既要以前海综合行政执法局的名义开展蛇口自贸片区范围的综合执法工作，也要以区城管（执法）局和区规划土地监察局的名义行使上述四海公园、独立山及周边区块、大南山山脊东侧至山脚、赤湾山山顶至东侧山脚、赤湾左炮台山、海月社区、赤湾社区等在招商街道行政区域但不在自贸片区范围内的城市管理和国土资源执法工作，还要以区规划土地监察局的名义开展招商街道行政区域内的城市规划执法工作，工作难度巨大，直接造成招商街道执法队面临一套人马、着三套制服、用三种执法证、用三套法律文书、走三种法制审核程序的工作局面，极大提高了执法风险及工作量。

四　未来展望

前海是习近平总书记亲自谋划、亲自部署、亲自推动的新时代国家改革开放战略平台。2012 年 12 月 7 日，习近平总书记考察深圳的首站就来到前海，之后前海牢记使命，不负重托，实现了“一年一个样”的大变化，成为中国扩大对外开放新的最前沿。2018 年 10 月 24 日，习近平总书记再次视察前海，肯定“前海的变化非常大”“前海模式是可行的”。在习近平总书记 2019 年的元旦致辞和春节致辞中，前海也是关键词。作为社会主义法治建设示范区，法治建设、法治创新，正是前海有别于其他自贸区的特色。前海综合行政执法局作为与自贸区产业定位和功能布局相匹配的新型综合执法机构，更应用法治的思维武装队伍，用法治的思维为打造一流的营商环境添砖加瓦。

（一）下一步工作思路

1. 规范队伍建设

提高执法队伍的选拔标准。综合执法部门承担的是跨部门、跨领域的行政执法工作，执法依据涉及十几个部门的法律法规，这就要求一线执法人员掌握大量的法律知识、熟记并准确适用众多的法律条文，与普通的执法岗位相比，综合执法人员的任务更重，选拔的标准也要更高。故加大培训力度以及补充更多年轻的政治素质和法律素养过硬的执法人员是当前重点工作，接下来前海综合行政执法局将按照高标准补足空编，充实执法队伍。

2. 用科技服务执法

广东省司法厅打造的具有综合执法特色的“广东省行政执法信息与行政执法监督网络平台”即将上线，该平台主要包括以下三个功能模块。一是移动执法模块。执法人员可以通过整套专业移动执法设备到执法现场进行拍照、线索记录、上传、文书打印等操作，与后台数据实时联动，提高工作效率。二是案件处理模块。从线索管理、立案调查、案件审批、督办和案件归档等全过程实现信息化处理，对案件处理实行全程实时监督，确保案件质量。三是数据分析及共享模块。对接广东省政务云平台，能够与信用广东平台及省、市、区相关部门实现数据共享，达到建立健全信息共享机制和构建联合监管机制的目的。这个平台的上线为综合执法局打造法治化营商环境、完善执法联动机制、健全信息共享机制和构建联合监管机制提供了强有力的抓手。

3. 严格权力运行

进一步规范执法行为，全面落实行政执法公示、执法全过程记录、重大执法决定法制审核“三项制度”工作，切实保障人民群众的合法权益，打造“阳光政府”，规范执法程序，保障合法执法，维护政府的公信力，为自贸片区营造更加公开透明、规范有序、公平高效的法治环境而努力。

（二）对顶层设计的建议

1. 建议尽快制定自贸片区综合执法规范

基层治理的关键是治理主体精准、规范、有效地履行职责，应该依法严格规定综合执法部门在基层治理中的权力和责任。建议运用特区立法权，尽快制定具体的自贸片区综合执法操作细则，规范前海蛇口自贸片区综合执法行为、执法措施、执法保障、执法监督、法律责任、容错机制等，自上而下厘清各部门职责边界，消除部门之间缺位、错位、越位等不作为或乱作为现象，使综合执法机构清晰定位，于法有据。

2. 建议加强综合执法程序建设

针对各执法领域的立案、办案期限规定不尽相同，为明确案件处理程序、规范化执法流程、切实履行好职责，避免以后复议、诉讼面临败诉风险，更好地开展自贸片区各执法领域综合行政执法工作，建议以立法的形式统一自贸区范围内各执法领域立案、办案期限。

B.10
e站通政务服务模式的理论构建与实践探索

前海管理局企业服务处课题组*

摘　要： 在全面深化改革、率先探索数字政府构建的背景下，前海e站通中心成立。该中心以打造全球最优营商环境为目标，用品牌铸造理论指导构建政务服务新模式的实践，融入商事制度改革、证照分离改革、“互联网+政务服务”建设等多项内容，初步探索出新时代背景下政府职能转变、推进政务服务的新路径。

关键词： e站通　政务服务　“互联网+”

党的十八大以来，为加快建设“服务型政府”、优化营商环境、提升政务服务满意度，党中央、国务院大力促进“证照分离”“放管服”行政审批改革，以“互联网+政务服务”改革为抓手，以数字政府建设为支撑，着力打造亲民、便民、高效、规范的政务服务体系。短短5年多的时间，各级政府的政务服务效能得到极大提升，人民群众政务服务获得感显著改善，涌现出一大批行之有效的改革经验和创新案例。

前海e站通服务中心成立6年来，正是以全面深化改革的魄力，率先探索数字政府构建，以打造全球最优营商环境为目标，将品牌铸造理论融入构建政务服务新模式的实践，初步给出了前海的方案。

---

* 课题组成员：邹萍、黄海、李杰仕。执笔人：黄海、李杰仕，前海管理局企业服务处干部。

一　前海 e 站通政务服务品牌内涵

任何品牌的铸造，都是创新、质量和标准的高度调和与统一，都是以创新的路径，创造有质量的成果，来引领行业的标准。e 站通服务体系建立伊始，就将打造高站位改革和高水平开放的服务体系品牌作为价值追求。在 2013 年初印发的 e 站通服务体系试行方案中，明确将以前海 e 站通服务中心为载体，以优化行政审批管理业务流程为主线，建立基于网络应用的一体化、一站式电子和公共服务平台，实现网上审批、资源共享、互联互通，探索行政事项集中管理、审批资源集中共享、审批过程集中监管新模式作为工作目标。在近 6 年的砥砺前行中，前海立足理念、制度和模式的系统创新、凝结了一批高质量的政务服务成果，打造了一套政府在转变职能中进行“放管服”改革的标准体系。三位一体的政务服务体系初步形成。

二　创新引领：从理念到模式

（一）理念构建

于 2013 年在国内率先提出建立以基于网络应用的电子政务服务系统为载体，以基于网络应用的一体化、一站式电子和公共服务平台为特点，逐步构建以网上大厅服务为主、实体大厅服务为辅的新型政务服务体系，这是 e 站通名字的来由，同时预示了政务服务理念创新时代的到来。短短数年内，关于“一门一网”和“互联网 + 政务服务”的探索渐次推进和展开，逐步为公众所接受和认同，如今已成燎原之势。实践证明，任何创新皆始于理念，正如当年在前海破冰而出的基于网络应用的电子和公共服务平台，开创了国内先河。

（二）制度创新

通过立法以及发布规范性文件的形式，做好制度设计，立制先行，体现了重大改革于法有据的核心理念，为打造前海 e 站通政务服务品牌提供坚实的制度保障。前海合作区“一条例两办法”被亲切地称为前海的“出生证”。它在国内首创了通过建立法定机构的方式进行改革开放的探索；同时，它也创造性地提出了政务服务改革的创新形式。例如：《深圳经济特区前海深港现代服务业合作区条例》中明确提出，探索建立国际通行的商事登记制度，减少和规范行政审批，在企业设立、经营许可、人才引进、产权登记等方面实行一站式服务；探索相对集中的行政处罚、行政审批体制和机制。再如，《深圳市前海深港现代服务业合作区管理局暂行办法》进一步明确，在前海合作区设立一站式服务中心，统一办理前海合作区内相关行政许可和公共服务事务。紧接着，《关于印发前海 e 站通服务体系试行方案的通知》就 e 站通服务中心的工作目标、运作模式、技术方案等进行了明确规定，为 e 站通体系构建确立了路线图，全面构筑了 e 站通服务体系的制度图谱。

（三）模式创新

明确提出“一口受理、一门审批、一网服务、一颗印章”的政务服务模式。省市授权前海管理局和前海蛇口自贸片区管委会的 123 项管理事项，在 e 站通服务中心实体大厅实现“一口受理”；窗口工作人员收件后，按照管理事项的分类情况，报送相关审批部门进行分类审批；管理事项作出相关决定后，加盖管委会、管理局审批专用印章，实现一颗印章管审批；以网上办事大厅为依托，以企业专属网页为载体，为企业提供从设立到经营，标准化、场景式、全流程的“互联网＋政务服务”新体验。“四个一”政务服务模式可称为 e 站通政务服务体系的核心。

三　质量引领：从集中管理到信用服务

高效、透明、廉洁是政府对社会的庄严承诺。而政务服务和公共服务体系建设则是落实这一承诺的基本路径。前海在 e 站通服务体系建设的实践探索中，坚持高标准、高质量，以集中化、便捷化、菜单化重构管理事项，扎实推进“刀刃向内”的行政审批制度改革，成为更开放投资环境、更宽松产业环境、更透明政务环境的开拓者和引领者，服务群众的水平明显提高。

（一）以集中化为基础，对许可事项进行标准化规范化管理

管委会将拥有的全部123项许可事项进行相对集中管理，把其中办理量大、社会需求旺盛、与营商环境关系密切的56项许可事项交由专门的审批服务机构，最大限度发挥专门机构的平台效应与效能。与此同时，完成了管委会许可事项的权责清单、业务手册和办事指南的梳理制订工作。对内编制工作人员操作手册，梳理和制订行政权限工作标准、收件标准、审核标准，为窗口人员和后台审批人员提供业务受理和审批的指引和依据，规范操作标准和操作流程。对外制定行政审批办事指南，为企业办事提供全流程指引，使行政许可更规范、更精细。

（二）以便捷化为目标，对许可事项进行流程再造

一是推动许可事项“兼并重组”。通过合并审批相关联许可事项，简化申报材料，缩短了审批时限、优化了审批流程，提高了审批效率。例如，对政府投资项目审批，实行一站式办理，简化立项审批程序，实现内部环节并联审批。再如，建立建设项目综合审批制度。将业务归口不同但相关联事项的串联、并联审批改为协同、综合审批，业务办理时间大幅减少，平均提速近50%；二是许可事项“脱实向虚”，大力推动网上审批。接入广东政务服务网，实现省市授权许可事项在线受理及审批，极大地改善了企业办事的体验。

（三）以企业需求为导向，提供菜单式审批服务

以满足企业需求为建设着眼点，聚焦企业关注的“办事”和“服务”两大内容，构筑企业和政府沟通互动的桥梁——企业专属网页。通过“办事”平台，提供省市授权前海蛇口自贸片区的审批事权及工商、税务等派驻单位事权的办事指南及在线办理功能，企业依照网页的主题式导航，对业务办理流程一目了然，并可申办企业设立及存续的所有证照。通过“服务”

平台，企业可清晰了解政策的内容及申报途径，同时提供申报入口，为片区企业申请税收优惠、产业资助、资金项目、数据申报等管理事项提供专属通道。截至 2018 年底，前海蛇口自贸片区近 17 万家企业全部拥有为其量身开通的专属网页，活跃用户数 2 万多家，日均访问用户超过 200 家。

（四）为企业提供信用服务

在企业专属网页引入信用体系，设置 97 个信用评价指标，利用全市 67 个信源单位共享的 331 万条信用数据，优化完善“前海企业信用画像”。从行政处罚、不良行为及贡献三个方面进行深度刻画，对片区内 17 万余家企业按照信用风险等级模型应用，划分了 A、B、C、D 四个等级，利用大数据分析手段，深入拓展“企业信用画像”评价，及时为企业推送企业自身信用信息、信用评价结果和风险警示信息，同时提供其他企业的信用查询服务。企业可通过了解自身信用数据及评价情况，不断规范企业经营行为，同时也可以了解其他企业信用情况，减少投资风险。同时建设跨部门协同监管平台，建立以信用为核心的新型市场监管体制。归集涉及自贸片区 17 万余家企业超过 1500 万条信用数据，建立了强大的风险排查与预警功能。通过大数据建模，对片区企业开展信用分类评价，结合“双随机、一公开”，帮助政府监管部门识别重点监管对象，提高监管效率、识别潜在信用风险、打通跨部门信息壁垒。

四　标准引领：从商事登记制度探索到证照分离改革

通过创新引领和质量引领，e 站通服务中心在行政事项集中管理、审批资源集中共享、审批过程集中监管方面进行了全方位的探索，并初步形成了一些行之有效的经验做法，打造了辐射带动效应明显的前海新标杆。成立近六年来，在前海 e 站通服务中心注册登记的企业超过 16 万家，平均每天超过 120 家；2017 年，前海每平方公里注册企业增加值突破 100 亿元，提前三年完成了国务院批复的前海合作区总体规划中的要求。在这里，诞生了多个在中国率先破冰的政务服务创新举措：第一个在国内启动商事登记制度改革，企业注册从实缴资本制转向认缴资本、发出第一张“多证合一”的营业执照、国内率先实现企业名称自主申报等，大大降低企业市场准入、商事登记注册的门槛；第一个在网上建立了方便办事的企业专属网页，为企业提供专属的菜单定制化政务服务产品；第一个实现了基于系统对接的外商投资商务备案和工商登记一口办理工作模式，成为国内外商企业设立用时最短、手续最简化的地区。

（一）为商事改革提供标准样本

2013年，深圳启动商事登记制度改革并率先在前海落地，在推进简政放权、放管结合、优化服务方面发挥了积极的作用。实施注册资本认缴制。改革公司注册资本实缴登记制度，股东的出资方式、出资额、出资时间等内容，均由股东自行约定并记载于公司章程中，股东以其出资额为限承担相应的责任，其他股东、公司利益相关人可对企业出资情况进行监督，推动公司内部治理结构的自我完善。实施商事主体名称自主申报制度改革。依法依规列出禁止、限制使用的名称并向社会公示，上线具有“查重”功能的名称注册系统，指引申请人在商事主体设立、变更登记时自主填报名称。企业无须预先申报，登记部门不再履行核准职责。构建名称争议处理机制，综合运用调解、评审、仲裁、诉讼等多种渠道处理名称争议。实行企业简易注销改革。对未开业企业、无债权债务企业，允许其通过登记信息公示系统网上免费发布注销公告，无须办理清算人员备案，无须提交清算报告。公告期间利害关系人对注销登记有异议的，终止注销程序。注销后发现企业仍存在债权债务或者其他纠纷的，可以通过简易程序恢复主体资格。

（二）制定管理事项的目录管理和受理审批标准，明确审批事项信息平台互通共享的标准

以权责清单为基础，推进审批事项目录管理，实现“审批事项进目录、目录之外无审批”。明确工作人员的权力和责任，规范权力运行，加大行政权限透明度，接受社会公众和监督机构的监督。对外制定行政审批管理办

法，对内编制工作人员操作手册，梳理和制订行政权限工作标准、政策依据、收件标准、审核标准等，为企业办事提供指南，为窗口人员和后台审批人员提供业务受理和审批的指引和依据，规范操作标准和操作流程。在审批事项信息平台互通共享方面，外商投资一口受理平台实现数据实时交换、实现业务协同。搭建外商投资“窗口一口受理、统一在线申报、后台并联审核”为主线的信息平台，平台对接商务部外资备案系统、市场监督局商事登记系统，通过系统之间数据实时交换，实现业务协同。企业只需通过一个系统，一张表格，一次填报，即可同时完成外资企业设立及商务备案，办理时限由20个工作日压缩为1个工作日，全国最短。工程项目实现多部门、跨区域数据联合共享。将市规土委、住建局、水务局等7个部门的规划建设审批事项融合在一个系统里，同时通过审批流程再造，实行分类工程大环评、大水保审批模式，大大缩短了审批时限，房建类项目审批时间减少约一半（减少到大约80个工作日），为建设单位赢得了时间、降低了成本。

（三）推进“证照分离”改革

2015年12月，国务院常务会议决定在上海启动深化“证照分离”改革的试点工作，此阶段聚焦“先照后证”后的经营资格许可改革，以切实解决企业获得营业执照大大便利后，实际开展经营业务依然面临的办证多、办证难等问题。在此阶段，前海蛇口自贸片区“自主改、大胆试”，以片区实现高效便捷营商环境为目的，结合片区实际，从准入环节、服务环节和监管环节进行优化。准入环节按照“能取消则取消、能削减则削减、能合并则合并、能转移则转移”的标准，对当时省市授权委托的131项许可事项进行了梳理，尝试将其中的50项（占所有许可事项的38%，力度在各自贸区居于前列）进行了以取消、削减为主要特点的分类改革，采取“成熟一项，推出一项”的做法，逐步推进改革分类工作；2016年后证照分离改革进入新阶段，自贸片区接续努力，围绕企业“执照容易准营难”的问题，大力开展“照后减证”，对与企业经营活动密切相关、审批频次较高的138项行业准入许可事项开展清理，尽可能减少审批。

一是对市场机制能够有效调节的直接取消审批。行政审批制度改革本质是正确处理好政府与市场的关系，对行政权力与市场机制作用的重新界定。对市场机制能够有效调节，行业组织或中介机构能够有效实现行业自律管理的事项，直接取消行政审批，让市场在资源配置中发挥决定性作用。政府加强事中事后监管，制订相应的管理规范和标准、强化市场主体自律和行业自治，允许企业直接开展相关经营活动。此次自贸区共清理取消审批事项11项。比如，出版物出租经营备案、公共汽车和电车客运车辆营运证核发、设立除会计师事务所以外的代理记账机构审批等。

二是对政府需要获取相关信息并以此为线索开展行业引导、制定产业政策和维护公共利益的事项，由审批改为备案管理。对政府需要掌握信息的事项改为备案管理。企业将备案规定的相关材料报送政府有关部门后，即可开展相关经营活动，政府部门不再对备案材料进行核准或许可。发现企业有违法违规行为，通过事中事后监管予以纠正或处罚。行政备案相较于行政审批能更好地拓宽市场准入，鼓励市场参与，也是政府简政放权、优化职能的良好举措。共清理落实审批改备案事项5项，具体包括：首次进口非特殊用途化妆品行政许可、50平方米以下小型餐饮的经营许可、国际船舶管理业务经营审批等。

三是对暂时不能取消审批，但通过后续监管能够纠正不符合审批条件的行为且不会产生严重后果的事项，实行告知承诺，予以容缺受理。制作告知承诺书，向申请人提供示范文本，一次性告知申请人审批条件和需要提交的材料；申请人作出符合相关条件前不从事许可经营活动承诺并提交有关材料的，可先行领取相关许可证或批准文件。共落实告知承诺及容缺受理事项24个，如设立外商投资电影院审批、从事出版物零售业务许可等。

四是对于确实不能取消审批或改为备案，也暂不适合容缺受理的，大力优化准营管理。推进标准化管理和网上办理，明晰受理条件、申请材料、审批程序、办理时限以及事中事后监管措施，并简化优化服务方式，推广并联审批、证照联办，提高审批透明度、便捷度和可预期性。这类事项自贸区共推出98项，涉及文化旅游、交通运输、民政、公安等26个行业。比如，安监部门要求申请人在申办事项过程中，只需填报准确的身份信息，可不提供本公司营业执照（包括原件或复印件）等证明文件备验。再如，海关在自贸片区开展进出口商品检验鉴定机构优化准入，提高许可透明度和申请效率。在网站对许可办理指南进行全面细化，取消对投资者限制、注册资金要求等条款；对申请人已获得相关认可资质的，采信认可机构现场审核结果，免于进出口商品检验鉴定机构初审的现场审核，简化许可流程；同时对申请人提交申请材料实行电子版本网上预审，对海关可自行查询核实的资料，如营业执照、认可资质等不再要求申请机构提供纸质证明。2017 年共有 11 家深圳民营机构获得检验鉴定从业许可，增幅达 20%，检验鉴定业务营收 39.3 亿元，增幅达 16.7%。

五　追求“审批更简”“服务更优”“监管更强”

改革永不止息。e 站通服务体系因改革而生，也将随着改革的不断深入而完善发展。“放管服”改革是推进政府职能转变的主题，也是推进下一步 e 站通服务体系品牌建设的主线。当改革迈向深水区、进入攻坚期，一些原本没有触及的难题开始浮出水面：一是在审批改革方面，市场准入门槛尚需进一步降低，“证照分离”改革需扩大范围和全面推广，市场退出机制有待完善；二是在服务提升方面，“一门”“一网”服务模式还要进一步深化，线下需扩大综合受理业务范围、纳入更多热门事项，线上需提升服务效率、推进“秒批”“不见面审批”模式，减少材料提交和跑动次数，切实方便群众；三是在加强监管方面，自贸片区内综合执法模式的探索尚未真正落地，各个行业特别是互联网金融等新兴业态的事中事后监管机制有待建立。接下来，前海将在以下方面重点发力。

（一）“审批更简”

在前海 e 站通服务体系中，继续深化商事改革。建立统一的负面清单制度。更新出台商事主体名称自主申报负面清单、住所负面清单制度、人员负面清单；构建便捷有序的市场退出机制；完善商事主体住所托管制度，制定新的住所托管管理办法；坚持依法有序推进行政审批分类改革，尽快推进所有“证照分离”全面落地，及时提出立法建议，依法报请相关部门决定。

（二）“服务更优”

以e站通服务中心升级改造为契机，争取市场监管、税务、公安等更多部门的审批办理事项入驻实体大厅，使服务中心的服务集聚功能进一步加强；进一步完善广东政务服务网前海蛇口片区、企业专属网页、自助服务终端等服务系统，建设智能客服体系和移动端办事能力，提供标准化、场景式、全流程的“一网式”互联网+政务服务体验；建立完善片区企业信用平台，充分运用大数据等信息技术手段，为企业信用查询提供更为及时、准确、全面和高效的服务。

（三）“监管更强”

一是深圳前海蛇口片区综合行政执法局已挂牌成立，下一步将e站通审批管理事项与综合执法事项对接，确保“放得了，管得住”。为进一步推动政府管理由注重事前审批转向注重事中事后监管、构建与自贸片区产业定位和功能布局相匹配的综合行政执法体系奠定坚实基础。二是督促相关部门落实“双随机一公开”监管。依照法定职责对被抽查商事主体日常监管项目进行监督检查。三是完善大数据分析的精准监管模式。做好审批信息、监管信息与信用信息的互联互通，共同做好公用信用平台建设，加强对企业活跃度、市场热点和风险的监测和预警。四是探索新兴业态及重点领域监管机制。针对风险较高的新兴业态和涉危行业，设置行业准入标准，明确监管部门、监管职责、监管规则。为前海蛇口片区营造国际化、市场化、法制化营商环境保驾护航。

B.11
前海金融创新与监管的探索

黎　攀*

摘　要：　国家赋予前海深港合作区及前海蛇口自贸片区多项重要使命，其中在金融领域明确了“国家金融业对外开放试验示范窗口”“跨境人民币创新业务试验区”的战略定位，在国务院深化广东自贸区改革方案中，又明确提出在前海探索“开展金融综合监管试点”。前海紧紧抓住历史机遇，聚焦改革，在金融创新和金融监管方面努力探索，在跨境金融、服务实体经济、金融科技、绿色金融等方面形成了一系列的创新成绩，积极推进监管改革创新试点，防范金融风险，努力打造彰显中国特色社会主义巨大优越性的新平台新标杆，打造最浓缩最精华的核心引擎，形成具有时代特色的“前海模式”，进一步彰显改革开放“试验田”作用。

关键词：　跨境金融　金融监管　金融创新

创新和开放是前海发展的灵魂，也是前海“一张白纸，从零开始，画出最美最好的图画”，从一片填海区迅速发展为与香港国际金融中心对接的现代服务业基地的源泉和动力。在新的历史时期，前海在新时代践行新发展理念，继续用好特殊的区位优势，继续发挥“敢为天下先”的创业精神，按照习近平对前海提出的“依托香港、服务内地、面向世界”，及“为拓展

* 黎攀，前海地方金融监管局干部。

香港发展空间发挥杠杆作用”的指示要求，进一步深化与香港的全面合作关系。同时，新时代要有新气象，前海在总结过去成功经验的基础上，主动谋划未来，以创新思维积极参与粤港澳大湾区规划，为前海现代服务业尤其是金融业布局做好顶层设计，探索与香港金融创新合作的新路径和新办法，提升前海战略规划的整体性、系统性和连贯性，力争在关键合作领域和重点合作环节形成重大突破，在防范金融风险方面继续创新探索，扎扎实实地支持香港国际金融中心和香港离岸人民币业务枢纽建设，形成前海金融业与其他沿海改革开放地区差异化发展特色，将前海建设推向一个新的发展阶段，为国家开放试验做好探路者。

一　背景与形势

（一）前海金融创新的背景与形势

在党中央、国务院、国家各部委、广东省委省政府的领导和支持下，前海实现了翻天覆地的变化，经济总量在千亿能级持续提升，制度创新走在全国前列，新城建设突飞猛进，深港合作成果丰硕，产业集聚实现跨越式发展，已经成为全国发展速度最快、质量最高、效益最好的区域之一。前海作为国家金融业对外开放试验示范窗口、跨境人民币业务创新试验区，金融开放与创新走在全国前列。

前海在全国率先开展跨境人民币贷款、跨境双向发债、跨境双向本外币资金池、跨境双向股权投资、跨境资产转让等“五个跨境”业务。落户了全国首家民营互联网银行（微众银行）、全国首家 CEPA 框架下的消费金融公司（招联消费金融）、全国首家社会资本主导的再保险公司（前海再保险）、全国首批相互制保险公司和全国第二批互联网保险公司（众惠财险和易安财险）。加上汇丰前海证券、东亚前海证券、恒生前海基金公司、港交所前海联合交易中心，CEPA 框架下金融业对港澳地区的开放措施在前海全面落地。前海联动香港构建开放型、创新型产业体系，支持香港交易所前海联合交易中心建成服务境内外客户的大宗商品现货交易平台，推出中国首个基于实际成交的氧化铝现货基准价格。加强深港绿色金融和金融科技合作，与香港品质保证局签署了《深港绿色金融合作备忘录》。前海已发展成为粤港澳大湾区金融科技集聚发展的前沿阵地，并形成一批金融科技创新案例，金融科技企业集聚带动效应明显。

（二）前海金融监管的背景与形势

金融安全是国家安全的重要组成部分，以习近平同志为核心的党中央高度重视金融风险防范化解工作。作为国家金融业对外开放试验示范窗口，前海金融业态丰富，体量很大，其中各类新型金融机构众多，行业风险特征各异，防范化解金融风险工作任务艰巨复杂，政治性强、涉及面广、社会关注度高。

（三）前海金融创新与监管的原则

前海高举习近平新时代中国特色社会主义思想伟大旗帜，全面贯彻党的十九大和十九届二中、三中全会以及中央经济工作会议精神，全面贯彻落实习近平总书记对广东、深圳工作的重要批示指示精神，坚持稳中求进工作总基调，遵循金融发展规律，发挥市场导向作用，紧紧围绕服务实体经济、防控风险、深化改革三项任务，加快转变金融发展方式，健全金融市场体系，加强地方金融监管治理，优化金融生态环境，大力推动粤港澳大湾区金融创新合作，以金融高质量发展服务经济社会高质量发展，为深圳朝着建设中国特色社会主义先行示范区的方向前行，努力创建社会主义现代化强国的城市范例提供强有力的金融支撑。

一是回归本源，服务实体。坚持把服务实体经济作为出发点和落脚点，全面提升金融服务效率和水平，把更多金融资源配置到前海经济发展的重点领域和薄弱环节，更好地满足前海企业和居民的多样化金融需求。二是优化结构，完善体系。坚持质量优先，不断完善前海金融机构、产品和服务体系，引导前海金融业稳步推进创新发展，促进融资便利化、降低实体经济成本、提高资源配置效率。三是强化监管，防范风险。加强中央与地方金融监管合作，探索金融综合监管，创新监管方式方法，促进功能监管、行为监管与机构监管的有机结合，提升风险的防范和处置能力。四是市场导向，政府引导。坚持社会主义市场经济改革方向，发挥市场在金融资源配置中的决定性作用。完善市场约束机制，提高金融资源配置效率。深入推进社会主义法治建设示范区工作，提升综合营商环境，健全市场规则，提升前海金融业的核心竞争力。

二　前海金融创新的实践与探索

前海金融开放创新取得了骄人的成绩，为中国的金融业创新发展和进一步对外开放进行了积极的探索和实践，形成了前海特色，打造了前海金融品牌。成功实现了产业集聚高质量发展，创新案例层出不穷，跨境金融品牌特色突出，金融与科技创新融合，绿色金融创新引领。

（一）“五个跨境”打造前海跨境金融品牌

一是率先开展跨境双向人民币贷款、业务规模全国领先。前海跨境人民币贷款业务累计实际提款金额 371 亿元；区内银行向境外企业发放 11 笔人民币贷款，金额 54.94 亿元。区内企业共办理 33 笔全口径外债宏观审慎管理业务，签约金额共计 13.11 亿美元。二是率先打通跨境双向发债、扩大实体经济境内外直接融资渠道。比如，前海金融控股有限公司在香港发行 10 亿元“点心债”，超额认购 12 倍；招商局集团成功在银行间市场发行 5 亿元“熊猫债”，中国燃气集团在交易所市场和银行间市场累计发行 25 亿元“熊猫债”。三是降低跨境双向本外币资金池业务备案门槛、增大政策惠及面。多家跨国企业集团办理了自贸区版跨境双向人民币资金池业务备案，涉及成员企业 346 家、所有者权益 5118.8 亿元；多家跨国企业集团参与跨国公司外汇资金池业务试点，跨境流出入总规模达 159.61 亿美元。四是率先试点跨境双向股权投资。初步统计，前海已设立外商投资股权投资企业试点

（QFLP）管理企业135家，境外募集资金超过21亿美元；设立合格境内投资者境外投资试点（QDIE）企业41家，获批额度15.21亿美元。五是全国范围内率先试点跨境不良资产转让。不良资产转让业务深入开展，在全国率先试点银行不良资产跨境转让的基础上，相继完成全国首单商业保理资产、租赁资产对外转让业务，在全国形成了积极示范效应。

（二）形成全方位的金融创新案例体系

前海积极打造优良的创新政策环境，形成了一系列政治站位高、创新特色突出、服务实体经济的创新案例，这些案例取得了较好的示范效应，并在前海形成了勇于创新、乐于创新、善于创新的创新氛围。

一是强化深港合作与跨境业务创新。中国银行前海蛇口分行、招商银行前海分行落地全国首批资本项目收入支付审核便利化试点业务，为实现更高程度的资本项目可兑换积累了经验；前海金融资产交易所建立全国首个人民币债权资产跨境交易平台，依托该平台完成全国首单商业保理资产、融资租赁资产跨境转让交易；中金前海发展（深圳）基金通过境内外人民币美元平行基金，帮助深圳企业迅速实现对境外科技同行的跨境并购；招商银行打造“自贸通”金融综合服务平台，满足自贸区企业跨境资金融通需求。

二是强化金融安全与风险防范。招联消费金融首创反欺诈GPS渔网与机器学习应用模型系统，快速、精确识别高风险客户，有效拦截风险；平安银行信用卡中心开发企业级零售反欺诈统一管理平台，建立基于多维数据的反欺诈模型；前海鹏元数据协助国家发展改革委建立企业债券征信预警平台，实现监管部门对辖区债券金融风险的实时监控和风险预警；众安信息技术研发互联网保险大数据风险控制平台，有效拦截欺诈骗保、恶意交易，实现个性化风险定价。

三是强化“双创”与中小微企业服务。众惠相互保险联合银行业协会推出首个面向物流产业链上中小微货代企业运费保证险产品，解决海运小微货代企业“融资难”问题；前海股权交易中心为中小微企业提供全生命周期场外资本市场培育服务；中国工商银行前海分行为全国小微实体商户提供全线上普惠金融产品服务；鹏华资产发行以小额分散型中小企业应收账款等为基础资产的资产证券化产品；天虹小贷针对联营供应商、自营供应商等中小企业开发纯信用融资产品；中顺易金融服务创立全国首个依托“信托+保险”的车险分期模式，缓解中小微企业营运资金周转压力。

四是强化金融“精准扶贫”及民生服务。中再资本完成全国首单保险资金支持长租公寓项目；海航期货创新场外期权价格保障模式，助力精准扶贫；微民保险代理全国首推“定期寿险+转化年金”组合保险产品；前海开源资产推出国内首个房企租赁住房REITs基金。

五是强化金融科技创新。招联消费金融利用大数据征信，首创运营商与金融机构跨界合作“新能源”预授信模式，作为传统信用评估的有效补充；前海人寿开发个人保险营销及服务一体化移动平台，提升工作效率和客户服务体验；阳光资产管理开发基于阿里专有云构建企业级的大数据运营平台，满足“资管新规”下穿透式监管数据要求。

（三）积极建设前海特色的绿色金融生态

构建独具前海特色的绿色金融体系，在绿色金融产品上进行各种金融创新，积极发挥金融作用，对节能减排、低碳环保等绿色产业和战略新兴产业产生积极的支撑作用，积极探索经济发展方式的绿色化转型。

一是推进碳排放市场和碳金融建设。前海碳交易市场于2013年在全国率先启动上线交易。由于深圳的产业结构偏轻型化，无钢铁、水泥等大型排放源，碳排放权交易市场的配额规模在七个试点区域[①]中最小，仅占七个碳排放权配额总规模的2.5%，但市场交易十分活跃，配额成交量和成交额两项指标名列前茅。市场参与主体方面，深圳碳排放权交易市场是全国首个向个人及境外投资者开放的碳交易市场。前海在碳排放权市场的建设和运行过程中，一直高度重视碳金融的发展，在碳金融领域持续开展了多项研究创新

---

① 2011年11月，国家发展改革委办公厅下发了《关于开展碳排放权交易试点工作的通知》（发改办气候〔2011〕2601号），批准北京、天津、上海、重庆、湖北（武汉）、广东（广州）、深圳等7省市，开展碳排放权交易试点工作。

与业务推广，包括碳债券、碳资产质押融资、跨境碳资产回购式融资、碳配额托管、碳基金等七种碳金融创新产品与服务。

二是探索可复制推广的绿色产业化模式。前海积极探索可复制推广的绿色产业化模式，打造“全国首个绿色技术产业化综合性绿色金融服务平台”，以“绿色资产交易+金融资本+绿色技术服务+配套金融服务”为商业模式，组建集服务链、创新链、产业链和资金链为一体的绿色金融服务集团的战略规划顺利通过并实施。深度参与“绿色金融标准体系”研究工作，争取承担绿色金融术语手册、绿色基金标准、绿色担保标准、绿色资产证券化标准研究、碳金融产品标准研究制定，扩大前海在“绿色金融标准体系”研究中的参与度。

三是推动发行绿色债券支持大湾区建设。前海积极鼓励实体企业发行绿色债券，立足于粤港澳大湾区的建设，新世界发展有限公司旗下的新世界中国地产有限公司已发行首批绿色债券，这次首批发行的绿色债券所筹募的资金将用于新世界中国两个位于大湾区的绿色发展项目。这两个项目均将取得国家和国际绿色建筑设计的预认证，承诺将绿色空间、节能设计和材料结合起来，支持位于大湾区受认证的环保项目。

三　前海金融监管的创新与探索

前海一直高度重视金融风险防控工作，积极探索金融监管和金融风险防控模式的创新。充分发挥法治、科技、监管等多种手段强化金融风险防控，积极探索科技防控新路径，以前海鹰眼系统为中心，以前海公共信用平台为基础支撑，辅以深圳私募基金监管服务平台以及其他行业相关系统，构建了立体式、多维度的前海金融风险科技防控体系。

（一）高瞻远瞩，成立前海地方金融监管局

2019年2月，在深圳市委市政府的高度重视和支持下，深圳市前海地方金融监督管理局正式揭牌，这是广东自贸区首家地方金融监管机构，填补

了注册在前海区内占比高达全市 83% 的地方性金融机构的监管空白。前海争取 2019 年内完成该机构的立法授权，立法程序完成后将依托前海地方金融监管局建立前海金融风险防控的长效机制，负责前海“7 +4”类地方金融机构[①]的审批、监管、风险防范处置。同时，将以前海金融监督管理局为重要载体，探索实施以合作监管与协调监管为支撑的综合监管试点。前海地方金融监管局的运作将有力促进金融监管与金融创新的良性互动，为推进前海和粤港澳大湾区金融开放创新和国家层面金融监管改革探索路径、积累经验。同时，依托前海地方金融监管局，揭牌成立前海金融风险防控中心、互联网金融安全技术工业和信息化部重点实验室前海实验基地、深圳市公安局金融风险防控实战预警前海监测中心，构建了“1 +3”地方综合监管的前海模式，初步形成了金融风险早识别、早预警、早发现、早处置的长效机制。

（二）借力科技，在监管中融入更多创新元素

一是建设前海金融风险防控中心。防控中心是开放式平台，将集成前海及相关部门现有系统资源，并争取与“一行两局”等更多部门开展科技防控合作，实现数据互联互通，建成立体式防控体系，形成对金融企业的持续动态摸底、信息全面监测、风险及时预警、协同联动化解的风险发现与风险应对的闭环体系。二是率先探索监管科技创新。为探索解决金融科技快速发展带来的金融风险和监管不匹配等问题，前海积极与多方开展监管沙盒研究，争取在前海率先试点监管沙盒，为中国金融业对外开放当好试验田，为地方金融监管科技创新当好排头兵。

（三）创新合作，建设推进前海鹰眼监控系统

针对前海互联网金融企业高度集聚的特点，前海管理局与工信部、中

① 根据中央部署，地方金融监管范围为“7 +4”类机构。具体为：负责对小额贷款公司、融资担保公司、区域性股权市场、典当行、融资租赁公司、商业保理公司、地方资产管理公司等 7 类机构实施监管，强化对投资公司、农民专业合作社、社会众筹机构、地方各类交易所等 4 类机构的监管。

央网信办国家互联网应急中心合作，依托国家互联网金融风险分析技术和国家互联网大数据，建设了“前海鹰眼系统”。前海鹰眼系统是国家互联网金融风险防范技术在全国自贸区范围内的首次金融风险防控运用，将打造成为前海金融风险防控的又一重要“法宝”，形成跨境监测、跨行业监测、跨地域监测、穿透式监测、实时舆情监测、违规广告监测、风险蔓延监测、区域横向对比监测等“八大特色”，打造前海金融风险防控的“千里眼”“顺风耳”。该系统成效明显。一是实现全面摸底。通过该系统对前海互联网金融平台进行全面检查，实现了动态全面摸底。二是实现精准定位。该系统已协助经侦部门提供实际经营地及服务器部署位置，为立案及案件侦破提供有效线索。三是实现及时预警。该系统对有风险的机构开启预警，实现了风险机构的早发现。四是实现实时监测。实时全面监测前海金融业机构的网络舆情，针对性形成风险监测报告等。

（四）信用前海，公共信用平台实现企业信用画像

2017 年 12 月，前海公共信用平台正式上线运行，该平台是前海社会信用体系建设的重要基础设施，集服务政府监管、政府信用数据开放、公众信用信息查询、企业信用风险提示等多功能于一体，归集了覆盖深圳全市超过 74 个政府部门、9 大类别、17 万余家前海企业的 400 多万条信用数据。通过大数据建模，对前海企业开展信用分类评价，结合“双随机、一公开”，帮助监管部门识别重点监管对象，提高监管效率、识别潜在信用风险、打通跨部门信息壁垒。

（五）协同监管，私募基金领域监管新模式

前海管理局和深圳证监局通过整合系统资源，联合开发了深圳私募基金监管服务平台，探索实施中央地方协同监管模式。通过整合私募行业申报数据，工商、税务、法院等政府司法数据以及证监系统监管数据，构建“大数据 + 人工智能”的风控引擎，重点针对备案私募机构建设企业关联图谱、舆情分析、风险画像、统计分析四大金融风险防控功能。该平台积极应对私

募领域“多、杂、乱”局面，建立信息与数据归集和共享系统，为协作监管提供大数据支持和信息化保障。

（六）整合资源，多维度打造科技防控体系

一是充分整合内部资源，利用前海多项系统资源监测核查企业信息。优化升级前海企业托管地址信息登记平台，掌握企业注册托管信息，核查企业实际营地地址、股东和联系人等基本信息；利用前海数据服务公司的大数据系统，对企业社保、税务信息进行数据碰对。二是充分借助外部力量，完善科技监测维度。与经侦局加强合作，把公安“金融风险防控实战预警系统”（“深融”系统）延伸接入前海。还将与市金融办加强紧密联动，连接深圳市金融风险监测预警平台、地方金融监管信息系统和“灵鲲”系统，实现对 P2P 行业及其他互联网金融业态的全口径监控。

四　经验总结

“前海模式”是在新时代全面深化改革、全面扩大开放条件下，以制度创新为核心实现高质量、高速度发展的区域开发建设模式。前海在金融领域敢闯敢试、精耕细作，把握高质量发展规律，深入推进粤港澳深度合作，形成全方位高水平对外开放的新局面，打造了前海在金融创新发展和监管模式方面的“前海模式”，这些成绩的取得，主要来自五个“得益于”。

一是得益于前海高举习近平新时代中国特色社会主义思想伟大旗帜，不断探索中国特色、时代特征、前海特点的发展之路，以前海的担当践行国家战略，以前海的作为服务发展大局，以前海的实践彰显中国特色社会主义制度的优越性。

二是得益于前海始终坚持社会主义市场经济改革方向，大胆探索、先行先试，在全国率先开展法定机构探索和商事登记制度改革，营造最国际化的营商环境，发挥好市场内在牵引、利益驱动作用，打造服务型政府，着力释放改革红利，为可持续的全面发展注入强劲动力。

三是得益于始终坚持对外开放，融入世界经济并服务世界经济，高质量建设“我国金融业对外开放试验示范窗口”和“跨境人民币业务创新试验区”，支持金融机构创新产品、打造国际品牌，为世界各地的经济发展提供创新金融服务。

四是得益于前海坚持贯彻“依托香港、服务内地、面向世界”，高质量落实 CEPA 协议，高标准深化深港合作，打造最接近香港的投资环境，着力推进港资机构在前海落地，在更高开放水平上推进粤港澳大湾区发展。

五是得益于党中央、国务院对前海的关心，广东省和深圳市的支持，以及前海开拓者们齐心协力、奋力拼搏，以新时代奋斗者的姿态促进改革创新，以实干成就美好梦想，敢于做第一个吃螃蟹的人，勇当尖兵中的尖兵，深化改革“再出发”的前海精神。

五　未来构想与展望

担当好改革开放新的伟大历史使命，勇当新时代改革开放尖兵中的尖兵，要以改革开放的眼光看待改革开放，充分认识新形势下改革开放的时代性、体系性、全局性问题，在更高起点、更高层次、更高目标上推进改革开放。必须坚定不移高举习近平新时代中国特色社会主义思想伟大旗帜，用以武装头脑、指导实践、推动工作，担当好新的历史使命。改革只争朝夕，奋斗起于方寸。前海任重而道远，使命光荣，要高水平推进新一轮改革开放，争做全面深化改革开放的排头兵。

（一）推进深港金融深度融合，提升金融业对外开放水平

一是推动跨境金融合作。推动建立与前海改革开放相适应的账户管理体系，促进跨境贸易、投融资结算便利化。继续推动跨境金融业务的创新发展，探索进一步拓宽跨境人民币借贷主体范围，深化跨国企业集团跨境人民币资金集中运营管理改革，持续推广跨境双向人民币资金池业务。顺应粤港

澳居民个人跨境金融服务需求，在风险可控的前提下，探索内地与港澳理财产品的跨境双向销售。

二是推动深港保险市场互联互通。探索建立港澳保险前海服务中心，支持港澳保险公司通过在深圳开立人民币账户，为前海辖区内已购买香港、澳门跨境医疗、重疾等保障型保险产品的保险客户提供便利化续保、保全、理赔等服务。在符合法律法规要求的前提下，支持深圳保险机构为港澳跨境车辆开发短期机动车辆保险产品，研究跨境机动车辆保险承保、查勘、理赔行为规范，为跨境保险客户提供便利化的承保、查勘、理赔等服务。

三是推动金融业进一步对外开放。结合粤港澳大湾区战略和金融业新一轮对外开放政策，加大对外宣传推介力度，积极争取符合条件的外资金融机构落户前海。大力支持金融机构加强与港澳同业的协同合作，进一步提高国际市场参与度与国际竞争力。推动在风险管控、信用评级、财富管理、专业保理、消费金融等方面具有特色和专长的外资机构入驻前海。

（二）加大金融科技创新，形成一批特色金融

一是构建科技金融体系。支持国际科技创新中心和深港科技创新合作区建设，推动开展科技金融创新试点。鼓励在前海设立以科技型企业为主要服务对象的科技金融专营机构、科技特色支行、金融租赁公司，为科技型企业创新发展提供专业金融服务。鼓励金融机构根据科技型企业在种子期、初创期、成长期和成熟期的不同金融需求特征，创新担保和增信手段，不断丰富科技金融产品服务体系。

二是完善绿色金融机制。推动金融机构加快完善绿色信贷机制，探索设立绿色支行，优化绿色金融组织架构、信贷流程和考核体系。鼓励金融机构开展绿色金融产品和服务创新，积极支持新能源汽车、绿色建筑、节能环保产业等绿色项目，逐步提升辖区内绿色信贷占比。

三是服务“全球海洋中心城市”建设。鼓励金融机构根据海洋经济特

点，创新抵押担保方式，加强跨境金融合作，支持海工装备、海洋电子信息、海洋生物医药、海洋新能源和航运服务等海洋特色产业。引导金融租赁公司积极开展直接租赁、售后回租等融资租赁业务，服务船舶、港口、海工等海洋设备投资，提高海洋产业技术含量。

四是加强金融科技创新。鼓励金融机构探索利用人工智能、大数据、区块链、云计算等新技术优化业务流程，加大数据整合和信息挖掘力度，提高金融服务效率。支持金融机构在依法合规、风险可控和充分保护消费者权益的情况下，开展金融科技创新试点。支持符合条件的金融科技企业在深圳依法发起设立或投资入股金融机构。支持符合条件的境内外金融机构在深圳设立金融科技子公司和科技研发中心，加强基础性和前瞻性研究。

（三）探索金融综合监管试点，完善跨境金融监管机制

一是建立健全金融消费纠纷保护机制。推动金融机构行业组织和金融消费者权益保护机构与港澳相关协会和机构在人员交流、信息共享、资质互认等方面开展多种形式的交流合作。探索建立金融消费者权益跨境保护机制，共同搭建金融消费者权益跨境保护平台。支持协会和其他群团组织推动金融机构接纳港澳大学生来前海实习，拓宽港澳青年就业空间。

二是在前海开展监管沙盒试点，加强金融监管合作。为推进金融创新，防范金融风险，推动在前海开展监管沙盒试点，允许银行业保险业金融创新产品、服务和技术在前海开展真实环境的测试，由深港澳各地监管部门共同对其开展监测评估。推动建立前海金融监管信息共享机制，加强监管部门日常信息交流，及时通报跨境金融机构监管信息。加强对新金融业态和新金融模式的共同研究，推动完善创新领域金融监管规则。共同做好跨境金融风险的防范和处置，紧密协作打击违法违规金融活动，守住不发生系统性金融风险的底线。

B.12
国家比较视野下前海法治营商环境现状与展望

前海管理局自贸制度创新处课题组*

摘　要：　前海全力推进中国特色社会主义法治建设示范区建设，法治创新成果近百项，建立了完善的法律制度框架体系，初步形成了良好的法治化营商环境。执行合同作为法治化营商环境的最直接体现，与综合营商环境存在正相关关系。通过比较分析前海与新加坡、韩国、新西兰、中国香港等经济体在执行合同领域的差异，可以窥见先进经济体健全的法律制度体系和营造法治化营商环境的良好实践。借鉴这些经验，有利于推进完善前海法律制度框架，进一步提升前海营商环境的法治化水平。

关键词：　法治化营商环境　执行合同　商事纠纷解决

一　前海法治化营商环境现状

（一）前海法治建设基本情况

近年来，前海全力推进中国特色社会主义法治建设示范区建设，法治创

* 课题组成员：赵树峰、陈诚、杨文。执笔人：杨文，前海管理局制度创新处干部。

新成果达到近百项，为优化营商环境提供了重要保障。在立法领域，发挥深圳经济特区立法权优势，制定实施“一条例两办法”，实行法定机构区域管理模式，依法行使区域内行政管理和公共服务职能。在行政管理领域，实行“权力清单”和“责任清单”制度，将政府权力运行纳入法治轨道。在司法领域，最高人民法院第一巡回法庭和第一国际商事法庭落户前海，建立了全国独一无二的两审终审审判体系；全面推行前海法院、前海蛇口检察院司法体制改革；成立深圳知识产权法庭、深圳金融法庭等机构，为自贸试验区和合作区建设提供坚强有力的司法保障。在多元纠纷解决领域，深圳国际仲裁院、粤港澳商事调解联盟、中国自贸区仲裁合作联盟、前海法院诉调对接中心、前海“一带一路”国际商事诉调对接中心等机构提供调解、仲裁等服务，建立了国际化、多元化的商事纠纷解决机制。在法律服务领域，粤港澳合伙联营律师事务所提供各类法律服务，中国知识产权保护中心提供知识产权纠纷调解和维权援助服务，“一中心两基地”提供港澳台和外国法律查明服务，前海公证处提供高效便捷的公证服务。总体来说，前海已初步建立了完善的法律制度框架，形成了完备的法律服务生态体系。

（二）前海法治建设成效

自2017年起，中国社会科学院国家法治指数研究中心开始研究制定前海法治指数评估体系，发布前海法治指数。根据《前海法治指数评估报告（2018）》，2018年前海法治评估总体得分为80.48分，相比2017年的78.42分呈增长趋势，规则制定、政务公开、纠纷解决等方面在国内自贸区处于领先地位[①]。普华永道第三方评估显示，对照世界银行营商环境指标体系，如将前海作为一个独立经济体参与排名，在全球190个经济体中排名第31位，其中直接体现法治化营商环境的执行合同、保护中小投资者和办理破产3个领域，在全球分别排名第3位、第51位和第46位。前海在执行合同领域的

① 来源于《前海法治指数评估报告（2018）》。

表现十分亮眼①。

在良好的法治化营商环境助力下，前海成为国内发展速度最快、质量最高、效益最好的区域之一。前海蛇口自贸片区注册企业从 2015 年的 7.39 万家增长至 2018 年 12 月的 17.49 万家，年均增长率高达 33.3%；注册企业增加值从 1019 亿元跃升至 2018 年的 2549.5 亿元，增长 1.5 倍，年均增长率 35.8%；税收收入从 174 亿元增长至 445.94 亿元，增长 1.6 倍，年均增长率 36.8%。前海作为深圳市乃至粤港澳大湾区的核心引擎作用初步显现。

（三）前海法治建设面临的挑战

前海管理局是全国首个以法定机构模式主导区域开发治理的公共组织，经过近十年的探索，法治化区域治理模式取得了积极成效。然而，法定机构源自英美法系，在引入我国时存在定位难的问题，不利于法治化营商环境的改善。一是法定机构在法律体系中的地位不明确。前海管理局通过《深圳经济特区前海深港现代服务业合作区条例》等地方性立法设立和行使职能，而中国行政法中没有法定机构的设置规则，一旦其职能行使与上位法、行政法规相冲突，必须将上位法作为依据，限制了法定机构的改革创新。二是法定机构在政府管理体系中的地位不明确。前海管理局除领导具有一定行政级别外，整体及工作人员的行政级别不明确，在工作中面临孤岛困境。三是法定机构在市场运行中的定位不明确。前海管理局既是“裁判员”，是行政中立的实际管理机构，维护市场公平稳定发展，又是“运动员”，下属企业参与基础设施建设、置业开发、资本运营、产业引导等市场活动，在一定范围内可能存在利益冲突和权力寻租空间②。由于法定机构的定位尚不明确，市场和行政管理的边界没有予以清晰界定，法定机构的市场化运作模式难以有效实施，这也是前海法治建设及持续优化法治化营商环境面临的最大挑战。

---

① 普华永道：《2018 年前海蛇口自贸片区营商环境指数编制及综合评估报告》，内部资料。

② 吴燕妮：《论自贸区法治建设进路——以深圳前海为例》，《开放导报》2019 年第 1 期。

二　前海法治化营商环境的国际比较

法治是最好的营商环境。法治化营商环境贯穿立法、执法、司法和守法等各个环节，其中商事纠纷解决效率直接体现市场主体对法治化营商环境的感受度和满意度。世界银行《营商环境报告》将司法系统解决商事纠纷的过程概括为“执行合同”，作为国际通行指标来衡量一个国家或地区的法治化营商环境。执行合同实际上就是解决商事纠纷的过程，考察的是地方法院解决一起商业纠纷所耗费的时间、成本和司法程序质量。根据世界银行《2019 年营商环境报告》，执行合同领域的得分与营商环境总得分存在正相关关系，相关性系数为 0. 6895（见图 1）。换言之，执行合同效率的提高对整体营商环境的改善发挥着重要作用。

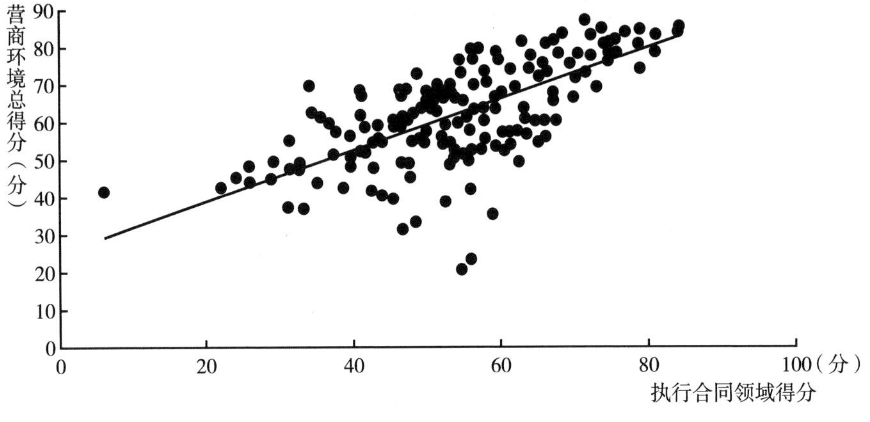

图 1　执行合同领域得分与营商环境总得分的散点图

数据来源：世界银行《2019 年营商环境报告》。

本部分以执行合同的时间、成本和司法程序质量指数来具体分析前海法治化营商环境，并与新加坡（执行合同排名第 1，营商环境排名第 1）、韩国（执行合同排名第 2，营商环境排名第 5）、中国香港（执行合同排名第30，营商环境排名第4）等经济体进行对比分析，找出前海的短板和优势，助力前海蛇口自贸片区法治化营商环境建设。

（一）评价方法

执行合同领域通过衡量一家当地初级法院解决一起商业纠纷耗费的时间和成本，并根据司法程序质量指数，评估地方法院的质量和效率。

1. 衡量指标

执行合同领域评价指标体系由3个二级指标、10个三级指标和21个四级指标组成（见表1）。

表1　执行合同领域指标体系*

序号	二级指标	三级指标	四级指标
1	时间(天)	立案申请和送达	—
		审理和判决	—
		执行判决	—
2	成本(占索赔额的比例)	律师费用	—
		诉讼费用	—
		执行费用	—
3	司法程序质量指数(0~18)	法院结构和诉讼程序指数(-1~5)	1)是否有专门负责审理商事案件的商事法院或部门 2)是否存在小额诉讼法院或快速通道程序处理小额纠纷案件 3)原告能否在审判前实现对被告动产的财产扣押 4)案件是否会被随机地、自动地分配给管辖法院中的法官 5)女性的证词与男性的证词在法庭上是否有同等效力
		案件管理指数(0~6)	1)有关民事诉讼案件是否包含如下至少三个事件的时间标准:送达法律文件、首次庭审、提交答辩书、举证期结束、提交专家证词、提交最终判决 2)法律是否规定休庭或诉讼延期的最大次数 3)是否存在公开的针对管辖法院的评估报告,以监督该法院的表现 4)主管法院是否在案件管理中运用审前会议 5)法官对电子案件系统的运用 6)律师对电子案件管理系统的运用

续表

序号	二级指标	三级指标	四级指标
		法院自动化指数(0~4)	1)能否通过管辖法院内的专用平台以电子的方式提交最初诉状 2)对于在管辖法院提交的案件,能否将最初的诉状以电子的方式送达被告人 3)对于在管辖法院提交的案件,能否以电子方式支付诉讼费 4)地方法院作出的判决,是否在官方公报、报纸或互联网上发布
		替代性纠纷解决指数(0~3)	1)国内商业仲裁是否由一部完整法律或民事诉讼法的完整章节所管辖 2)符合条件的商业纠纷是否均可以提交仲裁 3)地方法院是否在超过50%的案件中执行了有效的仲裁条款或协议 4)自愿调停或调解是否为被认可的商业纠纷解决方式 5)自愿调停或调解是否由一部完整法律或民事诉讼法的完整章节管辖 6)是否有任何的财务激励促使当事方尝试调停或调解

* 根据世界银行营商环境评价指标体系整理。

2. 假设条件

由于世界各国商事法律制度和规范不一、商事案件复杂多样，为保证评价结果在某一时点的稳定性和合理性，世界银行首先对商业纠纷案例设置了一定的假设条件①。

①纠纷涉及2个企业（卖方和买方）之间的一项合法交易，且其所在地为最大的商业城市。②卖方将货物交付买方后，买方以所交付货物质量不合格为由拒绝支付货款。由于是定制的家具，卖方无法把货物转卖给他人。③索赔额为当地人均收入的200%或5000美元，取其中相对大的数额。④卖方（原告）起诉买方（被告），要求收回销售协议中规定的货款金额（即当地人均收入的200%或5000美元，取较大数值）。⑤因担心买方隐藏财产或者破产，卖方申请了诉讼保全。⑥该纠纷需要专家对货物的

① 根据世界银行《2019年营商环境报告》整理。

质量进行评估。⑦法官裁定货物质量合格且买方必须按约定价格支付货款，买方对判决结果不提起上诉。⑧卖方通过公开出售买方流动资产的方式执行了判决。

3. 计算方法

执行合同便利度的排名取决于其在执行合同方面与前沿距离分数的排序。按照以下公式计算执行合同领域的营商环境便利度得分：

$$\text{score}_i = \frac{\text{最差} - y_i}{\text{最差} - \text{前沿}} \times 100$$

（二）执行合同领域评价结果

1. 整体评价结果①

普华永道依据世界银行营商环境评价体系和假设条件，对前海营商环境进行了第三方模拟评估，结果显示，前海蛇口自贸片区执行合同领域得分 82.74 分，在全球经济体中排名第 3 位，与挪威的水平相当，优于香港（第 30 位）和中国内地（第 6 位）（见表 2）。前海执行合同的综合质量走在全国前列乃至全球前列，但是执行合同的时间和成本相对前沿数据仍有一定差距。

表 2　各经济体执行合同领域的指标数据

经济体＼指标	得分（分）	排名（位）	总时间（天）	成本（占索赔额的比例）	司法程序质量指数（0～18）
新加坡	84.53	1	164	25.8	15.5
韩国	84.15	2	290	12.7	14.5
挪威	81.27	3	400	9.9	14
新西兰	81.25	21	216	27.2	9.5
中国香港	79.00	30	385	23.6	10
前海蛇口自贸片区	82.74	3	394	21.24	17

① 新加坡、韩国、挪威、新西兰、中国香港数据来源于世界银行《2019 年营商环境报告》；前海蛇口自贸片区数据来源于内部资料：普华永道《2018 年前海蛇口自贸片区营商环境指数编制及综合评估报告》。

在执行合同领域，新加坡的优势在于高效率，执行合同的时间不到中国香港、中国前海的一半。挪威的优势在于成本低，仅占索赔额的9.9%，不到新加坡、新西兰、中国香港、中国前海的一半。前海的优势在于司法程序质量高，“一条例两办法”为前海法治化营商环境奠定了基础。前海法院着力建立公正高效权威的涉外涉港澳台商事审判机制，打造域外法查明与适用的“前海名片”。建设多元化的国际商事纠纷化解平台，满足域内外商事主体多元的司法需求，构建了与国际通行商事规则相对接的商事规则体系，为优化自贸区国际化、法治化营商环境提供司法保障。

2. 具体指标分析

（1）执行合同的时间

执行合同的时间包括商事纠纷案件立案申请和送达、审理和判决、强制执行判决的时间（见图2）。

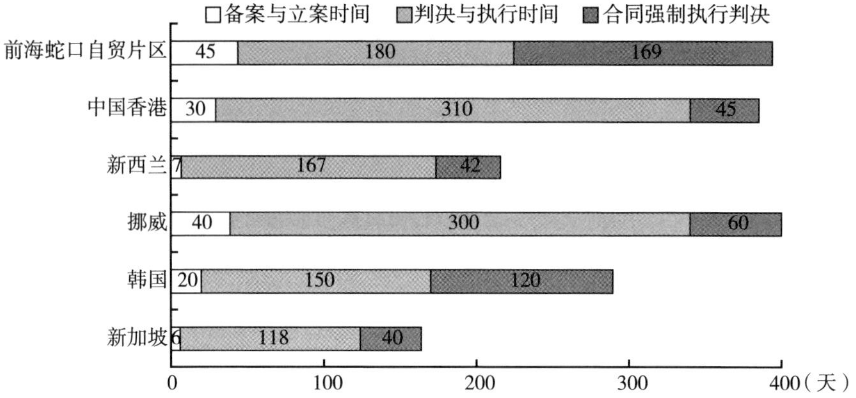

图2　各经济体执行合同时间对比

新加坡和新西兰执行合同的总时间最短，分别为164天和216天，从各个环节来看，除审理和判决时间较长，立案和强制执行效率均非常高。前海蛇口自贸片区执行合同总时间为394天，其中备案与立案时间45天，判决与执行时间180天，合同强制执行判决169天。前海执行合同的备案与立案时间相对较长，从立案申请到开庭需要30～90天，是新加坡、新西兰的5～

15 倍。究其原因，主要是市场主体的法律意识越来越强，案件数量越来越多，地方法院司法力量不能满足市场需求，导致从立案到开庭时间较长、效率较低。中国合同强制执行判决包括判决文件送达、财产查控、冻结扣划、评估、公告、拍卖、拍卖款项到账等程序，手续繁杂，时间冗长，是新加坡、新西兰的 4 倍。前海需借鉴和学习新加坡、新西兰的经验，缩短立案和强制执行时间，进一步提高司法效率。

（2）执行合同的成本

执行合同的成本包括律师费用、诉讼费用和执行费用，用占索赔额的比例来衡量（见图 3）。

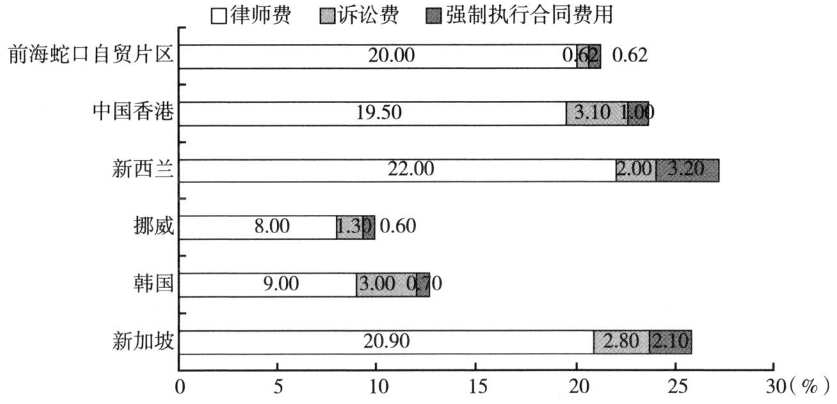

图 3　各经济体执行合同成本对比

挪威和韩国执行合同的成本较低，分别占索赔额的 9.9%、12.7%，而新加坡、新西兰、中国香港和前海蛇口自贸片区执行合同的成本均占索赔额的 20% 以上。几个主要经济体的诉讼费和执行费占成本的 20% 左右，而前海蛇口自贸片区仅占成本的 6%，表明前海商事主体通过诉讼解决商业纠纷的行政成本较低。律师费是执行合同成本的主要组成部分，除韩国外，新加坡、新西兰、中国香港等经济体执行合同的律师费均占成本的 80% 以上，前海蛇口自贸片区律师费所占比例高达 94%。

（3）司法程序质量指数

司法程序质量包括法院结构和诉讼程序指数、案件管理指数、法院自动化指数、替代性纠纷解决指数（见图4）。

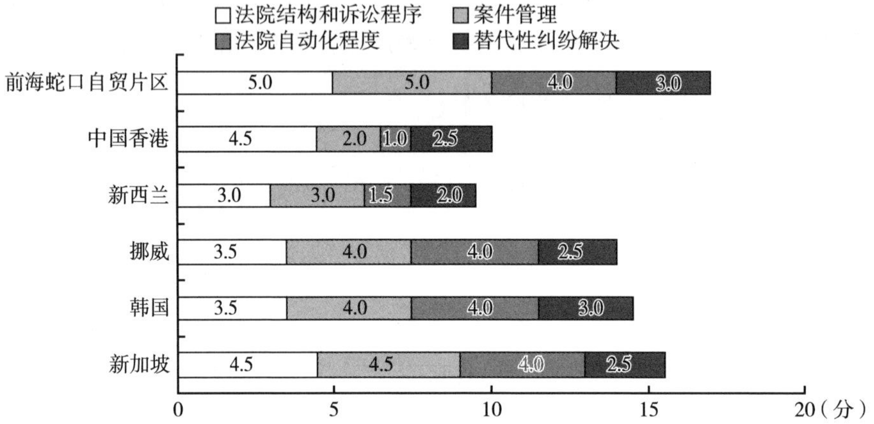

图4　各经济体司法程序质量指数对比

前海司法程序质量得分17分（总分18分），领先新加坡、新西兰和中国香港等经济体。虽然新西兰和中国香港的法治化水平较高，在国际上享有盛誉，但与新加坡、韩国、挪威等经济体相比，在案件管理和法院自动化程度方面较为落后。新加坡国际商事法院、新加坡国际仲裁中心（SIAC）和新加坡国际调解中心（SIMC）构成了新加坡国际纠纷解决中心的三大支柱，是市场主体在亚洲首选进行仲裁的国家。前海努力推进社会主义法治示范区建设，初步建立了调解、仲裁、诉讼相结合的多元化纠纷解决机制，为商事纠纷解决提供了重要保障。

三　前海建设法治化营商环境展望

中国法治改革走了一条富有特色的道路，而产权保护、放松政府管制、建立多元化争议解决机制等，仍然是中国未来经济和法治改革的重要内容。前海执行合同效率在全球排名前列，为营造法治化营商环境提供了坚实基础，但执行合同仅仅是法治化营商环境建设的冰山一角，前海构建法治化营商环境体系还任重道远。总的来说，前海应借鉴新加坡、新西兰、中国香港等经济体的先进经验，遵循市场自由、商事效率、交易公平、市场诚信、市场包容、营商安全等价值理念①，建立适应市场经济规律的法律制度体系，协调政府与市场主体的关系，保障市场主体的合法权益，通过立法、执法、司法、守法等各领域的改革创新，有效降低营商制度成本。

（一）用好特区立法权，推进营商环境立法科学化

科学立法主要指为内外资企业、国有民营企业提供公平、高效、持续的法律制度及法律服务。由于立法力量薄弱，立法机构授权行政机构制定法律文件，政策在很多场合起到了法律的功能②。沿袭立法体制的路径，国内营商环境相关领域的改革主要通过政策性措施体现，鲜有上升到法律法规层面。比如，民营经济的地位和作用在宪法层面和中央政策层面都得到了明确，但在国家层面还没有一部关于民营经济的专门立法③。虽然深圳市拥有经济特区立法权，但还未出台有关促进民营企业发展的地方性法规或经济特区法规。而同样拥有经济特区立法权的珠海市，在2015年就出台了《珠海经济特区促进民营经济发展条例》，将政策性措施上升到经济特区法规层面，为营商环境建设提供了制度保障。建设法治化营商环境，必然要坚持立法先行。前海应借鉴香港等域外先进立法经验，充分发挥特区立法权优势，推动法定机构改革，推进营商环境科学规划和科学立法，构建对接港澳、接轨国际、布局合理、层次分明的前海特色规则体系，确保市场主体的营商活动能在法律法规范围内得到规范与保护。

---

① 易海辉：《粤港澳大湾区内地城市群营商法治指数建构：动因、价值及路径》，《法治社会》2018年第1期。

② 沈云樵：《法域竞争和法律功能的再审视：中国（上海）自由贸易试验区如何构建争议解决机制》，《中国矿业大学学报》（社会科学版）2014年第2期。

③ 参见《全国政协委员彭静建议：尽快出台民营经济促进条例》，法制日报－法制网，http：//www. legaldaily. com. cn/zt/content/2019 － 03/05/content _ 7789236. htm? from = singlemessage，最后访问时间：2019年3月5日。

（二）强化权利保护，加大政府执法力度

在以产权为基础和以营利为目标的市场经济体系中，企业在入场、经营、退出等环节的权利保护，贯穿企业发展整个生命周期。除了建立市场主体权利保护机制，行政执法是落实权利保护的关键一环。严格执法既是对违反规则市场主体的惩戒，也是对市场合法经营主体的保护。严格执法可以构建公平有序的市场环境，有效降低企业活动的制度成本。行政审批服务是展示营商环境的重要窗口，服务的便利化程度和工作人员的服务态度直接影响市场主体营商环境的获得感。因此，保护市场主体的合法权益，要加强对执法人员和行政服务人员的监管。一是依托前海廉政监督局，加大对行政执法人员的监督，持之以恒正风肃纪。二是推进行政执法权的规范化和标准化建设，压缩执法人员的自由裁量权。三是要加强对政务服务工作人员的培训和监督，树立为人民服务的理念，持续提高政务服务质量。

（三）建立多元化商事纠纷解决机制

在高度商业化社会，具有准司法功能的司法替代机制越来越成为解决纠纷的有效手段①。当发生商事纠纷时，公正高效地解决纠纷，是法治化营商环境的题中应有之义。积极发挥最高人民法院第一国际商事法庭作用，参与国际商事争议解决。支持深圳国际仲裁院以论坛、研讨会等形式加强与港澳仲裁机构的交流。积极支持前海“一带一路”国际商事诉调对接中心发展，推动建立诉讼、调解、仲裁有机衔接的多元化纠纷解决机制。大力发展特邀调解制度，积极开展互联网仲裁业务，建设具有全球影响力的互联网争议解决公共服务平台。

（四）加强信用监管，推动市场主体守信遵法

法治化营商环境是法律与信用规制共同作用的市场环境，不仅依赖公权

① 沈云樵：《营商环境法治化之理念与路径——以广东省为例》，《南海法学》2017 年第 1 期。

力在立法、执法、司法层面的制度建构，更强调市场主体在遵守法律的前提下开展商事活动[①]。信用作为对市场主体商事行为的一种评论与规制，是市场主体自觉守法的产物。因此，要建立健全社会信用体系，完善公共信用平台建设，构建以信用为中心的事中事后监管机制，推动形成社会守信遵法的良好氛围，实现法治化营商环境的制度构建，并促进市场良性有序稳定发展。

（五）建立健全法治化营商环境的评估机制

中国法治化营商环境的建设不能“唯法律论”，更不能“唯立法论”，而应当根据中国的实际国情，以法治为基础充分结合政治、社会、文化等因素，形成“整体大于部分之和”的合力[②]。因此，法治化营商环境的评估不能将法律孤立考量，而应当全面考虑影响营商环境优化的组成因素，将营商环境投射为法治环境的面相[③]。结合前海已建立的法治指数评估指标体系，将营商环境评价指标体系纳入进来，构建完备的法治化营商环境指标体系，健全法治化营商环境评估机制，推进法治化营商环境不断优化。

① 张盼：《我国企业营商环境法治化保障路径研究》，《人民法治》2018 年第 9 期。

② 周林彬：《法律与经济发展中国经验的再思考》，《中山大学学报》（社会科学版）2018 年第 6 期。

③ 谢红星：《营商法治环境评价的中国思路与体系——基于法治化视角》，《湖北社会科学》2019 年第 3 期。

司法建设

Judicial Construction

B.13
深圳金融法庭优化营商环境的司法实践

深圳金融法庭课题组 *

摘　要： 为切实保护中小投资者合法权益，维护资本市场秩序，进一步优化营商环境，深圳金融法庭在示范判决、诉调对接、管辖权异议处理、代表人诉讼、集中审理、简化审理、第三方专业辅助等方面探索大胆创新、多措并举，充分发挥司法裁判对金融市场的规范和引导作用，为促进资本市场健康稳定发展、服务营商环境建设提供优质司法保障。

关键词： 证券期货纠纷　中小投资者权益保护　司法实践

---

* 课题组负责人：袁银平，深圳金融法庭庭长。成员：刘茹、王畅、单静。执笔人：单静，深圳金融法庭副主任科员。

深圳是新金融中心城市，新经济、新金融飞跃发展，国际化步伐不断加快，产生了大量新类型金融纠纷，系统性风险隐患也较多，在深圳市委领导的大力支持下，经最高人民法院批复同意，深圳市中级人民法院在前海合作区设立深圳金融法庭，负责审理深圳中院管辖的国内第一、二审金融类纠纷。2017 年 12 月 26 日，深圳金融法庭揭牌。深圳金融法庭在全国的率先设立是提升深圳金融审判专业化水平的机制创新，是强化深圳金融审判工作的里程碑之举，是服务和保障深圳城市建设和粤港澳大湾区建设的重大司法举措。

2018 年是深圳金融法庭的初创之年，也是深圳金融审判工作的改革攻坚之年。深圳金融法庭坚持以习近平新时代中国特色社会主义思想为指导，深入贯彻落实习近平总书记要求，广东以新的更大作为实现“四个走在全国最前列”的指示精神，充分发挥金融审判重要作用，坚持改革创新，依法履行职责，先后制定出台《深圳金融法庭工作规划》《深圳金融法庭工作规范》《关于依法妥善处理证券期货纠纷　加强中小投资者合法权益保护的意见（试行）》等一系列规章制度、指导意见，为深化人民法院司法体制改革提供有益经验，为促进深圳国际一流金融中心城市建设提供有力的司法服务和保障。

一　制定背景

（一）宏观背景

1. 政策环境

“法治是最好的营商环境”，习近平总书记在主持召开中央全面依法治国委员会第二次会议时深刻阐述了这一重要论断，阐明了法治和营商环境的关系。党的十八大以来，以习近平同志为核心的党中央全面推进依法治国，以更有力的法治举措推动营商环境不断优化。人民法院要增强司法服务和保障经济发展的责任感和使命感，站在时代和全局的高度，运用司法手段积极营造良好的营商环境，推进营商环境的不断改善和持续好转，努力打造诚信规范有序的市场环境、公正高效的法治环境，让各种市场主体真真切切地感受到公平正义就在身边①。积极发挥司法功能成为优化营商环境的一项重要服务保障。

2. 行业发展

金融是现代经济的核心，是影响中国现代化经济体系建设的关键因素，对实体经济的高质量发展至关重要。党中央高度重视金融风险防范工作，并在党的十九大、中央政治局会议、全国金融工作会议等重要会议上反复强调防控金融风险的重要性。习近平总书记在2016年底召开的中央经济工作会议上强调，要把防控金融风险放在更加重要的位置。2017年中央召开全国金融工作会议，对新时期金融改革发展稳定作出全面部署。党的十九大把防范化解重大风险列为三大攻坚战之首，而金融风险作为最突出的重大风险之一，被看作“首要战役”。证券期货市场作为中国金融市场的重要组成板块，对解决经济发展中的资本供求矛盾和调整资本结构有重要作用。但中国证券期货市场作为一个“新兴加转轨”的市场，在发展中还存在法制不健全、体系不完善、监管不到位等各类问题，造成一方面证券期货市场蓬勃发展，民众参与度、行业涉及面不断扩大；另一方面，证券期货纠纷呈现井喷增长态势，成为金融风险防控的重要领域。

3. 制度基础

伴随规范证券期货行业发展的相关法律制度不断发展完善，司法发挥行业监管和引导作用不断加强。中国在建立证券市场之初，重行政监管和刑事处罚、轻民事赔偿的做法，致使中国在证券虚假陈述司法裁判方面既缺乏完善的立法，也缺乏丰富的审判经验。2002年1月15日最高人民法院颁布《关于受理证券市场因虚假陈述引发的民事赔偿案件有关问题的通知》为法院受理此类案件提供了法律依据。2003年2月1日实施的《关于审理证券市场因虚假陈述引发的民事赔偿案件的若干规定》（以下简称《虚假陈述若干规定》）进一步完善了对证券虚假陈述责任纠纷案件审理的实体性和程序

① 《法治是最好的营商环境》，《人民法院报》2019年6月7日，第2版。

性规定。2015 年 12 月 24 日，《最高人民法院关于当前商事审判工作中的若干具体问题》规定，因证券虚假陈述引发的民事赔偿案件，立案时不再设置前置条件。为依法公正高效化解证券期货纠纷、维护投资者合法权益、促进资本市场稳定健康发展，最高人民法院、中国证监会于 2016 年 5 月开始在全国部分地区联合开展证券期货纠纷多元化解机制试点工作。2018 年 11 月，全国证券期货纠纷多元化解机制试点总结暨全面推进工作会议召开，最高人民法院、中国证券监督管理委员会发布《关于全面推进证券期货纠纷多元化解机制建设的意见》，关于未来一个时期证券期货纠纷多元化解机制的顶层架构确立。相关法律制度规范的不断细化，为出台更具操作性和实用性的司法实践措施提供了制度支持。

（二）微观背景

1. 服务深圳城市功能定位

深圳作为中国中小创和私募金融、民间金融、互联网金融、科技金融的聚集地，是民间金融市场最为活跃和发达的城市。依托坐拥深圳证券交易所的硬件优势和毗邻香港的地缘优势，深圳金融业迅速发展成为深圳市的支柱产业之一。2018 年，深圳金融业实现增加值 3067. 21 亿元，同比增长 3. 6%，占 GDP 比重 12. 7%；金融业实现税收（不含海关代征和证券交易印花税）1314. 8 亿元，同比增长 17. 5%，占全市总税收的 22. 37%，金融业对全市税收的贡献超过制造业（20. 30%），成为全市纳税第一的产业。2018 年初以来，深圳市新引进分行级以上持牌金融机构 26 家，其中法人持牌金融机构 8 家。截至 12 月末，深圳市持牌金融机构总数 465 家，其中法人金融机构 196 家。在 2018 年 9 月“全球金融中心指数”排名中，深圳由上期的第 18 位上升至第 12 位，在国内城市中仅次于香港（第 3 位）、上海（第 5 位）和北京（第 8 位）。证券业方面，截至 12 月末，深圳 22 家证券公司总资产 14601. 58 亿元，净资产 3962. 40 亿元、净资本 3216. 35 亿元，均居全国第二位，仅次于上海。实现营业收入 548. 58 亿元、净利润 186. 85 亿元，位列全国第一。上市公司方面，深圳共有境内上市公司 285 家，其中主板80家、中小板116家、创业板89家，上市公司总市值4.60万亿元，排名全国第二位，仅次于北京；新三板挂牌公司642家，占全国的6.01%，其中创新层50家。2018年全年，深圳辖区新三板挂牌公司交易成交额74亿元，仅次于北京、上海，其中创新层挂牌公司交易成交额44亿元，仅次于北京①。探索创新证券期货纠纷审理模式，保护中小投资者权益，既是深圳金融法庭发挥专业法庭优势、积极履职的表现，也是深圳中院充分发挥司法裁判对金融市场的规范和引导作用、为深圳经济发展提供优质司法服务保障的体现。

2. 总结深圳司法实践经验

深圳中院作为全国首批开展证券期货纠纷多元化解机制试点法院，较早开始与深圳证监局合作，并签订了《关于共同推进联调机制建设的合作框架协议》和相应的实施细则，建立了证券期货纠纷联调机制。深圳作为经济特区，辖区内有深圳证券交易所和众多的上市公司，具备审理证券期货纠纷特别是证券虚假陈述责任纠纷案件的天然便利。2018年深圳中院共受理该类纠纷1328宗，并在审理大量系列案件中形成了一套行之有效、可复制可推广的公正高效审理证券虚假陈述案件的深圳经验。依托这些司法实践，深圳金融法庭总结涉众型证券期货纠纷处理经验，创新审理模式，理论联系实践，出台《关于依法妥善处理证券期货纠纷　加强中小投资者合法权益保护的意见（试行）》（以下简称《意见》），为服务深圳实体经济、防控金融风险提供司法保障。

二　创新实践

（一）应用示范判决机制，实现案件审理流程提速

深圳中院在审理2018年保千里证券虚假陈述纠纷案件时，面对逾千宗

① 《2018年深圳市金融业发展情况》，深圳市地方金融监督局专项统计信息，http://www.sz.gov.cn/jrb2017/sjrb/xxgk/sjtj/zxtjxx/201902/t20190214_16396255.htm。

系列案件，在法院案多人少矛盾突出的现状下，率先应用示范判决机制，针对证券虚假陈述案件的群体性特点，选择有代表性的个案作为示范案件，通过对示范案件的判决，明示基本事实认定，统一法律适用，确定损失计算方法，其他同类案件的裁决不得与示范案件相抵触，极大地提高了审理效率，达到了较好的纠纷处理效果。

《意见》的第10～15条总结深圳中院司法实践中运用示范判决的审理经验，高度概括提炼，对示范案件的选定、适用、程序优先、效力、诉调对接、激励措施等作了原则性规定。通过发挥示范案件的引领作用，为群体性纠纷的调解解决和平行案件妥善处理树立标杆，在多元化纠纷化解链条的前端强化司法裁判的支持作用，实现群体性证券期货纠纷的适法统一，提升纠纷解决效率，节约司法资源，降低诉讼成本和减少“诉累”，促进矛盾化解，更有效地保护资本市场中小投资者的合法权益。

（二）重视诉调对接机制，发挥纠纷多元化解作用

《虚假陈述若干规定》第4条规定：“人民法院审理虚假陈述证券民事赔偿案件，应当着重调解，鼓励当事人和解。”在该条中，最高人民法院着重强调了调解结案、和解结案对解决证券虚假陈述纠纷的重要性。在审理保千里证券虚假陈述系列案中，深圳中院积极贯彻相关精神，坚持创新发展“枫桥经验”，推进“枫桥经验”在证券期货纠纷多元化解领域的不断探索，通过诉调对接、调判结合的方式及时化解证券期货纠纷，依法保障当事人的合法权益。首先，在立案前将相关案件导入诉前联调平台，通过与深圳证券期货行业调解中心签订协议，委托该中心先行调解。同时将示范判决以书面形式告知当事人，从而确保调解标准与判决标准的基本一致，为集中调解创造条件。其次，对于诉前调解成功的，及时通过司法程序确认调解协议效力，从而确保诉前调解协议顺利履行，并有效降低维权成本。再次，诉前调解不成则迅速转入诉讼程序。通过召开庭前会议，固定诉讼请求及审核确定损失，进而优先进行诉中调解。最后，诉中无法达成调解，则依据示范判决认定事实及时予以判决。

《意见》第1~7条总结司法实践诉调对接工作流程，贯彻“甄别分类、区别对待、依法处理、能调则调、当判则判”原则，在充分尊重当事人程序选择权的基础上，实行纠纷差异化处理方式，完善有机衔接、协调联动、高效便民的证券期货多元化解机制，对调解适用的原则、诉前调解、诉调对接、委托第三方调解、建立特邀调解组织和特邀调解员名册、在线调解、调解协议效力等作了详细规定，充分发挥示范判决作用，坚持调解优先，诉前调解与诉中调解相结合，克服径直调解存在积极性不高、标准不一、效力不强等问题。

（三）明确管辖恒定原则，提高诉讼流程效率

管辖恒定是贯穿民事诉讼管辖的一项基本原则。在证券交易过程中，伴随的侵权行为通常具有复杂性及广泛性的特点，考虑到中国当前的证券市场还不够成熟，经验不够丰富，相关法律法规还存在缺位情况，《虚假陈述若干规定》第8条规定：“虚假陈述证券民事赔偿案件，由省、直辖市、自治区人民政府所在的市、计划单列市和经济特区中级人民法院管辖。”由级别较高、集中专业法官人才的法院进行证券虚假陈述案件管辖，有利于案件的公正合理解决，保护投资者的合法权益，同时也能够促进投资者自我保护意识的形成，推动证券交易的法制化进程。

《意见》第8条明确规定：投资者人数为十人以上、诉讼标的是同一种类的涉众型证券期货纠纷中，已有案件经生效民事裁定确定本院具有管辖权的，若被告再以相同理由针对其他投资者提起的诉讼提出管辖权异议，人民法院可将案件的管辖依据以通知书的方式告知该当事人，不再重复处理管辖权异议。对于管辖权异议的处理规定如下。一是维护诉讼管辖权的稳定性。大陆法系和英美法系国家的民事诉讼管辖规则虽然不尽相同，但两大法系均强调管辖规则的确定性和稳定性。管辖权的确定是管辖权稳定性的前提。民事诉讼管辖权应该具有稳定性，当法院的管辖权处于一种不稳定状态时，法院和当事人的诉讼活动就会处于一种不确定状态，从而导致诉讼效率降低。二是避免诉讼资源浪费。证券期货纠纷案件繁多复杂，依靠有限的司法资源

保障当事人合法权利，更要避免诉讼资源的浪费。受诉法院的管辖权确定以后，各种诉讼活动即时展开，法院和当事人都会为诉讼活动付出相当的时间和精力，而此时如果改变管辖法院，就意味着之前的诉讼活动要推翻重来，必然会造成诉讼资源的浪费。三是提高诉讼效率。民事诉讼在保障公平正义的同时应兼顾效率，管辖恒定原则是在公平和效率两大价值的权衡中产生的。在进行诉讼活动的过程中，如果改变管辖必然会延误案件审理，不利于提高民事诉讼效率。

（四）规定代表人诉讼制度，化解涉众型纠纷聚集效应

代表人诉讼制度是《民事诉讼法》为解决群体性纠纷所设立的一项诉讼制度，该项制度虽然在国内司法实践中早已实施，但在证券期货涉众型纠纷中并没有发挥显著作用。随着证券期货市场的快速发展，证券期货纠纷数量急剧上升。一方面，在个人投资者居多的资本市场，证券期货纠纷多为涉众型纠纷，涉及面广，涉及人数多，多数个人投资者的权利很难得到保障，推出代表人诉讼制度，能尽可能地保护投资者（尤其是中小投资者）的合法权益，确保证券市场运行的公正性。另一方面，有限的司法资源很难满足涉众型证券期货纠纷增量的需求，适用代表人诉讼制度，能有效化解我国证券纠纷量增与司法资源有限之间的矛盾，提高司法资源科学配置水平。

《意见》第 17 条规定："投资者提起虚假陈述、内幕交易、操纵市场等证券民事赔偿诉讼时，当事人一方人数众多的，可以依法推选二至五位代表人进行诉讼。代表人的诉讼行为对其所代表的当事人发生效力，但代表人变更、放弃诉讼请求或者承认对方当事人的诉讼请求，进行和解，必须经被代表的当事人同意。"对涉众型证券期货纠纷规定了代表人诉讼的适用范围、代表人数、代表人行为效力等，为代表人诉讼在证券期货涉众型纠纷中的适用提供了操作指引。

（五）探索平行案件简化审理机制，优化司法资源效率

司法供需矛盾是当前法院面临的一项主要矛盾，法院系统大力推行的

案件繁简分流机制改革就是为有效缓解司法供需矛盾、提升司法效能的有益探索。2016 年 9 月，最高人民法院制定发布《关于进一步推进案件繁简分流 优化资源配置的若干意见》，明确完善繁简分流机制，优化司法资源配置。2018 年 3 月，最高人民法院在工作报告中提出，积极推进要素式庭审、令状式文书、示范性诉讼等机制创新，切实提高司法效率。深圳两级法院在 2017 年被确定为全国法院案件繁简分流机制改革示范法院后，坚持以系统化、标准化为重点深化改革，专门制定了《关于进一步深化案件繁简分流机制改革的意见》，提出 15 项新举措，加强综合配套，实现整体推进，将繁简分流的理念贯彻到程序的各个环节。涉众型期货证券纠纷因为具备涉及面广、涉及人数多等特点，司法资源供需矛盾在这类群体性案件审判中尤为突出，在这类案件中应用示范案件优先判决、平行案件简化审理机制就是在类型化案件中贯彻繁简分流理念，将有限的司法资源进行有效配置，最大化利用司法资源的积极探索。

《意见》第 15～16 条规定：平行案件作为与示范案件有共通事实争点和法律争点的案件，示范判决生效后，平行案件的当事人可以不再另行举证证明已经示范判决所认定的事实。投资者可以主张直接适用已经示范判决所认定的法律适用标准，从而大大提高了审判效率，优化了司法资源效率。同时，《意见》还进一步规定了平行案件的简化审理方式，各方当事人均申请依照示范判决所认定的事实和法律适用标准，对平行案件进行书面审理的，平行案件可以采用“要素式”“表格式”“令状式”等简化裁判文书格式。通过对平行案件在事实认定、法律适应、审理方式、文书格式等方面简化审理的规定，为在涉众型期货证券纠纷案件审理中贯彻“繁简分流”、提升司法效能提供了具体路径。

（六）探索第三方专业辅助机制，增强专业审判公信力

随着司法和立法的不断发展，中国司法审判中逐渐增设了各种专家型的诉讼参与角色。从最早的司法鉴定人到 2012 年修改后的《民事诉讼法》第 79 条正式将专家辅助人制度上升为正式法律规定，再到司法改革实践中，

为弥补法官对专门性问题的“信息空洞”，辅助法官处理专业性问题的司法技术人员参与诉讼等，都是为了帮助法官更好地理解和处理专门性问题，从而作出准确的事实认定，提高专门性问题解决的公信力和可信度。证券期货类纠纷具有较高的专业性，特别是涉及损失的认定和计算等与证券期货行业专业知识密切相关的领域，如何科学地引入第三方专业辅助机制并在案件审理中公正、客观、合理、有效地发挥作用，对提高案件审判质效和公信力至关重要。深圳中院在审理大量证券虚假陈述案件的司法实践中，探索出了建立损失计算系统支持机制，确定投资者损失计算标准，委托第三方机构开发计算系统，提供技术支持等第三方专业辅助手段，为高效审结此类案件提供了极大帮助。

《意见》第 19 ~ 20 条在总结相关司法实践和经验的基础上，制定了第三方专业机构辅助机制和专家证人制度的原则性规定。在涉众型证券期货纠纷案件审理中，可以根据当事人申请或依职权，委托专业机构调取与证券期货纠纷有关的证据材料，进行专业分析或损失核算等辅助工作；通知具有证券期货领域专业知识的专家证人出庭，就案件涉及的专业问题发表客观、独立的意见。在高度专业性的证券期货类纠纷审理中探索第三方专业辅助审理机制：一方面，通过提供专业意见和参考，帮助法官提高个案审判的准确性；另一方面，通过专业行业深度参与司法审判，不断提高专业审判的专业程度，进一步提高审判结果的司法公信力。

三　未来展望

（一）深化理论研究

证券期货市场对解决经济发展中的资本供求矛盾和调整资本结构有重要作用。证券期货市场的不断发展完善以及相关法律、司法解释的陆续出台，有力地推进了证券市场的法治化进程，也大大提高了投资者的维权意识，法院受理的证券期货类纠纷案件日益增多。深圳作为经济特区，辖区内有深圳证券交易所和众多的上市公司，具备审理证券期货类纠纷案件的天然便利。近年来，深圳法院也在不断总结司法实践经验，积极探索创新类型化案件审理模式。接下来，深圳金融法庭会立足于专业审判职能，发挥专业审判优势，充分结合司法实践，深化对证券期货类纠纷、融资租赁类纠纷、信托类纠纷等各类专业金融审判的理论研究，将司法实践与司法理论有机结合，通过深化理论研究，不断提高金融审判的专业化水平。

（二）指导实践应用

《意见》是对涉众型证券期货纠纷的审理从示范判决、诉调对接、管辖权异议处理、代表人诉讼、集中审理、简化审理、第三方专业辅助等方面在创新经验和处理原则上的总结。印发后，通过在指导司法实践中的运用，对《意见》不断完善和总结，最终制定相关案件的裁判指引，进一步统一裁判尺度，提高专业类型案件的审判质效，为解决证券期货类纠纷案件提供“深圳样本”，为深圳中院作为全国首批开展证券期货纠纷多元化解机制试点法院进一步推进工作提供思考路径，为有关部门完善相关监管规定提供意见参考，为兄弟法院开展类案审理提供经验参考，为最高人民法院制定相关司法解释提供有价值的意见和建议。深圳金融法庭将积极通过规范法律适用、统一裁判标准，发挥司法引领规范证券期货市场行为的功能，保护中小投资者的合法权益，促进证券期货市场健康发展，为深圳的金融行业发展、营商环境建设提供优质的司法保障和司法服务。

深圳地处改革开放前沿，金融市场交易和创新活动活跃，金融机构集聚效应明显，金融业资产规模位居全国前列。与此同时，随着金融机构的多元化，金融衍生产品的多样化，金融交易的密集化，金融市场的各类风险乃至系统性风险仍持续存在并有逐步累积的趋势。党的十九大报告提出，要“深化金融体制改革，增强金融服务实体经济能力，提高直接融资比重，促进多层次资本市场健康发展”。在第五次全国金融工作会议上，习近平总书记强调指出：“金融要把为实体经济服务作为出发点和落脚点，全面提升服务效率和水平，把更多金融资源配置到经济社会发展的重点领域和薄弱环节，更好满足人民群众和实体经济多样化的金融需求。”作为全国首家金融法庭，深圳金融法庭将在新的历史起点上继续改革创新，深入贯彻落实党的十九大和第五次全国金融工作会议精神，服务保障深圳国际化金融创新中心和粤港澳大湾区建设，紧紧围绕服务实体经济、防范金融风险、促进金融改革三项任务，充分发挥金融审判职能，树立金融司法品牌，为深圳率先营造稳定公平透明、可预期的营商环境，为促进深圳国际一流金融中心城市建设提供有力的司法服务和保障。

B.14
努力打造知识产权司法保护的“深圳样本”

深圳知识产权法庭课题组 *

摘　要： 深圳知识产权法庭以创建国际一流知识产权司法机构为奋斗目标，在新时代粤港澳大湾区建设背景下，积极推动司法体制改革创新，完善知识产权审判机制建设，着力知识产权前沿研究，解决知识产权审判难点，推进知识产权司法保护事业，为深圳营造国际一流的营商环境、建设中国特色社会主义先行示范区、创建社会主义现代化强国的城市范例，提供坚强有力的司法保障。

关键词： 知识产权　改革创新　司法保护

一　深圳知识产权法庭的设立

深圳是全国首批知识产权示范城市、全国知识产权综合管理改革第一批试点地区。目前，深圳在全球创新能力活跃的城市中排名世界第二，全市的国家级高新企业超过8000家，发明专利密度达80.09件/万人，超出全国平均水平（7.98件/万人）的10倍。截至2018年底，深圳累计有效发明专利量达118872件，同比增长11.18%；每万人发明专利拥有量为91.25件，为

---

* 课题组负责人：卞飞，深圳知识产权法庭庭长。课题组成员：杨馥维、钟小凯。执笔人：杨馥维，深圳知识产权法庭高级法官。

全国平均水平的7.9倍；有效发明专利五年以上维持率达85.6%，居内地大中城市之首；PCT国际专利申请量18081件，约占广东省申请总量的71.5%，全国申请总量的34.8%，连续15年居全国大中城市第一。在此背景下，深圳市知识产权案件基数大、增长快，疑难复杂的新类型案件层出不穷。为此，设立知识产权审判专门法庭，建成知识产权审判专业队伍，充分发挥专业化知识产权审判机制快捷高效优势成为实际需要。2017年12月26日，深圳知识产权法庭在中国改革开放最前沿的中国特色社会主义法治示范区——前海自贸区设立①。

设立深圳知识产权法庭，是践行党的十九大精神“倡导新文化，强化知识产权的创造、保护、运用”的战略部署，是贯彻落实深圳市委六届八中全会精神“实施最严格的知识产权保护制度，打造具有全球竞争力影响力的创新先行区”的重大举措。设立深圳知识产权法庭，有利于实现知识产权案件审判专门化、管辖集中化、程序集约化和人员专业化；有利于加快推进深圳建成知识产权司法保护高地，带动形成立足粤港澳大湾区辐射全国的知识产权保护高地；有利于彰显中国加强知识产权保护、尊重知识产权创新的国际形象。

二　深圳知识产权法庭的定位

深圳知识产权法庭案件管辖范围：①深圳市辖区内的专利、植物新品种、集成电路布图设计、驰名商标认定及垄断纠纷的第一审知识产权民事案件；②深圳市辖区内诉讼标的额在500万元以上的技术秘密、计算机软件、著作权、商标权、不正当竞争、技术合同纠纷等第一审一般知识产权民事案件，以及诉讼标的额在1000万元以上且当事人住所地均在深圳市的第一审一般知识产权民事案件；③深圳市辖区内除基层法院管辖范围之外的第一审

① 深圳市中级人民法院知识产权审判庭成立于1994年2月，并于2002年7月、2011年3月先后更名为深圳市中级人民法院民事审判第三庭和深圳市中级人民法院知识产权审判庭。2017年12月26日，成立深圳知识产权法庭。

知识产权行政和刑事案件以及垄断行政案件；④不服深圳市辖区内基层人民法院审理的第一审知识产权民事、刑事、行政案件的上诉案件。

深圳知识产权法庭立足高点定位服务国家战略大局，以创建国际一流知识产权司法机构为奋斗目标，牢记科技创新法治环境使命，为深圳优化营商环境、促进关键核心技术研发、推动经济社会高质量发展提供有力的司法保障，为粤港澳大湾区建设“具有全球影响力的国际科技创新中心”提供有力支撑。

1. 立足粤港澳大湾区建设国家战略大局，不断增强在知识产权国际治理规则中的引领力

深圳知识产权法庭秉持严格保护和平等保护的原则，积极推动知识产权全球治理体系和国际规则朝着更加公正合理的方向发展，在知识产权国际规则制定中贡献中国智慧、提出中国方案。通过攻坚国际前沿案件，填补中国在知识产权司法领域的规则空白，为国内法院乃至国际社会处理知识产权纠纷提供了司法先例经验。

2. 以高起点、高标准、高水平、国际化标准，建设打造具有世界性影响的知识产权司法机构

深圳知识产权法庭通过审理一系列国内外具有重大影响且疑难复杂的前沿性知识产权案件，提升了国际影响力。通过为创新设定权利、规则、方向，通过保护知识产权引领、激励创新，建设证据保护示范区、最严保护示范区、最快保护示范区，成为粤港澳大湾区知识产权司法保护新高地和国际知识产权诉讼优选地。通过树立知识产权司法保护的“深圳样板”，发挥知识产权对粤港澳大湾区创新发展的支撑和引领作用，为中国企业拓展国际市场提供知识产权经验，为大湾区外资企业解决知识产权纠纷提供深圳优选项。

3. 聚力国际一流营商环境，助力打造具有全球影响力的创新先行区

深圳知识产权法庭立足国情，围绕“一带一路”建设研究最具前沿性的知识产权法律问题，建设国际视野复合型高素质法官队伍，掌握知识产权司法保护前沿裁判规则，积极构建具有中国特色的知识产权司法保护新模式。参加知识产权国际论坛和会议，提升中国知识产权司法保护的国际影响

力。深圳知识产权法庭加大知识产权司法保护，进一步发挥司法裁判对知识产权的指引和规制作用，助力粤港澳大湾区建设国际科技、产业创新中心，充分发挥司法在服务粤港澳大湾区建设国际科技创新中心中的重要作用。

三 深圳知识产权法庭的创新实践

深圳知识产权法庭自成立以来，坚持以习近平新时代中国特色社会主义思想为指导，深入学习贯彻党的十九大和十九届二中、三中全会精神，全面落实中央《关于加强知识产权审判领域改革创新若干问题的意见》，围绕“让人民群众在每一个司法案件中感受到公平正义”的目标，严格执行“司法主导、严格保护、分类施策、比例协调”的知识产权司法保护政策。为推动深圳市创新驱动发展战略，粤港澳大湾区建设，建设国际一流营商环境，严格知识产权保护，深化知识产权审判改革创新，为深圳市加快建成现代化国际化创新型城市提供了有力的司法保障。

（一）推动司法体制改革，完善知识产权审判机制建设

1. 推进“三合一”审判机制，提高知识产权司法审判效能

深圳知识产权法庭严格执行《最高人民法院关于在全国法院推进知识产权民事、行政和刑事案件审理“三合一”工作的意见》，认真总结“三合一”改革以来的成绩和经验，完善知识产权民事、行政和刑事审判协调机制，实现各类诉讼案件审理有序衔接、统筹协调，进一步发挥了“三合一”审判体制改革“深圳模式”的聚合效应。

2. 健全多元化纠纷解决机制，提升知识产权司法审判质效

深圳知识产权法庭严格落实《深圳市健全完善多元化纠纷解决机制的实施意见》相关规定，深化完善知识产权多元化纠纷解决机制，充分发挥知识产权保护的社会合力，提升知识产权司法审判质效。通过积极探索调解前置程序，在立案前将纠纷导入诉前调解平台，由特约调解员对知识产权案件进行诉前调解，将矛盾化解在立案前。2018 年，深圳知识产权法庭案件

调撤率大幅攀升，高达63.48%。

同时，深圳知识产权法庭依托知识产权行业协会、民间调解机构、仲裁机构等多元化纠纷解决机制，畅通诉讼与仲裁、调解的对接机制，引导当事人多渠道、多途径解决知识产权纠纷。南山法院知识产权庭入驻深圳市南山区知识产权保护与运营服务中心，建立南山区人民法院知识产权互联网调解中心（知识产权巡回法庭），积极整合仲裁、人民调解、行政机关等其他组织的法律服务资源，构建了一个以中心为终端的“漏斗型”纠纷化解通道，促成全社会形成在线纠纷多元化解的生态环境。宝安法院与深圳软件行业协会等八家行业协会合作引入行业协会互联网专业调解，龙岗法院牵头成立了全省首家音像著作权侵权纠纷诉前联调工作小组，促成全社会形成多元化解决知识产权纠纷的生态环境。

3. 建立技术事实查明机制，提升知识产权司法审判水平

知识产权案件技术事实取证难、认定难是制约司法保护效果的难题。为破解这一难题，深圳知识产权法庭积极探索完善由技术鉴定、技术调查、技术咨询、专家陪审等组成的有机协调的四位一体技术事实调查认定体系。制定《知识产权技术咨询工作规则》，明确规定技术咨询专家的选任、权利、义务、技术咨询工作程序等内容。同时，设立技术咨询专家库，面向社会公开选聘56名相关技术领域的专业人员为深圳知识产权法庭第一批技术咨询委员，为专业技术问题进行解释、说明和提供咨询意见。

4. 引入港籍陪审员机制，推动知识产权案件裁判标准的统一

深圳法院涉外、涉港澳案件呈增长趋势，涉外案件涉及多个国家，其中以美国、日本、英国、法国等居多。涉外知识产权案件以侵害商标权、著作权、专利权纠纷为主，部分案件涉及多家国际知名企业。部分涉港澳及涉外企业在中国国内设立分支机构或关联企业，为方便维权，节约诉讼成本，其维权诉讼也多由分支机构或关联企业进行，导致一部分涉港澳、涉外案件隐性化。

2018年，深圳两级法院共受理涉外涉港澳台知识产权案件714件，其中深圳市中级人民法院受理的一审、二审涉外涉港澳台知识产权案件数量分

别为276件、169件，占比最高；审结知识产权涉外港澳台案件441件，同样，深圳市中级人民法院一审、二审的结案数较多，分别为133件、117件（见图1）。

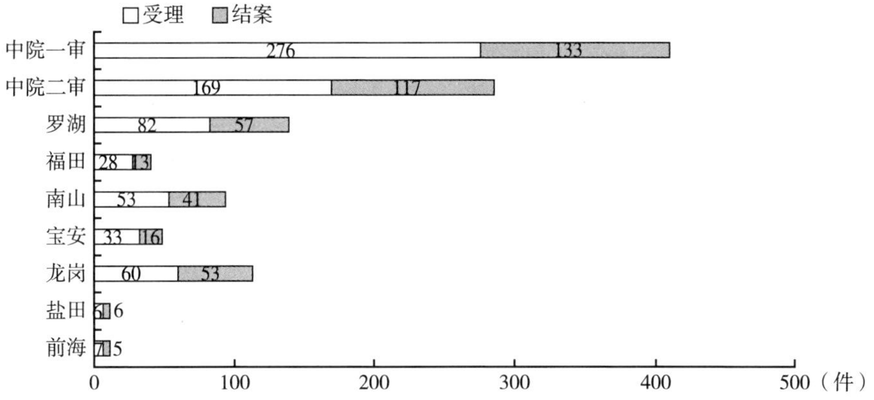

图1 深圳两级法院受理涉外涉港澳台知识产权案件数

涉外、涉港澳案件涉及不同法域，相关国家法律规定存在差异，给审理带来一定困难。外国企业所申请专利，权利要求往往晦涩难懂，对诉讼主体、有效送达、举证责任的要求有的较难把握，部分涉外、涉港澳案件案情复杂，补充证据需要公证、认证、翻译，延迟了案件的审理进度，导致审理周期较长。虽然这些案件的审理与国内案件并无实质不同，但涉外、涉港澳案件往往涉及公证、认证、聘请律师等，其维权支出较多，同时部分涉案的商标知名度、正品价值较高，这也给审理带来一定困难。深圳知识产权法庭秉持国内外平等对待、平等保护原则，在一些案件中导入港籍陪审员参与知识产权案件审理，使得案件审理更加与香港和国际接轨，从而推动粤港澳大湾区知识产权案件裁判标准一体化。在世界最大的烟草公司菲利普莫里斯公司（Philip Morris Products S. A.）诉深圳市舜宝科技有限公司侵害外观设计专利权纠案件中，法院邀请港籍陪审员参加合议庭，该陪审员具有香港技术专业背景和丰富的外观设计经验。在参与庭审中，该陪审员将香港关于知识产权保护的专业知识和地方经验导入深圳的案件审理中，平等保护外方和港澳方的合法权益。这一做法为媒体广泛报道，该陪审员在庭审后接受媒体采访时也表示，通过此次庭审感受到内地对于知识产权保护的重视，并表示回香港后要多多宣传内地的知识产权保护政策。从这一角度而言，港籍陪审员还能起到宣传内地法律体系正面形象的作用。粤港澳大湾区规划纲要中已经明确提出要加强湾区法律事务合作，今后法庭还将导入具有港澳等法律专业背景的陪审员，使得深圳的知识产权案件司法审判进一步与国际接轨，推动粤港澳大湾区知识产权案件裁判标准的统一。

（二）加强改革创新，推进知识产权审判体系和审判能力现代化

1. 深化繁简分流改革，推动审理模式的现代化

为破解“案多人少”难题，深圳知识产权法庭积极推进“繁简分流 简案快办”机制改革，通过建立集知识产权案件网上受理中心、互联网调解中心、快审中心、精审中心四位一体的现代审理模式，构建知识产权审判新格局。2018 年，深圳知识产权法庭完善了知识产权案件繁简识别标准，坚持智能识别与人工识别相结合，完善“案由 + 要素”智能识别模式，提高繁简识别准确率，提高繁简分流机制整体效能。对于事实清楚、权利义务明确、争议不大的简单的知识产权案件，加快立案、卷宗移交、送达工作等程序性事项，灵活安排开庭时间和地点，实行多案同审、多案连审，庭审程序可不区分法庭调查、法庭辩论阶段直接进行质证、焦点辩论等实质性审理，提高当庭宣判率，缩短审判周期，有效地支持权利人快速维权，强化司法救济的及时性和有效性。

2. 优化知识产权案件审理方式，推动审理方式的现代化

深圳知识产权法院法庭在试点审前程序改革的基础上，进一步完善审前程序与庭审程序并重的审理模式，并在知识产权审判中全面推行。通过庭前会议完成固定诉辩意见、交换证据、归纳争议焦点等各项工作，简化正式庭审环节。对于发明专利等复杂案件以外的一审普通案件，将质证环节前置到庭前准备程序，确保正式庭审阶段对无争议证据不再重复进行质证，提高庭审效率。同时，积极引导当事人实现诉讼材料电子化，实现答辩意见、质证

意见、比对意见、证据材料电子化，便于庭审展示、质证和保存，提高诉讼效率，在审理过程中导入技术比对、视频开庭、语音转换、微表情等新兴技术，为知识产权案件审理插上信息化的翅膀。

3. 拥抱3D 扫描等新兴技术，推动审理手段的现代化

知识产权案件尤其是专利案件，涉及专利作品的外观设计和结构构造，需要通过实地观察和细节比对才能作出判断，这对证物的存放、出示、质证和移送提出了很高要求。3D 扫描技术为这一问题的解决提供了契机。深圳知识产权法庭开始对部分案件的证物进行 3D 扫描并在庭审中予以展示，法官及双方当事人开庭时可以直接在平板电脑上从各个角度查看证物的细节，极大方便了庭审证物的展示和侵权比对。对于需要上诉到最高人民法院的案件，也无须采取传统方式移送证物或由最高人民法院专人来深圳比对证物，通过 3D 扫描证物只需移送一张光盘即从根本上解决了这一问题。3D 扫描等新兴技术的应用，推动了知识产权案件存证、固证、示证和证物移送体系的颠覆性变革。

（三）着力知识产权前沿研究，解决知识产权审判难点

1. 攻坚国际前沿案件，彰显深圳智慧

2018 年 1 月 11 日，深圳知识产权法庭在前海敲响“第一槌”。在华为与三星两家全球巨头互诉标准必要专利纠纷案中，深圳知识产权法庭经过 18 天庭审，顺利审结两案，做出开创性的判决，发出 17 万字的判决书，判令被告三星公司停止实施华为公司涉案 4G 标准必要专利。两案证据量大，法律关系复杂，技术问题晦涩难懂，且遇到的许多问题在世界范围内无先例可循，是知识产权理论领域的前沿问题。该案件是深圳知识产权法庭揭牌后首次宣判的具有重大国际影响的案件，是前海法治建设历程中的一件大事。在前海这个“特区中的特区”、全国唯一的社会主义法治建设示范区公正高效地审理华为诉三星涉标准必要专利案，为国际社会审理该类案件提供了中国的司法先例经验，对营造中国公平的市场竞争环境、平等保护国内外知识产权人的合法权益具有重大意义，彰显了前海建设全国

首个社会主义法治建设示范区的改革创新精神，有力提升了前海司法的国际区际公信力。

2. 突出核心专利技术保护，维护创新主体的合法权益

知识产权通过技术转化运用可以形成先进生产力，这是推动中国供给侧结构性改革、提升国际竞争力的必然选择。深圳知识产权法庭深刻把握各类技术案件的特点和规律，特别是关键核心技术，突出对标准必要专利等核心技术的保护，通过依法审理、准确定性，坚决维护创新主体的合法权益，有效提升创新企业的国际竞争力。通过司法审判，保护创新型技术成果，落实国家创新驱动发展战略。

2018 年，深圳知识产权法庭新收专利、计算机软件、垄断、集成电路布图设计等技术类的案件 2335 件，同比增长 15.7%，其中新收专利侵权及权属纠纷 2255 件，占技术类案件总量的 96.6%；其他包括集成电路布图设计纠纷 2 件，垄断纠纷 2 件，计算机软件纠纷 72 件，技术秘密纠纷 4 件。深圳市中级人民法院一审民事知识产权案件受理与审结的专利案件均占 95% 左右。

3. 加大侵权赔偿力度，着力解决“赔偿低”难题

知识产权是重要的市场要素和资源，知识产权侵权损害赔偿也应当充分反映和实现知识产权的真实市场价值。深圳知识产权法庭积极探索将市场价值作为知识产权赔偿数额计算的参考，依法加大对关键核心技术和知名品牌的保护力度，通过对律师费等诉讼合理支出在赔偿额中单独计算和推进适用惩罚性赔偿等措施，致力于破解知识产权侵权诉讼“赔偿低”问题。

2018 年，深圳市中级人民法院审结知识产权一审民事案件 2286 件，判决 607 件，判赔金额人民币 32185 万元，同比增幅 41.45%；平均每案判赔金额人民币 53 万元，同比增幅 84.09%。全年超法定赔偿额判决或调解案件 5 宗，依照法定赔偿额顶格判决 3 宗，全额支持原告诉讼请求 15 宗。对于重复侵权、恶意侵权等严重侵犯知识产权行为，深圳知识产权法庭依法加大赔偿力度，并由侵权者承担维权成本，让侵权者付出沉重代价，有效打击知识产权侵权行为，维护统一开放、公平竞争的市场竞争秩序。

（四）完善知识产权司法保护体系，聚力构建国际一流营商环境

1. 加大产权保护力度，塑造良好营商环境

全面贯彻落实《广东省高级人民法院关于为促进民营经济健康发展提供司法保障的实施意见》和《广东省高级人民法院关于切实加强知识产权司法保护的若干意见》，对照世界银行关于营商环境的评价指标体系，结合《深圳市关于加大营商环境改革力度的若干措施》，深圳知识产权法庭从法院工作实际出发，为优化营商环境制定司法保障的具体实施意见，将知识产权保护作为完善产权保护制度的最重要内容，充分发挥知识产权对提高经济竞争力的最大激励作用。

企业品牌是企业的重要资产，法庭加大对商标攀附、仿冒搭车等“傍名牌”“搭便车”侵权行为的打击力度，依法运用商标近似、商品类似、混淆可能性等要件，通过商标权的司法保护积极营造优质的品牌创新司法环境。2018 年，全市法院新收商标权属及侵权案件 1969 件，同比增幅 52.2%；审结商标权属及侵权案件 1772 件，同比增幅 30.5%。全年新收的商标权属及侵权纠纷中含驰名商标认定案件 43 宗。

2. 加大规制力度，促进市场公平竞争与创新发展

深圳知识产权法庭依法审理一批社会广泛关注的不正当竞争及垄断纠纷案件，在全国首宗“爬虫”软件案——谷米公司诉元光公司等不正当竞争纠纷案的审理中，依法认定存储于权利人 App 后台服务器的公交实时类信息数据，因具有实用性并能够为权利人带来现实或潜在、当下或将来的经济利益，已经具备无形财产的属性，属于受反不正当竞争法保护的法益，从而对其提供相应的司法保护。在全国首例针对用户交互式综合平台提起的垄断诉讼——微源码公司与腾讯公司滥用市场支配地位纠纷案的审理中，以涉案争议行为所指向的商品或服务为出发点，围绕该商品或服务进行需求替代分析，准确定性商品市场，有效维护了互联网运营市场的公平竞争环境。

3. 加强知识产权司法公开和宣传引导，提升全社会知识产权意识

深圳知识产权法庭积极开展各种宣传教育活动，展示特区知识产权司法

保护成果，着力提升全社会知识产权意识。一是加大司法公开力度，积极开展庭审直播、录播活动，邀请人大代表、政协委员、在校师生等到场旁听，让案件审理和裁判更加公开、透明、可预期。二是树立司法公信力，发布《深圳法院知识产权司法保护状况白皮书》及年度知识产权司法保护十大典型案例，通过新闻发布会、网站、微信、媒体等方式全方位、多渠道展示知识产权审判工作。三是丰富司法宣传方式，多次开展专题讲座、分享会等，强化社会公众和企业尊重他人智慧成果、合法规范经营意识。四是法庭进一步延伸司法职能，主动走访企业，实地调研新动态、新模式、新技术，助力企业提升知识产权创造、运用、保护和管理能力，促进企业知识产权保护机制良性发展。

4. 加强知识产权司法保护领域的交流与合作，提升司法主导功能

深圳知识产权法庭通过加强与检察机关、公安机关、司法行政机关、知识产权行政执法机关的衔接和沟通，促进不同司法保护手段的内在协调。积极组织深圳市两级法院、检察院和公安机关召开知识产权刑事案件疑难问题研讨会，对知识产权刑事案件立案标准、提起公诉、证据收集与认定等问题进行深入研讨，促进公、检、法三部门对相关问题统一认识，统一知识产权刑事案件办案标准。积极与行政执法部门沟通交流，通过与深圳市知识产权局联合举办粤港澳大湾区知识产权保护论坛和签署合作协议等方式，进一步强化司法与行政联动保护。

四 创新实践中的问题和困难

深圳知识产权法庭在审判实践中开创了很多新举措，但仍然面临一些问题和困难。

一是“案多人少”矛盾仍然突出。虽然不断在有限的司法资源和传统诉讼解决机制之外深挖潜力，探索完善多元纠纷化解机制、开展繁简分流，但知识产权案件呈井喷式增长，“案多人少”矛盾愈加显现。深圳知识产权法庭受理的案件中，一审案件占受理总数的90%左右，一审案件具有程序

多、送达难、审理周期长等特点，目前司法辅助人员的配备也是严重不足，一定程度上影响工作效率。

二是技术事实查明制度亟待落实。技术事实的查明是制约司法保护效果的难题，目前该项制度仍处于积极探索阶段，制度的配套措施尚未完善，大量涉及疑难复杂技术事实查明的案件仍依赖司法鉴定程序，影响案件审理周期。

三是专业化审判队伍的培养无法满足知识产权审判的需要。知识产权案件持续增长，新类型案件的增多以及“三合一”的深入推行，与知识产权专业审判人员培养周期较长以及“三合一”对复合型人才的较高要求之间形成了突出矛盾。

四是良好的知识产权司法保护环境仍有待共同营造。近年来，商业性维权案件日益增多，有些当事人缺乏基本的法律、知识产权意识，对法院的工作常常不理解、不配合，期望通过非正常手段对法院施压，少数媒体刊载的片面报道对这种行为起了推波助澜的作用，在一定程度上恶化了知识产权保护环境。

五　未来展望

2019 年是中华人民共和国成立 70 周年，也是深圳建市 40 周年，深圳知识产权法庭将时刻保持敢为人先的锐气、一往无前的勇气、蓬勃向上的朝气，不忘初心、牢记使命，真抓实干、攻坚克难，让人民群众从每一个案件中感受到公平正义，不断强化知识产权司法保护主导和引领作用，大力推进知识产权审判体系和审判能力现代化建设，推进新时代特区法院知识产权司法保护事业在建设粤港澳大湾区新时代实现新跨越。

深圳知识产权法庭将准确把握新形势、新任务，面对案件大幅增长和“案多人少”的审判实际情况，进一步提升队伍的履职能力，推进法官队伍专业化、职业化建设，确保队伍能力素质与知识产权审判的要求相适应，着力提升干警司法专业能力、群众工作能力、科技应用能力和社会沟通能力。进一步深化改革，加强信息化、大数据、人工智能与司法改革的深度融合，找准技术与制度的契合点，推进提升审判质效。切实严格保护知识产权，加强智慧法庭建设，加快建立健全四位一体的审判模式，拥抱3D扫描、区块链等新兴技术革命，持续改进技术调查官、示范判决机制等微创新，增强社会公信力和国际影响力，为建设粤港澳大湾区、营造国际一流营商环境提供坚强有力的司法保障，为深圳建设中国特色社会主义先行示范区、创建社会主义现代化强国的城市范例提供坚实有力的司法保障。

B.15

前海法院探索粤港澳大湾区商事纠纷的创新与实践

深圳前海合作区人民法院课题组*

摘　要： 《粤港澳大湾区发展规划纲要》中明确提出，要构建多元化争议解决机制，打造国际法律服务中心和国际商事争议解决中心。由于司法机制、法律规范等方面的限制，粤港澳三地共建多元化纠纷解决机制存在一定的制度和现实障碍。前海法院立足区位优势和审判职能定位，积极服务和保障粤港澳大湾区建设，对多元化纠纷解决机制进行了探索和创新。在此基础上，前海法院立足所取得的成效，攻坚克难，努力推动粤港澳大湾区建立统一融合的多元化纠纷解决机制。

关键词： 粤港澳大湾区　商事纠纷　多元纠纷化解

多元化纠纷解决机制是多种资源、方式、程序或制度共同发挥作用的一种纠纷解决系统①，是司法资源发挥最大功效和服务经济社会发展的重要方式。前海法院结合深圳区域定位，根据管辖案件的国际化、复杂化、专业化特征，坚持和创新发展"枫桥经验"，推动完善纠纷化解平台建设，积极探索商事纠纷化解新路径。2018 年，最高人民法院司法改革领导小组印发

---

* 课题组成员：谢雯、杨海军、丘概欣、刘畅、陈雅凌。主要执笔人：谢雯、杨海军、丘概欣、刘畅、陈雅凌，深圳前海合作区人民法院副主任科员。

① 范愉：《当代世界多元化纠纷解决机制的发展与启示》，《中国应用法学》2017 年第 3 期。

《人民法院司法改革案例选编（五）》，前海法院探索国际商事解纷新路径的经验做法作为创新发展“枫桥经验”案例入选。

一 推动大湾区多元化纠纷解决机制的背景和现实意义

（一）涉港澳民商事纠纷解决的现状

随着内地经济的强劲发展和国家的日益强大，港澳与内地联系日益紧密，港澳也日益需要融入祖国的发展大局之中。以2016年内地与香港的贸易及投资为例，两者的贸易额为3052.5亿美元，香港成为内地的第四大贸易伙伴和第三大出口市场；在投资方面，截至2016年底，内地实际使用港资9147.9亿美元，占内地累计吸收境外投资总额的51.7%，内地对香港非金融类直接投资862.0亿美元，占其投资存量总额的52.9%①。

随着内地与港澳民商事联系的日益紧密，相应的民商事纠纷也随之增多。从最高人民法院的相关数据统计看，内地法院受理的涉港澳案件数量总体呈快速上升态势（见表1）。广东毗邻港澳，广东法院受理的涉港澳民商事案件数在全国占有很大比重。深圳和珠海分别毗邻香港和澳门，作为在各自区域内集中管辖应由基层法院审理的一审涉外涉港澳台民商事案件的深圳前海合作区人民法院和珠海横琴新区人民法院，各自受理的涉港案件和涉澳案件都分别位列全国第一。深圳前海法院2015~2018年共受理涉港民商事案件4016件，2015年为457件、2016年为1211件、2017年为1122件、2018年为1226件。珠海横琴法院2014~2016年共受理涉澳民商事案件811件，其中2014年受理56件，2015年因集中管辖受理激增至359件，2016年受理396件。年收案诉讼标的总额，2014年为0.2亿余元，2015年上升

---

① 参见中华人民共和国商务部台港澳司《2016年1~12月内地与香港经贸交流情况》，http://tga.mofcom.gov.cn/article/sjzl/hk/201702/20170202508885.shtml，最后访问日期：2019年5月29日。

至2.3亿余元，2016年达到了3.1亿余元①。以上数据呈整体上升趋势，这说明港澳与内地交往频繁，民商事联系日益紧密。

但由于香港、澳门与内地分别属于不同的法域，相互之间的法律不论是在实体上还是程序上都有较大差异，这使得涉港澳案件的送达、取证、涉港澳法律的查明与适用乃至判决的认可与执行都在某种程度上存在一定困难，加之案情复杂等原因，使得涉港澳案件的审理周期相对国内民商事案件的审理周期较长。以前海法院为例，在集中管辖深圳市辖区应由基层法院管辖的一审涉外涉港澳台商事案件之前，涉外涉港澳台商事案件的平均审理期限是17.2个月，集中管辖后，虽然通过审理机制改革等多方努力，平均审理期限缩短至9个月，但与国内民商事案件审理期限相比还是偏长。这是不完全符合市场经济发展注重的效率性要求的，也从另一个角度说明，在纠纷解决过程中充分利用各种资源与力量，进而寻求多元化的矛盾纠纷解决机制具有现实的紧迫性和重要意义。

表1　2001～2015年人民法院受理涉港澳案件数量*

单位：件

年度	2001	2003	2004	2005	2006	2007	2008	2009	2010	2011	2012	2013	2014	2015
涉港	2953	6043	5987	8123	9006	8322	10443	9950	11066	11277	10599	11084	11239	14846
涉澳	392	528	555	452	425	419	406	449	549	710	987	1118	1195	1642

*转引自江保国《超越隔阂：人民法院港澳台法查明实证研究》，《法商研究》2017年第4期。

（二）粤港澳大湾区多元化纠纷解决机制的现实必要性

党的十九大报告指出，“香港、澳门发展同内地发展紧密相连。要支持香港、澳门融入国家发展大局，以粤港澳大湾区建设、粤港澳合作、泛珠三角区域合作等为重点，全面推进内地同香港、澳门互利合作”。2019年2

---

① 《珠海横琴新区人民法院发布　涉澳民商事审判白皮书》，http：//static. nfapp. southcn. com/content/201704/21/c383482. html，最后访问日期：2019年6月18日。

月，中共中央、国务院印发《粤港澳大湾区发展规划纲要》，明确了建设粤港澳大湾区是国家的重大发展战略[①]，对丰富“一国两制”实践内涵，保持港澳长期繁荣稳定，实现创新驱动发展，推动形成全面开放新格局等都具有十分重大的意义。据世界银行的数据统计，以美国旧金山湾、纽约湾和日本东京湾三大湾区为代表，全球差不多60%的经济发展主要集中在河海三角洲地区[②]。基于以上情况，粤港澳大湾区被国家寄予厚望，也被称为全球经济未来“新的增长极”。

如上所述，经济发展和联系的日益紧密难免会带来矛盾纠纷的增多。现代社会的民商事纠纷性质与类型日趋多元，决定了纠纷解决方式也应随之多元化。这既能缓解审判资源短缺矛盾，又能促进公正、高效、快速解决矛盾纠纷[③]。鉴于粤港澳大湾区的重要作用和涉港澳纠纷解决的现状，积极推进粤港澳大湾区多元化纠纷解决机制建设具有重要意义。首先，有利于整合社会资源，促进矛盾纠纷的高效解决。社会是一个复杂的整体，矛盾纠纷往往也是多种因素作用的结果。整合各种社会资源的各自优势，充分发挥行业协会与商会、调解协会、仲裁机构、公证机关等相关组织和社会力量的作用，实现和解、调解、仲裁、公证、行政裁决等与诉讼的有机衔接，有利于矛盾纠纷的多元高效解决，更好地促进经济社会发展。其次，有利于满足商事主体的多元需求，营造良好的营商环境。在“一带一路”倡议下，不同国家与地区的资本相互融通，经贸往来联系日益紧密。港澳与内地直接联系的同时，还可作为内地与其他国家与地区联系的纽带。多元化的纠纷解决机制，能更好地促进多元包容、构建便捷高效的营商环境，进而满足不同商事主体个性化的需求，更好地达到互利共赢的目标。再次，有利于增强区际司法公信力，提高国际话语权。粤港澳三地社会制度不同、法域各异，在求同存异

① 粤港澳大湾区占地面积5.6万平方公里，2017年末统计总人口约7000万人，具体包括香港特别行政区、澳门特别行政区和珠三角九市（包括广东省的广州市、深圳市、珠海市、佛山市、惠州市、东莞市、中山市、江门市、肇庆市）。

② 参考江保国、赵蕾《粤港澳大湾区纠纷解决机制的设计理念与实施策略论纲》，《理论月刊》2019年第4期。

③ 潘剑锋：《论民事纠纷解决方式与民事纠纷的适应性》，《现代法学》2000年第6期。

的基础上搭建多元化纠纷解决平台，更有利于寻找利益共同点和法治共识，有利于提高区际司法公信力，为其他地区乃至国家的纠纷解决提供有益借鉴，提高中国在国际上的影响力和话语权。

二　多元化纠纷解决机制的前海法院探索与实践

（一）进一步完善国际商事纠纷化解平台建设

2018 年 1 月 7 日，为深入贯彻落实习近平新时代中国特色社会主义思想和党的十九大精神，积极回应域内外商事主体国际化司法需求，前海法院在已有诉调对接平台的基础上，整合国际区际优质解纷资源，与粤港澳商事调解联盟、内地—香港联合调解中心、深圳前海香港商会等十余家域内外机构共建前海“一带一路”国际商事诉调对接中心，积极发挥专业组织和机构解纷优势。前海“一带一路”国际商事诉调对接中心的合作共建机构达 34 家，在册特邀调解员 219 名。2018 年 3 月，前海法院与北京融商“一带一路”法律与商事服务中心暨“一带一路”国际商事调解中心签订合作协议，2018 年 5 月，成立“一带一路”国际商事调解中心前海法院调解室。

2018 年 12 月，为贯彻习近平总书记 2018 年 10 月视察前海时提出“要深化深港合作”的指示精神，落实国家粤港澳大湾区建设规划关于“联动香港打造国际法律服务中心和国际商事争议解决中心”的部署，首批 40 家来自深港两地的签约单位借助前海深港现代服务业合作区平台，秉持共商共建共享理念，汇集深港法律专业服务资源，共建“深港法律服务深度合作区”，旨在联手搭建开放包容、资源共享、优势互补、互惠共赢的合作平台，携手为“粤港澳大湾区”建设、为“一带一路”建设提供优质、高效、跨境、配套的法律服务。前海法院作为首批签约单位参与共建“深港法律服务深度合作区”，进一步强化与香港多元纠纷解决平台的交流与合作。深港两地法律交流合作的日益密切，必将为深港两地当事人提供更加充分的法律保障，为中国企业“走出去”参与“一带一路”建设提供服务和保障。

（二）积极强化司法引领和矛盾预防功能

先后发布《为自贸区与合作区建设提供司法保障的意见》1.0版和2.0版、《关于为优化营商环境提供司法保障的实施意见》、《关于保障民营经济高质量发展的实施方案》，着力为“一带一路”、粤港澳大湾区和自贸区建设营造优质的营商环境。召开为粤港澳大湾区提供司法保障的座谈会，会聚专家学者智慧，为大湾区建设提供更加有效的司法保障。依法保障域内外商事主体自主选择纠纷解决方式、平等参与诉讼程序、自由选择适用域外法律，公正高效解决纠纷。

制定《关于防范与惩戒非诚信诉讼行为的若干规定》《关于正确裁判律师费用推进诚信理性诉讼的若干规定》，加大对拖延诉讼、恶意诉讼、虚假诉讼等非诚信诉讼行为的打击力度，运用律师费、诉讼费杠杆对非诚信行为进行惩戒，构建司法推动社会信用体系的新型监管模式，规范和引领域内外商事主体诚信参与市场活动，预防矛盾激发。目前已成功审结由不诚信当事人承担30万元律师费的案件，以及对虚假陈述当事人处以10万元顶格罚款的案件。最高人民法院《关于政协第十三届全国委员会第一次会议第3994号（政治法律类409号）提案的答复》也明确肯定了前海法院对律师费用转付机制的创新和司法实践探索，“律师费转付”案件的裁判文书已入选全国法院“百篇优秀裁判文书”，在全国范围内产生了较好的社会效果和法律效果，有力推动了大湾区诚信体系建设。

定期或专项编报商事风险评估报告，建立重大敏感案件预警机制，及时发现苗头性、趋势性问题，畅通与职能部门的信息交流与共享渠道，促进纠纷信息与诉讼资源共享，为党委政府决策提供参考。针对审判中发现的类型化或新情况新问题，梳理有关市场监管、行业自律、企业经营中存在的风险和漏洞。已向深圳市人民政府金融发展服务办公室、中国银行保险监督管理委员会深圳监管局等10家单位发出12份司法建议，为决策部门提供司法参考，防范纠纷于未然。

（三）进一步完善体系化、规范化的诉与非诉对接机制

前海法院按照《最高人民法院进一步深化多元化纠纷解决机制改革的意见》修订完善《关于全面深化多元化纠纷解决机制改革的实施意见》等多项规范性制度，进一步建立体系化的“1 + 13”多元化纠纷解决实务指引，确立“过滤引导—协调对接—专业服务”的基本要求，实现调解的规范化、专业化运作，有效提升矛盾化解的能力和实效。

制定《关于先行调解工作的实施细则》，实行商事纠纷调解前置程序。通过官方网站、微信、微博、诉讼指引等渠道加大对调解的宣传力度，加强对当事人的解释引导工作，增强当事人对先行调解工作的认同感，引导当事人树立正确的纠纷解决理念。对已经起诉的案件，向当事人送达“先行调解告知书”，充分告知当事人调解前置程序相关内容。该实施细则还详细规定了除案件性质等原因确实不适宜调解的案件外，一律纳入调解程序先行处理，在尊重当事人意思自治的前提下，要求其参加最低限度的调解。立案前的先行调解期限不超过30日，确有调解可能的调解期限不超过60日。立案后适用普通程序案件的调解期限不超过15日，各方当事人可协商延长调解期限。2017年1月~2019年3月前海法院受理案件总数25149件，诉前调解案件总数13095件，占总收案数的52%，诉前调解案件调解成功2236件，占比17%。

制定《关于涉香港特别行政区案件中立第三方评估的规定》，在涉港商事案件中建立中立第三方评估机制，通过中立第三方专家的评估，对案件的裁判结果进行分析和预测，增强当事人对结果的预期，引导当事人通过合理的方式解决纠纷。在港籍当事人庄某与文某等保证合同纠纷案中，前海法院认为该案涉及香港地区遗产继承、借贷等法律规定，为更准确理解和适用该案所涉香港法律，增强当事人对判决结果的预测性，决定在该案中适用中立第三方评估机制后，庄某根据香港资深法律专家出具的评估报告，在对自身诉讼请求进行全面考量后向法院申请撤诉。截至目前，前海法院已在4件涉港案件中运用该机制。制定《关于调解中无争议事实记载机制的规定》《关

于调解中无异议调解方案认可机制的规定》，建立无争议事实记载机制和无异议调解方案认可机制，提升纠纷化解效率。严格落实司法确认制度，探索扩大适用范围，目前前海法院已将司法确认范围扩大至商事调解，并对前海法院选定所在地不在前海法院辖区内的调解组织，经其调解后达成调解协议的属于前海法院管辖的案件，前海法院同样予以司法确认，充分发挥法院为非诉纠纷解决提供司法保障的作用。

《关于引导和促进当事人适用调解程序的若干规定》《关于正确裁判律师费用推进诚信理性诉讼的若干规定》明确规定，一方当事人无正当理由不参加调解或者不履行调解协议、故意拖延诉讼、原告提出明确的调解方案，被告无正当理由拒绝，法院裁判结果等于或高于该方案数额、中立第三方法律专家提出和解方案，当事人无正当理由拒绝，法院裁判结果没有超过该方案数额等情形，作为当事人承担律师费、诉讼费的依据，旨在发挥诉讼费用杠杆作用，引导当事人合理选择纠纷解决方式。2018 年 10 月，前海法院在审理一起合同纠纷案中，经法院多次组织调解，被告提出了支付原告诉求的 40% 价款的调解方案，原告仅以价款过低为由拒绝，最终法院判决的结果仅支持了原告诉求的 22.2%，明显低于被告提出的调解方案，法庭以此认定原告无正当理由拒绝合理调解方案。原告的行为妨碍了纠纷化解，浪费了司法资源，前海法院判决原告承担诉讼费用，这是前海法院民商事案件调解促进和约束机制的有效适用，取得了良好的法律效果和社会效果。

前海法院根据案件管辖特点，创新探索跨境调解机制，灵活运用国际化诉调对接平台的优势，充分尊重当事人的调解意愿和调解地点的选择。在一件涉港商事合同纠纷案件中，由于双方均为香港注册公司，双方当事人的调解意愿强烈，且双方在香港范围内开展对话最为方便。前海“一带一路”国际商事诉调对接中心在受理本案的调解工作后，根据双方当事人的特点，优先推荐了港籍调解员担任本案调解员。调解员与当事人沟通后，了解到一方公司的负责人由于个人原因不便到内地参与调解，在征求双方当事人的相关意见后，最终选定在香港麦家荣律师行组织调解。本案中港籍调解员在香港组织各方当事人进行了两次调解，最终达成调解协议，由前海法院出具调解书。本案能成功达成调解，是前海法院在推动跨境纠纷解决中又一次多元便捷司法服务的创新和探索。前海法院灵活运用“一带一路”国际商事诉调对接中心的优势，有效发挥港籍调解员的作用，充分尊重当事人的调解意愿及调解地点的选择，体现了前海法院多元化纠纷解决服务的便捷、经济、专业，有利于形成当事人信赖的司法环境。

（四）进一步强化国际化、专业化调解队伍建设

前海法院秉持“专业的问题由专业人士解决”和“市场产生的问题由市场解决”的理念，积极引入域内外专业机构和人士参与纠纷化解，进一步提升纠纷化解的专业化水平。

坚持选任调解员的高标准，吸纳域外人士参与纠纷化解，聘请77名具有金融、国际贸易、知识产权、信息等专业背景的外籍和港澳台籍调解员。选任4家内地与香港联营律师事务所共22名外籍和港澳台籍律师参与纠纷化解。对于涉港澳因素的案件，优先推荐港籍调解员担任案件调解员。“D银行诉L公司融资租赁合同纠纷”一案在港籍调解员的主持下适用香港法进行调解并达成调解协议，该案入选广东自贸区司法保障十大典型案例，被评价为“前海法院‘一小步’，推动企业信心‘一大步’”。2018年，港籍调解员已成功调解案件166件，澳籍调解员调解成功2件，台籍调解员调解成功3件，外籍调解员调解成功4件。

积极推动建立公证和律师参与调解制度。为落实最高人民法院和司法部共同出台的《关于开展律师调解试点工作的意见》，2017年11月7日前海法院与深圳市司法局、深圳市律师协会共同签署《关于律师参与诉讼调解合作协议》，首批15家律师事务所成为前海法院律师参与诉讼调解成员单位，选任88名律师调解员。目前，前海法院共聘任172名律师调解员，截至2019年4月，律师调解员成功调解案件732件。前海法院与深圳市司法局签订《公证参与司法辅助事务工作框架协议》，前海公证处派出十余名专业人员进驻前海法院从事司法辅助事务，在充分整合法院与公证机构的资源优势的同时，充分发挥公证员预防和化解矛盾纠纷的专业优势。

前海法院鼓励和支持调解组织市场化运作模式，通过购买社会服务的方式促进调解组织可持续发展，支持社会调解组织根据当事人的需求提供有偿调解服务，遵循自愿有偿的原则，向当事人协议收取调解费用，让市场在调解资源配置中起决定性作用。2018 年前海法院共有 21 件案件向当事人协商收取调解费用，总计金额为 103060 元，一件收取调解费最高 3 万元。通过市场化收费，保障商事调解组织运作的持续性，确保提供专业、高效、公正的调解服务，满足商事主体的多元化需求。

（五）充分运用信息技术提升纠纷解决的效率和便捷度

前海法院充分发挥“互联网 +”信息技术优势，在数字法庭的基础上开发完善在线调解平台。通过新浪网“在线法院”调解系统和“云会议”诉讼调解系统开展在线调解工作，在前海法院审理 H 公司诉 Y 公司著作权纠纷案中，本案由前海“一带一路”国际商事诉调对接中心进行案件调解，考虑到一方当事人在天津，往返深圳不便，将案件委派给与前海“一带一路”国际商事诉调对接中心有合作的北京“一带一路”国际商事调解中心调解员，由内地和外籍调解员分别在前海、北京通过远程视频调解方式调解纠纷，双方最终达成调解协议，由前海法院进行在线司法确认。2018 年，前海法院通过在线调解平台共调解案件 8 件，有效提升了纠纷解决效率。

前海法院积极推动建立“带一路”法律公共服务平台，平台开设“法律法规”“相关案例”“法律文献”“法律咨询”“诉调对接”等子板块，公众可自助查询“一带一路”沿线主要国家和地区的法律法规、相关案例和法律文献，在平台上咨询律师相关法律问题，也可根据平台列明的诉调对接工作指引、调解机构和调解员的名录，全面了解前海法院诉调对接服务的内容和流程。目前已覆盖“一带一路”沿线 31 个主要国家和地区的法律法规、相关案例及文献 259 件。邀请“一带一路”沿线国家和地区近千名华语律师进驻平台，可在线为域内外商事主体参与“一带一路”商事活动提供针对性的专业法律意见，指引当事人选择合适的纠纷解决方式，已为域内外商事主体提供在线法律事务咨询服务 74 人次。

三 大湾区多元化纠纷解决机制融合面临的现实困境和障碍

（一）粤港澳三地多元化纠纷解决制度差距较大，大湾区内机制融合存在困难

在粤港澳大湾区社会经济融合发展的背景下，提到法治的融合发展，从多元化纠纷解决机制着手具有先天的便利与优势，《粤港澳大湾区发展规划纲要》也提出，“构建多元化争议解决机制，联动香港打造国际法律服务中心和国际商事争议解决中心。”但由于内地、香港、澳门的司法体制存在较大差异，多元化纠纷解决机制的发展程度不同，对于纠纷的调解规则规范也不太一致，当事人对调解工作的认知有较大差异，不利于多元化纠纷解决机制的融合发展。在多元纠纷化解方面，香港具有完备的体制机制，调解、仲裁等方式成为重要的纠纷解决途径，有许多值得借鉴和学习的经验。前海法院在推进国际化多元纠纷解决机制平台建设中，内地—香港联合调解中心等香港合作机构也提供了很多多元纠纷机制建设的有益经验，有待在法律的框架下进行更多的推广和实践。

（二）粤港澳地区的调解员资质不统一，大湾区内缺乏专业调解队伍

优秀和专业的人才是一切工作的关键，专业调解队伍的培养是助力粤港澳大湾区多元化纠纷解决机制融合发展的主要抓手。目前，内地、香港与澳门对调解员的要求标准有很大差异，相对而言内地对调解员的要求较低，也无统一的资质认定标准，在香港调解员需经过统一培训获得相关的资质证书，较为专业。前海法院搭建的前海“一带一路”国际商事诉调对接中心，聘请了200多名特邀调解员，虽然目前这些调解员很多都来自金融、互联网等专业行业，具有丰富的行业从业经验，但这些调解员多数属于兼职，工作时间上难以得到保证，也没有系统接受过调解工作的专业培训，专业调解技

能还需要提升。调解员专业化程度不同，导致多元化纠纷解决机制建设在人才储备上有短板，直接影响当事人对大湾区多元化纠纷解决机制的信赖度。因此，非常有必要加强专业调解员队伍建设，作为粤港澳大湾区多元纠纷解决机制建设的重要部分。

（三）多元化纠纷解决平台建设不够完善，合作单位主体功能有待挖掘

前海法院在2016年5月成立了诉调对接中心，搭建起前海最初由司法主导的多元化纠纷解决平台。在2018年1月，为满足前海经济发展的国际化需求，又在诉调对接中心的基础上建立了前海“一带一路”国际商事诉调对接中心，目前该中心的合作单位已经有34家，也包括多家香港专业调解机构。总体而言合作单位在多元化纠纷解决平台建设上发挥了重要作用，但受调解组织自身发展限制，离成为多元纠纷解决的主导主体还存在较大差距。主要表现在：合作单位的工作模式还比较碎片化，停留在与法院对接个案的委托调解，没有形成更加系统性的合作模式；工作职能也比较单一，没有积极开拓除个案调解以外的其他延伸功能；调解组织自身社会化程度不够，在有偿调解方面没有形成市场化规则，不利于自身的发展。香港的多元纠纷化解机制起步较早，许多专业调解机构都已经实现了高度的社会化，是独立发展的营利组织。目前，一些香港的专业调解组织，也通过平台合作参与前海多元化纠纷化解工作，带来了很多调解组织运行的经验，应该积极强化前海多元纠纷解决合作平台建设，进一步拓宽与香港专业机构的合作渠道，引入其市场化运作经验，促进粤港澳大湾区专业调解组织健康发展。

（四）多元化纠纷解决机制工作流程不够优化，影响案件调解效率

前海法院成立以来一直致力于推进司法主导的多元化纠纷解决机制建设，在诉调对接、案件分流与案件送达方面也进行了很多有益的尝试，但是由于多元化纠纷解决机制的构建属于较为新兴的领域，相关的工作经验不

足，配套制度也不够完善，工作流程不够优化，存在影响案件调解效率的问题。例如，在开展调解工作方面，当事人配合程度有待提高。由于当事人对调解机制的认识有差异，对于调解员指定时间和地点接受调解的认可度各异，而在调解阶段也没有明确的法律文书送达的相关规定，对当事人的调解行为予以约束，所以调解工作推进缓慢。又如，部分调解过程强调实体审查导致调解效率较低。在组织调解过程中，对事实争议较大时，当事人往往要求查看证据，对证据发表质证意见，要求审查证据原件，拆封公证书原件等，甚至在调解过程中根据调解进度补充新证据，要求调解员查清案件事实，导致调解工作变成对纠纷事实的实体审查，不利于调解工作的快速开展。相对于内地，香港的调解工作程序已经相对规范与成熟，在多元化纠纷解决工作流程规范方面，应当立足粤港澳大湾区融合发展，加强与香港、澳门专业调解机构的合作，学习借鉴两地的成熟经验，结合内地多元纠纷解决工作的实际，尽快制定和完善多元化纠纷解决的配套制度，全面提升调解工作效率。

四　推动大湾区多元化纠纷解决机制融合展望

《粤港澳大湾区发展规划纲要》的公布，标志着粤港澳大湾区建设进入实质性阶段，“加强法律事务合作”“构建多元化争议解决机制，联动香港打造国际法律服务中心和国际商事争议解决中心”成为粤港澳三地深化法律合作的重点。

（一）推动完善内地关于多元化纠纷机制的立法保障

在粤港澳三地多年的合作中，欠缺共同构建的纠纷解决机制，一直被认为是粤港澳合作的制度缺陷[①]。调解作为促进解纷最平和的方式，完善内地

① 张淑佃：《粤港澳大湾区城市群建设中的法律冲突与法律合作》，《港澳研究》2017 年第 3 期。

有关调解立法以破除多元化纠纷化解的法律障碍，既有探索性又具可行性。目前深圳市正充分运用特区立法权限，推动调解相关方面的立法。在推动相关立法时应立足内地实情，充分借鉴港澳地区多元化纠纷解决机制的有益经验，允许粤港澳大湾区内地法院积极探索多元化纠纷解决的新机制。例如，进一步完善先行调解适用、扩大司法确认范围、探索跨境联合调解等机制。在积极推进司法实践的基础上，进一步探索诉讼、调解、仲裁等纠纷化解方式之间的衔接，完善纠纷解决资源的合理优化配置，形成有效的提案提请全国人大通过立法确立相关制度。

（二）推动构建大湾区内统一的多元化纠纷解决平台和调解机制

粤港澳大湾区合作事务建设主要还得靠各地政府来推动，成立粤港澳大湾区政府合作委员会有助于大湾区相关事务的统筹开展及规划的组织实施①。在建立大湾区合作委员会的基础上，签订全面的司法合作协议，统筹建立粤港澳三地司法合作机制，协调解决行政、执法、司法等方面融合面临的问题。强化与港澳地区司法机构、仲裁机构及调解组织的交流合作，进一步整合大湾区内商事纠纷解决资源，共同推动建立粤港澳三地相互认可的多元化纠纷解决平台，给大湾区的当事人提供更多的纠纷化解选择。推动建立粤港澳多元纠纷化解信息共享交流机制，建立粤港澳大湾区纠纷解决信息数据库，实现大湾区内纠纷化解大数据有效利用、联动公开、统一公开。进一步建立粤港澳三地的司法交流与协商机制，在充分考量内地“枫桥经验”等调解文化传统的基础上，吸纳港澳地区关于多元化纠纷解决机制的优势，通过建立有效的协调机制，推动建立标准统一、平等保护、共同接受的国际化调解机制。在机构设置、调解程序、调解标准、组织人员等方面充分体现粤港澳三地的参与度和话语权，增强纠纷解决的可接受度、统一性和公信度，提升粤港澳大湾区多元化纠纷解决合作的效能。

---

① 李晓莉、申明浩：《新一轮对外开放背景下粤港澳大湾区发展战略和建设路径探讨》，《国际经贸探索》2017 年第 9 期。

（三）推动建立在大湾区内具有流通性的专业化商事纠纷调解队伍

目前内地通过选任具有专业背景的调解员，不断提升调解的专业化水平，但仍不能改变调解员绝大部分是兼职的现状，兼职调解员推动纠纷以调解方式解决的成功率相对较低。应当通过完善调解员的准入门槛、执业保障配套机制，进一步推动调解员职业化建设。三地调解员专业化程度不同，会影响当事人对调解结果的信赖度，为推进粤港澳多元化纠纷化解机制的深度融合，要建立在三地具有流通性的专业化调解队伍。针对内地与港澳地区调解员存在一定程度差距的现状，为进一步推动形成纠纷调解的合力，粤港澳三地要积极推动建立大湾区内统一的调解员资质认证制度，完善调解员职业水平评价体系，共建大湾区调解员名册，进一步扩大内地、香港、澳门律师调解员队伍，拓展港澳台籍、外籍调解员参与涉外涉港澳台案件调解的范围，完善商事纠纷中内地与港澳籍调解员的联合调解机制，提高纠纷化解效率。共同推动建立调解员职业化培训机制，增强调解员的职业化水平和区际国际流通性。

（四）推动完善调解的市场化运作模式

司法资源的有限性决定了纠纷化解资源供给的“眼光向外”，在司法机关之外，要进一步加强对其他国家资源、社会资源、市场资源的使用力度[①]，培育和鼓励调解组织是加大纠纷化解资源供给的有力途径，而推动市场化运作机制是重点。应当进一步完善关于调解组织、律师等主体按照市场化对调解收费的政策依据，减少调解市场化收费的制度障碍。一方面，要加大对调解组织、律师、专职调解员主持的调解协议司法确认力度，强化当事人对调解结果的信任度，使当事人更容易接受调解的市场化收费趋势。另一方面，通过政府资金扶持、支持调解组织市场化模式等方式培育和鼓励专门

---

① 蒋惠岭主编《司法体制综合配套改革实践研究——以深圳前海合作区人民法院为样本》，人民法院出版社，2018，第229页。

化的调解组织，积极引导当事人选择更专业更有实力的调解组织和调解员进行调解，激发调解组织参与纠纷化解的积极性，推动调解的健康有序发展。

（五）推动信息化技术在多元化纠纷化解中的充分运用

结合“智慧法院”建设，充分发挥信息化技术的优势，积极推动纠纷化解的智能化、高效化，提升纠纷解决的效率和便捷度。完善空中调解室、电子法院、电子商务法庭等在线纠纷解决平台，聘请在线专业调解组织和调解人员，建立专门的调解程序，通过“互联网＋”标准实现大湾区内资源的整合和需求的匹配，推动大湾区内在线纠纷解决的公正、有效、正当和便捷。完善在线司法确认系统，完善在线司法确认规则，充分发挥人民法院为非诉纠纷解决方式提供司法保障的功能。完善纠纷解决大数据的收集，通过数据采集和检索，对类型化的纠纷案件进行调解时，进行要素式、标准化的方案推送，形成相对统一的标准。通过大数据分析和运用，形成商事风险预测，建立纠纷的防范机制。

B.16
前海检察院的创新实践与探索

前海蛇口自贸区检察院课题组*

摘 要： 作为全国首家专门设立的自贸区人民检察院，前海检察院成立以来，围绕服务保障自贸区建设，努力探索检察新机制新模式，在打造新型自贸区检察机关上取得了一定成效。本文梳理了前海检察院成立以来在开展公益诉讼、保障自贸区建设、法治前海研究基地建设等方面的制度创新，分析存在的困难，并对下一步的工作进行展望。

关键词： 自贸区 公益诉讼 审判监督

自贸区的成立与建设，是中国全面深化改革和扩大开放的重要举措，对中国国际贸易、服务、投资、金融等经济领域具有重大意义。随着政策的不断开放，自贸区内相关领域制度创新，相关法律、行政法规的变化对检察机关产生一系列的影响。而针对不同自贸区的定位，各地检察机关也因地制宜构建专门化的服务保障机构，其中深圳前海蛇口自贸区人民检察院（以下简称“前海检察院”）属首家专门设立的自贸区检察院，是贯彻落实党中央决策部署和习近平总书记重要指示精神，完善前海司法机构、推动前海法治建设、服务和保障自贸区改革发展稳定的重大举措。

---

* 课题组成员：王永城、李冠昌、吴昊。执笔人：王永城，前海检察院诉讼监督部检察官。

一 主要工作举措

（一）树立正确引导方向

1. 明确自贸检察定位

前海检察院是深圳市人民检察院的派出机构，履行县一级人民检察院职权。作为全国首家专门设立的自贸区检察院，肩负探索新体制新机制等任务。2016 年前海检察院印发《关于服务保障中国（广东）自由贸易试验区深圳前海蛇口片区和前海深港现代服务业合作区建设的若干意见》，明确了为自贸区提供司法保障的目标任务。

2. 注重现代司法理念

一是服务保障理念，支持自贸区转变管理职能和监管方法，实现体制机制创新，使检察监督职能与自贸区改革创新的内在法治需求相一致；二是平等保护理念，依法平等保护各种所有制经济、内外资企业、海内外当事人的程序权利和实体权利，营造公平公正的市场竞争环境；三是尊重国际规则理念，学习、借鉴国际司法经验，尊重国际条约、国际惯例，打造具有国际影响力和公信力的司法体系。

（二）探索开展公益诉讼

1. 加强公益诉讼探索

与深圳市某环保志愿者协会合作，从顺畅信息交流共享渠道、强化公益诉讼案件协查与配合、建立案件线索移送机制等方面加强环境保护领域的公益诉讼协作，该项目作为前海创新项目在全市推广。探索建立诉前沟通机制。根据案件线索的来源、涉及问题的性质等因素，适时通过走访、座谈、约谈或督促等方式，与政府等管理部门沟通，注意工作方法，努力协调促进检察建议的落实，实现双赢、多赢、共赢。

2. 促进自贸区综合监管规范化及法制化

组织对自贸区内规划设计、市政道路、后勤保障、交通运输等有关问题进行摸底排查，通过诉前检察建议，在各方的共同努力下，三个月内解决前海道路给排水管网建设拖时近三年的问题，实现监督效果的最大化①。对前海片区建筑项目工地违规排水进行立案调查，前往涉事工地及入河口、入海口查看有关情况，约谈有关项目方，走访综合执法局、南山环水局，针对排水中存在的行政执法问题，形成调研报告。抓住自贸区商事制度改革和综合执法体制改革等政府职能转变的关键，寻求检察工作的着力点和切入点。

3. 开展公益诉讼专项活动

根据上级的统一部署，认真开展区内“问题疫苗”检查工作，全力推进“舌尖上的安全”、校园周边食品安全专项行动等公益诉讼专项行动②。通过实地现场查看、物证采集留样送鉴、联合多部门监督检查等方式，按照指定管辖分别对南山、龙华、福田等区域文物遗址保护、环境保护、噪声污

① 2017 年底，前海检察院检察人员在履职过程中发现，前海道路给排水管网建设及养护存在问题，如在汛期出现问题可能产生洪涝灾害或水体污染，致使国家利益或者公共利益受到侵害。经查，前海第一期给排水设施地下管网施工主体分为多个单位。按计划，施工完成后应移交深圳市水务集团管养，但因为质量问题一直未能接收管养。前海管理局虽要求有关部门进行整改，但部分道路的管网受制于道路施工及其他问题一直没能有效解决。2018 年 1 月 22 日，前海检察院依法向前海管理局发出了检察建议：一是要求全面排查整改排水管网质量问题；二是对已投用管网实行专业管理养护；三是在前海开发建设过程中做好前期统筹工作，加强项目流程管理。前海管理局高度重视，多次组织召开了专题工作协调会，专项部署推进各项工作，并形成移交实施方案，同时明确建立周例会和周报制度，派专人跟进整改进度，在整改过程中进一步压实市政建设施工单位主体责任，并对具体的工作措施抓实抓细。

② 根据上级统一部署，前海检察院 2019 年上半年集中开展了两项公益诉讼专项行动，分别针对“奶茶饮品安全”和“校园食品安全”。2019 年 3 月，前海检察院对自贸片区内的奶茶饮品安全开展检察监督，以消费者身份采购市面上多款奶茶饮品并送检。结果显示，塑化剂、防腐剂等添加剂的使用情况符合要求。4 月，该院集中开展“校园食品安全”专项行动，检察院相关领导带队前往前海港湾小学督导检查，深入了解学校食品安全防范以及执法部门履行职责情况，对该校的饭堂、厨房进行实地查看。其他检察人员也兵分多路，分别到桂湾、水湾、蛇口、沿山四个片区的 14 所中小学和幼儿园，重点查看了厨房硬件设备、食品安全管理制度、从业人员资质及健康状况、食材冰鲜与留样备查、应急管理预案准备、厨余残渣处理、饮食健康教育等情况。

染公益诉讼线索立案调查，督促行政机关及时履职，落实规章制度，着力推动解决与人民群众紧密相关的民生问题。

（三）主动服务保障自贸区建设

1. 开展对自贸区检察工作调研

一手抓当前、一手抓长远，前海检察院边组建边探索，除了举办专门的法治论坛，邀请国内专家学者及自贸区检察同行出谋划策，还先后前往第一批、第二批自贸区检察机关进行考察，探求自贸区检察工作新路径。前海检察院通过参加“服务保障自贸区大湾区建设检察理论与实践研讨会”“海上丝路暨自贸区建设与检察工作研讨会”“检察机关服务保障自贸试验区建设工作交流研讨会”等，加强与全国自贸区检察机关的沟通交流，进一步明确前海检察院的工作思路；积极走访自贸区管委会、前海管理局、招商局等管理机构和职能部门，及时了解区内改革措施、政策走向和法制建设的动态趋势，紧紧抓住自贸区商事制度改革和综合执法体制改革等政府职能转变的关键，寻求检察工作的着力点和切入点。

2. 积极参与自贸区制度建设

前海检察院参与《深化前海中国特色社会主义法治建设行动方案》《深圳经济特区前海蛇口自由贸易实验片区条例》《全面深化前海深港现代服务业合作区改革开放方案》等重大法规文件的制定，在法律监督、司法协作、容错纠错等相关制度建设和法治创新等方面积极建言献策，促进自贸区综合监管规范化及法制化，争取在自贸区条例框架内明确检察机关的最新成果以及探索方向，为检察机关服务保障自贸区建设夯实制度基础。

3. 服务区内香港青年创新创业

在前海深港青年梦工场设立检察联络室，建立“线上线下”服务平台，通过定期驻点咨询、开通 24 小时服务热线，搭建常态化联系机制，研究制订为深港青年梦工场企业提供法律服务专项工作方案，组织举办了前海深港青年创新创业法治服务座谈会，开展知识产权等普法宣传教育讲座，提升深港创新创业企业、团队、青年的法治素养。

4. 服务经济高质量发展

搭建与大型企业战略合作框架，与腾讯集团、招商局集团等企业部门签订战略合作框架协议，在互联网领域检察监督、国有资产流失风险防范、金融知识产权专业方向检察服务等领域开展合作，探索检察机关为高新企业、“一带一路”企业提供法律服务的新路径。主办召开“前海金融风险防控专项交流会”，会同前海管理局、前海法院、南山公安分局及市金融风险应急维稳专班的代表对前海经济金融发展形势进行研判，讨论进一步促进前海金融业稳健发展的工作措施，探索建立联席会议制度，共同形成前海防控金融风险的合力。

5. 开展跨行政区划管辖案件调研

以知识产权、金融刑事案件统一管辖为方向，结合当前深圳经济发展态势及检察工作重点，对跨行政区划管辖案件必要性及可行性进行研讨，并提出知识产权、金融等刑事案件集中办理的设想。

6. 建立自贸区检察横向合作机制

与南沙、横琴检察院共同签署《关于建立广东自贸试验区检察机关合作机制的备忘录》，在信息交流工作平台、检察专项调研协作、检察实务配合、扩大宣传影响等方面，形成优势互补、资源共享的自贸区检察工作新格局。

（四）建设并发挥法治前海研究基地作用

1. 建设法治前海研究基地

为更好开展自贸区法治建设及检察改革创新理论研究，总结提炼社会主义法治示范区建设以及检察改革成果，由最高人民检察院检察理论研究所、广东省人民检察院、深圳市人民检察院、深圳前海蛇口自贸片区人民检察院共同组建最高人民检察院检察理论研究所法治前海研究基地。基地聘请了36名国内外知名的法学专家学者组成学术委员，对检察机关在国家全面实施自贸区战略中的地位和作用开展研究，为领导决策提供参考，以自贸区为窗口，对国家“一带一路”倡议相关法律问题进行研究，开展国际司法交流等①。

2. 深化理论研究工作

以基地为平台，联合最高人民检察院检察理论研究所、某互联网公司开展“自贸区检察机关机构设置与职能配置研究”“司法机关调取互联网数据信息分类分级管理”等课题研究，努力打造检察理论研究转化孵化器，前海检察院报送的《2017 年度深圳市检察机关办理侵权知识产权犯罪案件分析》被广东省检察机关案管部门评为十大精品文章。《行政执法检察监督的困难与对策》《食品安全犯罪的新特征研究》等 11 篇调研文章获深圳市检察机关第二十三届检察理论研讨会优秀论文。

3. 探索对外司法交流新模式

前海检察院尝试利用基地与院校合作办学的模式，发挥基地学术委员及院校邀请境外专家学者便利等优势，建立与港澳地区法律界、学术界的紧密联系，解决常态化交流途径问题。与深圳大学合办“广东自贸区检察业务素能提升研修班”，邀请了香港中文大学教授、香港律政司专家、澳门检察院检察官等一批境外专才进行授课。选派检察业务骨干到香港律政司访问学习，在刑事检控等方面加强交流。先后接待了东帝汶检察总长、香港律政司、澳门检察院等有关人员来访。

（五）重视队伍建设和基层基础建设

1. 加强党的建设

深入开展“不忘初心、牢记使命”主题教育，自觉用习近平新时代中国特色社会主义思想指导实践。完成党的基层组织选举成立工作，认真抓好基层党组织的组织生活，严格落实“三会一课”要求。探索“政府 + 法

① 最高人民检察院检察理论研究所法治前海研究基地旨在加强新型检察智库建设，总结提炼检察改革经验与成果，推动检察管理、法律监督创新以及检察理论研究创新发展。据介绍，法治前海研究基地将围绕国家自贸区检察机制建设中的重大理论和现实问题组织开展研究活动，形成有价值、有建设性的研究成果，促进检察工作发展和检察制度完善。下一步，该基地将继续强化其检察智库功能，探索邀请熟悉跨境法律争议解决的域外法律专家参与智库建设，为预防和惩治自由贸易和“一带一路”合作中可能产生的犯罪提供专业意见。

院+检察院+律所”联学共建党建模式，携手前海法院机关党委、法治处党支部、律所支部开展“联学共建，创先争优”党建活动，在开展普法宣传、服务民营经济发展等方面共建共享，打造前海法治建设党建共同体。组织参观“信仰的力量——中国共产党人的家国情怀档案展”“大潮起珠江——广东改革开放40周年展览”，提高服务社会、经济发展的自觉性、积极性与责任感。

2. 加强纪律作风建设

坚决落实全面从严治党主体责任和监督责任，常态化开展检务督察，强化对关键环节、关键节点的督察，持续不断纠正“四风”。主动接受人大和社会监督，配合高检院、省院、市院举办以“打造专业型检察院　服务大湾区建设”为主题的检察开放日活动，共有57名全国、省、市人大代表参加。落实从严治检要求，定期分析研究队伍作风纪律建设情况，及早发现苗头和隐患。实施青年检察干警思想政治教育和检察实务“双导师”制，建立了“党旗红+检察蓝”双色帮带机制。

3. 加强人才队伍建设

实施“品牌人才”工程，加强知识产权、金融证券、涉外法律等专门及特需人才的引进、培养工作；探索从全国政法机关、资深律师、法学专家中遴选优秀检察官，探索聘请境内外专家人才作为检察顾问；建立常态化、具有针对性的教育培训机制，重点开展涉及自贸区监管模式的创新内容和运行规则等相关专业知识的培训，开阔视野，提升司法能力。从全国选调的两名省级优秀公诉人，从应届毕业生中招录的7名公务员，全部到位。在省检察院的统一部署下，试点从资深律师中遴选1名知识产权类检察官，努力建设具有国际视野的专业型、复合型检察队伍。检察干部的综合素质和业务能力不断得到提升，选调的两名同志分别荣获深圳市十佳公诉人、优秀公诉人称号。

4. 加强基础设施建设

围绕规范化、信息化、智慧化建设，强化预算管理和前瞻安排，提升服务保障水平。建成12309检察服务中心、案件管理中心；办公办案场地从

700平方米拓展到2300平方米，工作条件持续改善。按照分级保护的要求对工作环境、网络进行了整改，初步具备独立办案条件。微检察、政务网站等智慧检务建设已初具雏形。

二 困难及问题

1. 总的方面：自贸检察缺乏可借鉴经验

目前自贸区检察工作主要存在四种模式：一是成立派驻检察室，以上海、天津、福建等地为代表，其中上海为上级检察院派驻到下级，天津、福建为本院派驻；二是属地检察院行使职权，以珠海横琴为代表；三是加挂自贸区检察院牌子，以南沙为代表；四是专门设立检察院，如前海。这些模式各具特色，但总的来说，没有现成的经验可借鉴，仅依靠基层检察院自身的探索，视野和层次毕竟有局限。

2. 外部方面：对接机制不顺畅，司法机关系统仍未形成闭环

工作中如何调适法定机构与检察机关之间的关系，还需要逐步探索与磨合；前端没有公安机关，后端与法院管辖范围不一致，前海法院还没有设置刑事法庭，主要审理全市涉外一审民商事案件。这也是制约前海检察院开展刑事检察工作的最大因素。

3. 内部方面：组建工作还需要经历一个过程

前海范围内缺少现成的永久性建筑，多为开放式的临时性简易结构场所，由于可承租的都是没有围墙的钢架玻璃结构建筑，难以达到检察保密网建设的硬件指标。虽然已向管理局提出入驻法治大厦等要求，但尚无下文。业务的全面正常开展仍需突破上述软硬件瓶颈。

三 未来工作展望

作为全国首家专门设立的自贸区检察院，其使命应该与行政区检察院有所区别。其一，前海检察院首先要在服务保障自贸区建设的基础上，通过办

理专门案件、处理专项事务、开展专题研究，丰富其核心业务。换言之，要依托服务自贸区建设，办好检察机关专门的事情。其二，前海检察院设立的价值不在于办了多少案件，而是通过办案实践，探索可复制可推广的经验，发挥试验田作用。其三，前海检察院不仅要在业务上出经验，还要在理论上出观点、出思路、出理念、出成果。

（一）突出港澳元素，大胆开展涉外一审民商事审判监督

一是围绕前海法院案件管辖范围，循序渐进地推进全市涉外、涉港澳台商事一审案件法律监督，以及非诉执行监督专项工作。

二是结合涉外一审商事审判监督，探索聘请港澳地区专业人士作为特聘检察官或检察官助理，让专业的人辅助做专业的事，为适用港澳地区法律审判的商事案件监督做好人才储备。在检察监督人才建设方面尝试创新。

三是做实驻梦工场检察联络室的相关工作。注意联合驻地港澳律师事务所，携手在知识产权、金融等领域拓展服务载体，建好窗口平台。

四是加强与港澳检察人员交流。借助深港法律服务深度合作区共建平台，务实推进业务合作和服务联动，探索建立两地法律服务专业交流互鉴、人才培养和能力建设机制，提升处理跨境、跨业、跨法域法律事务和国际法律事务的能力。适时通过组织检察官与香港律政司、澳门检察院同业人士的相互交流考察、业务探讨、互派学习等活动，增进相互了解与合作。

五是加强学术交流和教育培训。继续通过院校合作，以院校为载体、以学术促交流，利用高校进一步搭建深港澳乃至粤港澳检察官交流平台。在形式上，采取自己主办、与广东其他自贸片区检察院合办、利用法治前海研究基地与最高人民检察院合办等各种形式开展教育培训。在培训内容上，要从理论、概念到实务、比较深度发展。在师资方面，要从 2018 年偏重外教到注重港澳本土、港澳与外教、自主培养师资等多元选择。在培训的范围、深度方面，要从港澳到国外、普通法到大陆法、国外法与中国法律体系与实务借鉴交流等方向转变。

六是推进设立“粤港澳检察合作前海论坛”。争取最高人民检察院和省

高级人民检察院的支持，推进设立“粤港澳检察合作前海论坛”。探索开展以年度论坛为主，以课题合作、理论实务培训等为辅的交流互动活动，深化和拓展与香港、澳门地区的检察合作。

（二）突出自贸特质，继续深化公益诉讼探索

一是要重点关注自贸区高速发展中的公益因素。比如，前期摸底排查的公交闲置问题，大开发大建设中国有土地使用权出让的资金收回问题等。要抓以点带面，实现起诉一起、警示一片，教育社会面的良好效果。在这一点上，要求未有不求多，重质不重量。

二是要在公益诉讼范围、种类方面大胆探索，在法律规定的生态环境和资源保护、食品药品安全、国有财产保护、国有土地使用权出让领域以外的“等”字上做文章，履行好探索新体制、新机制的职责使命，全方位担负起检察官作为公共利益代表的责任。比如，国有土地使用的效率问题，前海寸土寸金，建筑设计有没有科学合理规划、有没有发挥土地的最大利用率等问题，发挥好检察建议书的作用。

三是积极拓展人民群众参与公益诉讼的渠道，健全举报线索奖励机制，完善《公益诉讼线索举报有奖办法》，推出公益诉讼随手拍。

四是加强公益诉讼协作。继续扩大与环保公益组织协作的范围，探索建立公益保护联盟；加强与廉政监督局等区内相关机构的合作，通过合作备忘录的方式，从制度上构建符合前海区位特点的公益诉讼机制。

（三）突出理论研究合作，积极发挥法治前海研究基地作用

前海检察院设立的价值不在于办了多少案件，而是通过办案实践，探索可复制可推广的经验，发挥试验田作用。要利用好法治前海研究基地的“招牌”，深化理论研究和交流合作，不仅要在业务上出经验，还要在理论上出观点、出思路、出理念、出成果，形成头脑风暴，做司法改革的探路者。

一是加强检察智库建设。在不断扩大范围的过程中，突出港澳因素，通过增补法治前海研究基地境外学术委员，探索聘请境外专家人才作为检察顾

问，完善前海检察智库。

二是借鉴法治前海研究基地的运作模式，争取最高人民检察院技术信息研究中心在前海设立最高人民检察院司法鉴定中心知识产权鉴定技术前海研究院，依托国内与国外、行业内与行业外人才的辅助，借助“外脑”来提升服务能力和水平。

三是加强课题研究和成果转化。以专项课题研究为抓手，主动承担上级机关深化改革课题、法治示范区建设以及检察实务理论研究等一些前沿领域的研究，课题内容既要有宏观方面的，又要有微观实务操作方面的，打造检察理论研究转化孵化器。具体方向如国家检察机构层级作用研究、完善检察不起诉制度、探索国家检察官一体化办案机制等。

四是扩大自贸区合作机制。截至2018年底，全国共有11个自贸试验区和1个自由贸易港，要以法治前海研究基地为推手，丰富广州南沙、珠海横琴建立合作机制的内涵，进一步加强与全国自贸区检察机关的合作交流，努力成为全国自贸区检察业务合作的主要参与者。

（四）以类案统一办理为突破口，适时开展自贸区刑事检察业务

国务院发布的《进一步深化中国（广东）自由贸易试验区改革开放方案》提出探索在前海蛇口片区开展金融综合监管试点、深化股权和业务合作等具体措施，《深圳法治中国示范城市建设纲要》明确前海检察院承担“探索全市知识产权刑事案件统一办理、积极打造全国司法体制改革实践样本”等任务。前海目前知识产权与金融企业的注册与运行状况，也为检察机关集中办理这两类案件提供了现实基础。从前海检察院的发展定位来看，前海检察院设有知识产权检察部，并负有探索跨行政区划管辖相关案件职责，虽然目前受审判管辖等问题的制约，但推进统一办理知识产权、金融等刑事案件，仍是前海检察院下一步的重要工作目标之一。

B.17

知识产权取证难举证难的破解探索

广东安证计算机司法鉴定所课题组*

摘　要： 知识产权涉及的电子数据证据长期面临“取证难，举证难，出证难”的证据问题。“安证前海深港第三方电子数据保全服务平台”有效形成电子数据司法鉴定证据，能够解决长期困扰知识产权保护关键环节的司法鉴定问题，采用平台服务解决诉讼前和诉讼中的“取证难，举证难，出证难”问题，解决以庭审为中心的司法体制改革中的证据举证问题，同时可以解决大湾区及涉外涉港澳电子数据类知识产权鉴定取证难、举证难的问题，服务于大湾区知识产权司法创新与法治建设。

关键词： 知识产权　电子数据保全　司法鉴定

深圳是全球第三大集装箱港、亚洲最大陆路口岸、中国五大航空港之一，连续多年全市申请 PCT 专利总数居国内首位，是科技成果创新和知识产权的“创新高地”。2018 年，深圳市知识产权创造数量和质量不断提升，多项核心指标居全国前列。2018 年，深圳国内专利申请量达 228608 件。国内专利授权 140202 件。截至 2018 年底，深圳累计有效发明专利量达 118872 件，PCT 国际专利申请量 18081 件，连续 15 年居全国大中城市第一。

以电子、软件、通信为代表的高技术产业作为知识产权创新成果高度汇

---

* 课题负责人：江鑫。课题组成员：郝晶晶、黄万巧、石佳弋。执笔人：江鑫，广东安证计算机司法鉴定所职工。

集的“创造高地”，同时也成为著作权、专利和技术秘密、商业秘密侵权的高发地，知识产权涉及的电子类证据长期面临“取证难，举证难，出证难”的证据问题，一直困扰着诉讼与司法审判。证据问题是诉讼的核心问题，知识产权中的电子数据是否具备“合法性、客观性、关联性”等证据基本属性，是考察其能否作为证据的有效标准。随着国家对电子数据的重视，法律法规逐步明确规定了电子数据的地位，并对电子数据提取、固定、鉴定等工作作了相应的规定。全面贯彻证据裁判规则，严格依法收集、固定、审查、运用证据，要确保电子数据体现的事实证据经得起法律的检验。“安证前海深港第三方电子数据保全服务平台”有效形成电子数据司法鉴定证据，能够在知识产权保护关键环节解决造成长期困扰的司法鉴定问题，采用平台服务解决诉讼前和诉讼中的“取证难，举证难，出证难”问题，解决以庭审为中心的司法体制改革中的证据举证问题，同时可以解决涉外涉港澳大湾区电子数据类知识产权鉴定取证难的问题，服务大湾区的知识产权司法创新、法治建设。

一　功能定位

在围绕服务大湾区，服务深圳司法创新、法治建设，尤其是在涉外涉港澳知识产权司法实践过程中，探索大湾区及涉外涉港澳知识产权司法证据服务机制，调研分析如何通过电子数据保全方式对涉外涉港澳知识产权进行有效保全提供司法适用，对知识产权实际落地保护、对知识产权侵权材料前置证据化保全等进行研究。

2018 年 7 月 6 日，安证前海深港第三方电子数据保全服务平台（安证云）揭牌上线运营，建立的第三方电子数据保全全过程证据化，是深圳司法创新、证据服务的新举措，建立起可复制的电子数据保全司法创新机制，平台通过中国科学院国家授时中心授时，对所存储的电子数据证据从时间源头上进行国家授时有效和合法保障。

平台一方面有效地解决系统及数据运行中电子留痕、可溯源、可审计、可鉴定的全过程数据证据化问题，为大湾区及涉外涉港澳知识产权提供可靠的第三方电子数据保全和知识产权保护服务，有效解决诉讼前和诉讼中的“取证难，举证难，出证难”等问题。另一方面，涉外涉港澳知识产权企业可以同时通过平台有意识地将电子证据预先保全，将证据服务前置于诉讼前，提供基于司法鉴定的存证、保全、鉴定、出证服务。保全数据由有管辖权的法院、检察院等司法机关进行认可直接采信，极大程度保护了维权方的利益，降低维权成本。对于侵权被诉方对司法机关所采信的证据有疑义时可提出鉴定委托，由中立的第三方鉴定机构对其知识产权电子数据证据进行鉴定，加大违法成本。

越来越多的事实表明，在知识产权保护中所产生的涉及著作权、专利和技术秘密、商业秘密等侵权纠纷的电子数据文件是否等同于实质证据文件遭到使用各方质疑，质疑电子数据文件是人为被修改或后续添加篡改，以及电子数据文件在整个生命周期流转过程中的一系列问题，无法由权利方系统运营做出自证。解决这个问题的关键点，是对电子数据文件产生的时间、文件属性等内容以及电子数据文件等佐证证据于诉前进行前置保全。一旦各方质疑原始电子数据文件的真实性问题时，可以第一时间由第三方具有司法认可法定资质的机构进行电子数据证据的固定提取，并以有效的司法鉴定法律文书进行佐证。以保障电子数据文件在使用过程中的有效法律地位。安证前海深港第三方电子数据保全服务平台提供的第三方电子数据保全服务，目前由广东安证计算机司法鉴定所见证电子数据文件产生、文件流转、文件归档等全生命周期过程，并对电子数据文件进行校验，确保电子数据文件防篡改防灭失。一旦有需要，广东安证计算机司法鉴定所接受委托后通过第三方证据保全系统的客户端查看存证记录和下载导出固定电子数据文件，对委托的电子数据证据进行提取固定，并出具司法鉴定意见书加以佐证。

二　法律适用研究

为了让第三方电子数据保全符合现行法律要求，法律实践能够适用并可推广，广东安证计算机司法鉴定所立项“第三方电子数据保全之法律适用研究”课题并收到成效。

“电子数据保全”包含了诉讼程序中的两个基本概念：电子数据以及证据保全制度。

电子数据是指基于电子技术生成，以数字化形式存在于磁盘、光盘、存储卡、手机等各种电子设备载体，其内容可与载体分离，并可多次复制到其他载体的文件。证据保全是指在证据有可能灭失或以后难以取得的情况下，保全主体根据诉讼参与人或利害关系人的申请或者依职权采取措施，对证据加以固定和保护，并在必要时提前进行证据调查的制度。从字面意义上看，电子数据保全是指由于电子数据具有难以固定保存、易被删除篡改的特性，在其可能灭失或者以后难以取得的情形下，申请人向保全主体提出申请或保全主体自行对该证据加以固定和保存的制度。

在诉讼程序中，重要的诉讼主体包括法院和双方当事人。在证据保全制度中，一般是由双方当事人作为申请人，由法院作为保全主体，对可能灭失的证据进行固定和保护，保全的对象包括各类证据种类。第三方电子数据保全则是以诉讼主体之当事人和法院之外有合法资质、具备专业技术能力的中立第三方鉴定机构为主体，以特殊的证据种类之一“电子数据”为对象，以存储、认证、鉴定、出证等活动为内容的有偿服务。电子数据保全中的“保全”不限于法定“证据保全”的固定和保存，更多的是利用技术手段对电子数据在形成、使用、质证、认定等过程中的一种背书和保护。

（一）电子数据保全的技术门槛较高

电子数据是电子信息技术发展到一定阶段的产物，它必须借助于计算机、信息、网络等高新技术才能完成相关数据编码的制作、存储以及传输等工作。它以近现代电子技术为依托，具有抽象性，不能为人所直接感知，不仅必须借助一定的介质或设备生成、发送、接收、存储，而且必须以一定媒介来展示、为人所识别和认知。一方面，随着电子技术和通信设备的不断发展，电子数据对科技的依赖也越来越强，并随着科技的更新而不断发生变化，使得电子数据的收集、审查和保存等一系列程序也必须依赖相关专家人员借助高新技术才能进行。因此，电子数据保全的实施主体也应当具备相应的专业知识。例如，怎样适应不同的计算机系统、如何恢复被破坏的数据、如何破译密码、如何反病毒、如何为数据提供充足的存储空间等等。解决以上电子数据处理过程中遇到的各类具体问题，非专业人员不得为之。另一方面，高技术性使电子数据在没有外界干扰的情况下，受个人主观因素的影响较小，因而能更真实、准确地反映案件事实，相对于传统证据具有更强的证明力。

（二）电子数据保全需要中立第三方的介入

与传统证据形式相比，电子数据的存储安全性较低，具有易被篡改或删除的特点，从而导致该证据灭失或丧失真实性的可能较大。工作人员操作失误、通信网络故障或他人恶意篡改，都可能成为数据不实的原因，且这些电子数据信息的变动通常是不易被人察觉的。越来越多的事实表明，在信息系统流转过程中产生的电子数据文件，相较于纸上实质证据的证明力遭到多方质疑，质疑内容多为电子数据文件易被人为修改或后续添加、篡改，对电子数据文件在流转过程中的一系列问题系统运营方无法做出自证。电子数据的上述特征决定了要发挥其证据的积极作用，就必须设置一套符合保全要求的完整、规范的证据保管链。诉讼中，法官固然处于中立地位，但法院及法官在计算机技术专业领域所能提供的服务毕竟有限。因此，无论是当事人保存电子数据，还是法官分析电子数据，由中立的具有专业技术资质的第三方提供帮助无疑是较为合适的，也符合以审判为中心的司法制度。

（三）电子数据保全对即时性提出了更高的要求

电子数据不仅在产生和保存环节需要技术化的操作，在使用环节也易被篡改，且篡改活动一般发生较快且较为隐蔽。可以借助技术手段和技术媒介进行多次复制是电子数据的特征之一，对电子数据的每一次复制，都可能带来证据内容的变化并伴随着被篡改的风险。也就是说，对电子数据而言，所能采取的最有效的保全措施就是在其产生之时对其进行技术性固定和认证，采取保全措施的时间距离证据产生的时间越久，保全的效果就越差。诉讼法上的证据保全一般产生于纠纷发生之后，即便申请诉前证据保全，到法院采取保全措施之间，还有最长 48 小时的时间间隔。因此，为了应对电子数据保全在即时性上的要求，有必要由第三方保全机构提供服务。

鉴于电子数据的特殊性质，在获取、存储、保全、保真以及鉴定环节都提出了更高的要求，也对传统的证据保全制度、公证制度、鉴定制度提出相应挑战。具备专业性、及时性优势的第三方电子数据保全成为保证电子数据客观性和真实性的重要途径和方法。第三方电子数据保全的制度优势主要体现在：在诉前证据保全中可以准确、高效、即时地完成证据固定，不仅可以为法院提供技术支持，还可为当事人提供保全平台；在诉中证据保全中，更好地对已有电子数据进行固定和调阅，必要时进行专业出证，配合司法鉴定服务和有待发掘的专家辅助人服务，为诉讼过程中的电子证据应用保驾护航。

第三方电子数据保全主要有两方面的要求。其一，在技术上必须保证其准确性。准确性意味着电子数据在获取时的原始性和完整性，也意味着在存储过程中的不可变动性。其二，在保全程序上，必须保证保全过程的规范性和安全性。

知识产权中涉及著作权、专利和技术秘密、商业秘密等侵权案件的电子数据前置证据化保全，对案件事实查明提供技术需求保障，有效解决侵权纠纷时，初步的证据链构建、侵权分析评估参考、诉讼抗辩分析等专门性问题，利用“安证前海深港第三方电子数据保全服务平台”在未发生司法纠纷之前能够有意识地收集和保存涉及知识产权中核心权利的电子数据，包括版权设计原始文件、权利特征点构成文件、专利技术文件、商业秘密核心技术、软件版本迭代记录、软件源代码等等，以备将来的司法诉讼，有效形成电子数据司法鉴定证据，提供诉讼前和诉讼中的电子数据保全。

三　经验做法

安证前海深港第三方电子数据保全服务平台的建立，首先，通过解决时间来源问题，对于平台的服务时间使用中国科学院国家授时中心授时，保证对所存储证据从时间源头上进行了国家授时有效和合法时间来源保障。其次，开展了关于对第三方电子数据保全的法律适用研究工作，委托深圳大学法学院开展专题研究，并顺利结题验收。结题报告对于第三方电子数据保全阐述了“具备专业性、及时性优势的第三方电子数据保全成为保证电子数据客观性和真实性的重要途径和方法”。这在一定程度上形成了第三方电子数据保全平台利用技术手段对电子数据在形成、使用、质证、认定等过程中的一种背书和保护的能力。最后，为更好地解决电子数据在流转过程中不被篡改的问题，积极探索建立基于区块链技术的第三方保全和应用机制。

目前深圳市市委政法委电子卷宗应用试点项目和深圳市市场稽查局“云上稽查平台”应用部署使用了第三方电子数据保全服务及司法鉴定服务。安证前海深港第三方电子数据保全服务平台为深圳法大大网络科技有限公司提供基于国内领先的第三方电子合同平台保全、存证、出证等司法鉴定服务，为法大大平台上的金融、房地产、汽车、人力资源服务、教育、保险、第三方支付、旅游、医疗、物流、供应链、B2B 和 B2C 线上交易平台等行业以及政府机构提供电子合同、电子文件签署及证据的后台电子证据保全服务。

“安证前海深港第三方电子数据保全服务平台”取得了较好的社会效益。①建立深圳第三方电子数据保全全过程证据化的司法创新方式。②探索建立可复制的电子数据保全司法创新，服务社会主义法治建设，践行十九大精神，为发展新经济，实现新动能服务，为深圳乃至大湾区知识产权保护提供有效及高防护安全数据保障体系。③提供领先的、具有司法效益的、全过程证据化的平台服务。存储及全过程证据化服务是深圳司法创新项目，将原本的电子数据保全变成拥有全过程证据化，解决交易数据或者是生产数据可溯源可鉴定的问题，保障生产和交易数据的完整性、真实性。平台的推广将会带来深圳司法的改变，是以庭审为核心的司法证据化的有效补充，同时解决诉讼前和诉讼中的“取证难，举证难，出证难”问题。④提供可溯源完整、真实、防抵赖的合规审计及司法取证服务。应用区块链、云计算、大数据等先进技术，依托四级等保机房，为社会提供电子数据存证和取证等高级防护能力的服务，有效解决诉讼前和诉讼中的“取证难，举证难，出证难”等问题。致力于司法、电子金融、知识产权、保险及互联网等行业及领域，提供领先的、具有司法效益的、全过程证据化的服务平台。⑤实践电子数据第三方保全司法机制创新。为人民群众提供稳定、可靠的第三方电子数据保全服务，可以随时随地将电子数据证据上传、保存以及申请出证。⑥通过第三方电子数据保全，创新将证据服务前置，法院直接采信，降低维权成本，保护维权方权益的同时加大违法方代价和成本，为企业提供公平公正的良好营商环境，为大湾区乃至全国提供有效的证据服务。

四　未来展望

安证前海深港第三方电子数据保全服务平台为更好地解决电子数据在流转过程中不被篡改的问题，积极探索建立基于区块链技术的第三方保全和应用机制。基于区块联盟链技术进行深入研究并深化应用，针对特定群体的成员提供第三方电子数据保全技术应用服务体系架构。区块联盟链对于共识或验证节点的配置和网络环境有一定要求，以便获得更好的性能。同时建立准入机制，使得交易性能更容易提高，避免因参差不齐的区块链参与者产生的一些问题。在基础设施上承载的第三方证据保全系统，通过区块链技术共同维护和保障存储的电子数据证据具有完整性、可溯源且不可篡改特性。

深化研究以联盟链为代表的新型去中心化网络面向多种业务的基础模型，实现在业务不间断过程的可证据化、可审计、可溯源和可鉴定的保全技术。深化研究证据保全的区块链安全防护架构，支持基础设施层安全、网络层安全、数据管理安全及智能合约安全等技术应用。深化研究构建可管、可控的证据保全区块链安全管控机制。深化研究证据保全区块链网络的防火墙和安全管控平台，控制违法有害信息的发布和传播，并在有关部门开展示范性应用试点。

2019 年 1 月，安证前海深港第三方电子数据保全服务平台研究的“安证链”技术已初步收到成效。“安证链”成为公安部全国区块链服务信息网络安全监管试点单位之一，同时也是作为存证应用的区块链试点项目。目前已通过首批国家互联网信息办公室公开发布的区块链信息服务备案，顺利通过了由公安部牵头组织网信办、工信部、人民银行等部门的全国区块链服务信息网络安全监管试点验收。

安证前海深港第三方电子数据保全服务平台应用区块联盟链技术更有效地进行知识产权保护，基于司法鉴定的电子数据证据化前置保全服务的研究与探索，通过借助技术鉴定来查明有关技术事实。配套电子数据证据化前置保全的流程为大湾区知识产权涉及专利和技术秘密纠纷案件的立案、侦办和审理服务，有效解决困扰知识产权保护关键环节的司法鉴定问题，缓解大湾区知识产权类侵权案件事实查明的技术需求，为大湾区知识产权创新企业遭遇商业秘密、专利、著作权侵权纠纷时提供初步证据链构建、侵权风险评价、诉讼抗辩分析等方面的专门服务。建立保护大湾区知识产权企业机制，降低维权成本投入、提高侵权者的代价和成本，真正落地知识产权保护措施。

利用已经建立的安证前海深港第三方电子数据保全服务平台，提供大湾区知识产权全过程证据化的司法创新服务，建立具有可复制的电子数据保全司法创新机制。提升深圳前海知识产权保护水平，尤其是为大湾区知识产权提供有效及高防护安全数据保障体系。

“安证前海深港第三方电子数据保全服务平台”的广泛应用是深圳司法敢为人先改革创新不停顿、创新实践开放不止步坚定信念的体现。广东安证计算机司法鉴定所将继续坚持创新，在大湾区前海自贸区的法治创新土壤上努力打造成全国最大的集电子数据保全、知识产权保护、司法鉴定服务为一体的“司法鉴定”法律服务和“有效证据”服务的证据机构。为保护人民群众合法权益而不懈努力，为深圳营造大湾区经济和法治建设、法治创新，构建良好的营商环境而共同努力。

B.18
深圳国际仲裁的创新与实践

深圳国际仲裁院课题组*

摘　要：《深圳国际仲裁院管理规定（试行）》自2012年试行以来，在规范深圳国际仲裁院运作，维护境内外当事人合法权益，优化营商环境等方面发挥了重要作用。2019年，深圳市政府总结特区仲裁法定机构立法试行经验，以打造国际一流营商环境为目标，对《深圳国际仲裁院管理规定（试行）》进行了修订完善。修订后的《深圳国际仲裁院管理规定》从服务国际化、法治化营商环境建设、完善以理事会为核心的法人治理机制、推进仲裁院内部管理机制改革创新、提高仲裁服务国家全面开放和发展战略能力等五个方面推进仲裁制度改革创新。

关键词：国际仲裁　管理规定　纠纷解决

2019年4月23日，深圳市政府公布修订后的《深圳国际仲裁院管理规定》（以下简称《管理规定》）。这是深圳市政府认真落实党的十八届四中全会"完善仲裁制度，提高仲裁公信力"改革任务和党的十九大精神而修订的经济特区政府规章，是贯彻中共中央、国务院印发的《粤港澳大湾区发展规划纲要》和中共中央办公厅、国务院办公厅印发的《关于完善仲裁制

---

* 课题组成员：杨涛、曹轶、邓凯馨、迟文卉、陈宇明、陈家鸣、姜婧姝。执笔人：陈宇明，深圳国际仲裁院国际合作与发展处副法律顾问。

度　提高仲裁公信力的若干意见》（中办发〔2018〕76 号）（以下称简称《若干意见》）的具体措施。这也是深圳经济特区进一步建设国际仲裁高地，打造国际一流营商环境的重要举措。

作为国际通行的纠纷解决方式、仲裁在尊重当事人意思自治和便捷、高效解决纠纷方面具有独特的优势。中国改革开放以来，深圳经济特区高度重视仲裁事业发展，于 1983 年创设了粤港澳大湾区首家仲裁机构，并在全国率先聘请境外仲裁员，解决了大量商事纠纷，有力推动了国际化法治化营商环境建设。2012 年，深圳经济特区再次走在体制机制创新最前沿，对深圳国际仲裁院（即华南国际经济贸易仲裁委员会，原称“中国国际经济贸易仲裁委员会华南分会”和“中国国际经济贸易仲裁委员会深圳分会”）进行法定机构改革，在全球范围内率先为特定仲裁机构进行专门立法，发布《深圳国际仲裁院管理规定（试行)》（市政府令第 245 号），构建了以国际化理事会为核心的法人治理机制，在制度安排上提升特区仲裁的国际公信力和全球影响力。

在法定机构管理模式先行先试的基础上，2017 年 12 月，深圳市委、市政府宣布深圳国际仲裁院和深圳仲裁委员会合并，并继续适用《深圳国际仲裁院管理规定（试行)》。深圳市政府指出：《深圳国际仲裁院管理规定（试行)》自 2012 年试行以来，在规范深圳国际仲裁院运作、维护境内外当事人合法权益、优化营商环境等方面发挥了重要作用。

2018 年 12 月 31 日，中共中央办公厅、国务院办公厅印发《关于完善仲裁制度　提高仲裁公信力的若干意见》（以下简称《若干意见》），要求认真贯彻落实仲裁法律制度，改革完善仲裁机构内部治理结构，加快推进仲裁制度改革创新，提高仲裁服务国家全面开放和发展战略的能力，加大对仲裁工作的支持与监督力度。对此，深圳市委、市政府高度重视，对照《若干意见》，并结合《粤港澳大湾区发展规划纲要》，总结特区仲裁法定机构立法试行的经验，以打造国际一流营商环境为目标，对《深圳国际仲裁院管理规定（试行)》进行了修订完善，主要体现在以下方面。

一 进一步明确深圳国际仲裁院的法律地位

《若干意见》要求，仲裁机构由可以设立仲裁机构的市政府严格依法设立。对此，《管理规定》进一步明确深圳国际仲裁院的法律地位：是深圳市人民政府设立的仲裁机构，依法履行《仲裁法》规定的仲裁委员会的职责。

《管理规定》明确深圳国际仲裁院同时使用华南国际经济贸易仲裁委员会、深圳仲裁委员会的名称。根据《管理规定》，当事人约定的仲裁机构为华南国际经济贸易仲裁委员会的前称的，可向深圳国际仲裁院申请仲裁。

二 进一步强调服务国际化、法治化营商环境建设

《粤港澳大湾区发展规划纲要》要求打造具有全球竞争力的营商环境，推动建立共商、共建、共享的多元化纠纷解决机制，完善国际商事纠纷解决机制，建设国际仲裁中心。

对此，《管理规定》第一条即明确，修订《管理规定》的主要目的是：创新商事争议解决机制，独立、公正、高效解决境内外商事争议，维护境内外当事人的合法权益，建设国际化、法治化的营商环境。

深圳国际仲裁院充分发挥国际仲裁跨境管辖和跨境执行的特殊优势，创新商事争议解决机制，完善国际商事纠纷解决机制，推出多项创新措施。

（一）创设资本市场“四位一体”纠纷解决机制

2013 年，在中国证监会深圳监管局、深圳证券交易所和深圳国际仲裁院的共同推动下，深圳国际仲裁院与深圳市证券业协会、期货同业协会、投资基金同业公会共同设立了深圳证券期货业纠纷调解中心，创立了资本市场“专业调解 + 商事仲裁 + 行业自律 + 行政监管功能”的“四位一体”纠纷解决机制，得到了社会各界的高度认可，为中国资本市场纠纷解决探索了一条新路。2016 年 1 月，调解中心增聘了 9 名来自香港资本市场和法律界的知

名人士，加入深圳证券期货业纠纷调解中心调解员名册，为资本市场跨境纠纷解决储备了人才。粤港澳大湾区金融资本市场交易活跃，深圳国际仲裁院将进一步发挥证券期货业纠纷调解中心的机制优势和港澳调解员的专业知识优势，助力大湾区资本市场发展。

（二）探索跨境知识产权争议解决机制

结合粤港澳大湾区重点企业发展特点，促进粤港澳大湾区生产要素的流通，深圳国际仲裁院根据湾区行业需要，于2015年创设华南高科技和知识产权仲裁中心，为大湾区科技创新和高科技企业提供优质的仲裁和调解服务，维护高新科技企业的合法权益。与世界知识产权组织（WIPO）、美国代表性仲裁调解机构（JAMS）、联合国贸法会（UNCITRAL）、国际商会仲裁院（ICC）等有关国际组织展开紧密的联系和合作，探索跨境知识产权争议解决机制，努力破除影响创新要素自由流动的瓶颈和制约。此外，深圳国际仲裁院还将与知名机构协同创新，共同建立互联网仲裁公共服务平台，利用深圳国际仲裁院的国际公信力和相关机构的资金、技术优势，提供跨国界、一站式、综合性、全方位的互联网争议解决服务，提升粤港澳大湾区法治化营商环境的国际竞争力。

（三）首创国际贸易纠纷现场裁决机制

根据国家商务部《中国进出口商品交易会贸易纠纷防范与解决办法》的规定，深圳国际仲裁院作为中国进出口商品交易会（广交会）唯一指定的处理广交会贸易纠纷投诉的仲裁机构，为中外商家提供调解和仲裁服务。深圳国际仲裁院调解中心具体承接此项调解工作。在第102届至第125届广交会期间，深圳国际仲裁院调解中心现场调解广交会贸易纠纷投诉案件逾1300宗，调解成功率超过67%，当事人来源国达119个国家，为广交会的成功举办提供了高效有力的服务保障。

在调解中心调解专家的参与下，经调解，大部分国际贸易投诉通过现场调解得以圆满解决，成功达成和解协议，多数得到现场履行。针对无法现场履行的情况，在2016年4月份的第119届广交会上，深圳国际仲裁院联合在前海设立的粤港澳仲裁调解联盟（原称“粤港澳商事调解联盟”），进一步发挥跨境合作的专业优势，创新争议解决模式，开展“现场申请+现场调解+现场仲裁”，对于达成和解协议的案件，当场作出仲裁裁决书，赋予和解协议全球强制执行的法律效力，中外双方当事人都非常满意，有效维护了外方对中国国际贸易法制环境的信心。

（四）作为粤港澳大湾区唯一一家仲裁机构纳入最高人民法院“一站式”国际商事纠纷多元化解决机制

2018年12月5日，最高人民法院公布《最高人民法院办公厅关于确定首批纳入“一站式”国际商事纠纷多元化解决机制的国际商事仲裁及调解机构的通知》。粤港澳地区唯一被纳入“一站式”国际商事纠纷多元化解决机制的仲裁机构——深圳国际仲裁院，受理的符合条件的国际商事纠纷案件直接由最高人民法院进行保全、执行等司法监督和支持。

同时，深圳国际仲裁院与最高人民法院第一国际商事法庭将加强合作，建立案件衔接、结果反馈、信息互通、常态联络机制，共同构建调解、仲裁、诉讼有机衔接的纠纷解决平台，公正高效便利地解决国际商事纠纷；共同推动“智慧法院”+“智慧仲裁”建设，优化纠纷解决平台的在线功能。

通过与最高人民法院第一国际商事法庭全面对接、紧密合作、共同创新，不断完善“一站式”国际商事纠纷多元化解决机制的内涵与外延，依法妥善化解国际商贸和投资争端，平等保护中外当事人合法权益，这对于建立健全国际商事争端解决机制，推进“一带一路”建设，妥善化解纠纷，保障“一带一路”建设行稳致远，意义重大。

（五）加大对前海深港合作区、深港科技创新合作区等粤港澳重点合作区域的支持力度，制定专门的业务规则和名册

根据《管理规定》，深圳市政府再次明确仲裁院立足前海、服务前海开发开放。结合前海深港合作区和自贸区改革创新需要，深圳国际仲裁院不断

创新体制机制和业务模式，已成为前海社会主义法治示范区建设的名片和自贸区功能的重要组成部分。针对重点区域改革创新和产业发展需要以及《粤港澳大湾区发展规划纲要》对前海的要求，深圳国际仲裁院将安排专门工作平台和人员，突出专业服务特色，发挥跨境执行和三地专业人才优势，探索合作区国际仲裁机制和业务创新，提升合作区制度创新、融合和衔接水平。

三　进一步完善以理事会为核心的法人治理机制

《若干意见》针对国内仲裁机构内部治理结构不完善、监督制约机制不健全等问题，要求按照决策权、执行权、监督权相互分离、有效制衡、权责对等的原则，改革完善仲裁机构内部治理结构，并明确条件成熟、具有改革积极性的仲裁机构可先行试点。

对于上述问题，早在2012年，深圳市政府已经通过《深圳国际仲裁院管理规定（试行）》建立了国际化、专业化、社会化、法定化的法人治理机制，特区仲裁的国际化、独立性和公信力因此得到中外企业的高度认同。

《管理规定》坚持并完善这一改革经验，进一步明确理事会作为决策机构，由11～15名理事组成。理事由市政府聘请境内外法律界、工商界和其他相关领域的知名人士担任，负责重大事项的决策。同时，为贯彻《粤港澳大湾区发展规划纲要》关于共建粤港澳合作发展平台的要求，特别强调理事中来自香港特别行政区、澳门特别行政区等地的境外人士不少于三分之一。目前，深圳国际仲裁院13名理事中有7名来自境外。

深圳国际仲裁院国际化的法人治理机制确保了决策权威性和国际公信力，深圳国际仲裁院拟进一步优化理事会运作机制，更好地发挥港澳理事在理事会决策和监督中的作用，吸收借鉴港澳地区先进的机构治理模式和经验，共建、共治符合粤港澳三地市场需要的国际仲裁机构。

四　进一步推进仲裁院内部管理机制改革创新

《若干意见》要求，要研究探索适应仲裁工作特点、有利于提高仲裁公信力和增进仲裁工作活力的内部管理机制改革，赋予仲裁机构在人事、财务、薪酬制度等方面相应的自主权。

对此，《管理规定》进一步明确：深圳国际仲裁院应当建立健全与事业单位独立法人及法定机构相适应的财务和资产管理制度；应当建立具有国际竞争力的市场化用人制度，可以根据需要聘用境内和境外的专业人才，建设专业化的争议解决服务和管理队伍；参照国际惯例和同行业市场水平，制定争议解决收费机制、仲裁员报酬制度和以绩效为导向的工作人员薪酬制度以及激励方案；建立定期薪酬评估调整机制以及长效激励机制；仲裁院的岗位设置、工作人员职位升降、聘任和解聘等事项，由仲裁院根据工作需要确定，按照聘用合同管理。

五　进一步提高仲裁服务国家全面开放和发展战略能力

《若干意见》要求：适应国家全面开放新格局和重大发展战略需要，认真研究探索仲裁工作的新方式新机制，拓宽服务领域，提升服务能力，充分发挥仲裁的服务保障作用；贯彻落实中央有关建立"一带一路"国际商事争端解决机制和机构部署，围绕粤港澳大湾区积极探索有关仲裁工作实践；提升仲裁机构国际竞争力，加强与国际仲裁组织及境外仲裁机构的交流合作，积极参与国际仲裁规则、国际调解和国际商事法律规则的制定，提高中国仲裁的国际认知度、话语权和影响力；深化与港澳台仲裁机构合作，围绕中央对港澳台政策措施的落实，服务内地与港澳台的经贸交流。

《规划纲要》也要求，深圳在前海构建多元化争议解决机制，联动香港打造国际法律服务中心和国际商事争议解决中心。

深圳市政府六届一百五十七次常务会议在审议《管理规定》时提出要求：深圳国际仲裁院要进一步加强国际交流合作，在国经贸关系新规则和新秩序的发展中承担更多责任，扩大国际影响力。

《管理规定》进一步明确，作为中国改革开放的产物，深圳国际仲裁院总部设在前海，作为深圳经济特区和前海开展国际仲裁合作的平台，积极建立与境外仲裁机构及其他相关组织的合作机制。

按照《管理规定》要求，目前深圳国际仲裁院已与多家知名仲裁机构以及国际组织建立了良好的合作关系，创设多个海外仲裁庭审中心。

（一）创设中国第一个国际仲裁海外庭审中心

依托深圳驻北美经贸代表机构，2017年，深圳国际仲裁院在美国洛杉矶创设中国第一个国际仲裁海外庭审中心。这是深圳探索打造国际一流营商环境的扎实举措，同时这一协同创新拓宽了服务中国企业走出去的法律保障途径。一是方便北美地区相关国际商事仲裁案件在该庭审中心就近开庭审理。二是便于深圳国际仲裁院依托庭审中心向360名外籍仲裁员提供深圳国际仲裁规则培训服务，提升“中国深圳规则”和“中国深圳标准”的海外影响力。三是扩大前海社会主义法治示范区的国际影响，也是前海在中国自贸区法治化营商环境建设中发挥示范、辐射和引导作用的重要探索。

创建海外庭审中心是率先提升国际化营商环境的探索，是从“输出中国产品”到“输出中国规则”的探索，也是主动服务国家对外开放战略、展示中国“制度自信”的探索，标志着深圳国际仲裁“走出去”战略的深化，中国仲裁机构从深圳真正走向世界，也标志着前海自贸区法治创新成果已延伸到海外。

（二）建立“深圳国际仲裁院喀什庭审中心”暨“一带一路（新疆喀什）争议解决中心”

2018年9月27日，在深圳市委、市政府和喀什地委、行署的积极推动下，深圳国际仲裁院与深圳市援疆工作前方指挥部、喀什经济开发区共建“深圳国际仲裁院喀什庭审中心”暨“一带一路（新疆喀什）争议解决中心”。

建设喀什庭审中心紧密围绕“一带一路”建设，把“深圳所能”与“喀什所需”紧密结合起来，实现关口前移、服务前置，依法妥善化解“一带一路”建设过程中产生的商事争端，平等保护中外当事人合法权益，努力营造公平公正的营商环境。

以新疆喀什为支点，辐射相邻的中亚、西亚、南亚等“一带一路”沿线国家，就近提供公平公正、专业高效、透明便利且低成本的国际商事纠纷解决服务。同时，按照共商共建共享原则，整合中国—中亚—西亚经济走廊沿线国家法律服务资源，吸纳来自沿线不同法系、不同国家、不同地区的专家学者，打造国际法治合作新平台和国际仲裁新疆高地，为推动建设开放型世界经济提供更加有力的司法服务和保障。

（三）设立中非联合仲裁深圳中心

根据特区立法要求，深圳国际仲裁院一直开展中非法律界友好交流活动，推动中非联合仲裁落地，为中非经贸往来提供多元化争议解决服务。

2017 年 3 月，深圳国际仲裁院联合肯尼亚内罗毕国际仲裁中心（NCIA）、南部非洲仲裁基金会（AFAS）、上海国际经济贸易仲裁委员会、北京仲裁委员会，在深圳共同签署“中非仲裁联合会”成立备忘录。同时，中非联合仲裁深圳中心（CAJAC Shenzhen）揭牌成立。应南部非洲仲裁基金会、肯尼亚内罗毕国际仲裁中心等机构的邀请，深圳国际仲裁院于 2017 年、2018 年“走进非洲”，与毛里求斯、南非、肯尼亚等国开展国际仲裁交流合作，参加中非联合仲裁（CAJAC）内罗毕仲裁中心揭牌仪式。至此，源于 2015 年 6 月《构建中非联合纠纷解决机制北京共识》所设立的中非联合仲裁机制形成中非五点布局，北京中心、上海中心、深圳中心与非洲的约翰内斯堡中心、内罗毕中心开展全面协同创新。

2019 年 4 月，CAJAC 北京会议召开，CAJAC 五家国际仲裁机构代表出席会议，讨论 CAJAC 章程、规则、受案机制以及设立中非联合仲裁员名册。今后 CAJAC 将在机构合作、仲裁规则、仲裁员培训等方面联合创新，为推进探索中非互利发展新举措，促进务实合作提供更加坚实可靠的法治基础。

《管理规定》同时明确，深圳国际仲裁院应当根据中华人民共和国有关法律法规和本规定，借鉴国际仲裁的先进制度，结合粤港澳大湾区、深圳经济特区和前海深港现代服务业合作区的实际，制定仲裁规则、调解规则、谈判促进规则、专家评审规则和其他形式的争议解决规则。

（四）制定《深圳国际仲裁院关于适用〈联合国国际贸易法委员会仲裁规则〉的程序指引》，以香港为默认仲裁地

2016 年 10 月 26 日，深圳国际仲裁院率先制定发布了《深圳国际仲裁院关于适用〈联合国国际贸易法委员会仲裁规则〉的程序指引》（以下简称《指引》），开启了内地与香港在前海开展国际仲裁协同创新的新篇章。为支持香港，鼓励当事人约定香港为仲裁地，《指引》规定："当事人对仲裁地有约定的，从其约定；当事人没有约定的，仲裁地为香港，除非仲裁庭另有决定。"

《指引》为香港法律界人士提供了更多的业务机会，有利于香港法律界共享内地法律服务市场机会。香港律政司领导代表香港法律界参加了规则发布仪式，表示"香港特区律政司衷心欢迎这项安排"。香港律政司为此还在香港律政司大楼举办了深圳规则的海外"路演"大会，并将仲裁合作列为两地政府法律合作的重要内容。2018 年 9 月 5 日，香港律政司现任司长在广州表示：此《指引》意味着香港法将会更多地在深圳国际仲裁院得到适用，有利于共建亚洲国际商事争议解决中心。

（五）深化大湾区仲裁调解合作，依托粤港澳仲裁调解联盟，共同制定联盟调解规则和联合调解员名册

2013 年 12 月 8 日，深圳国际仲裁院牵头在前海创建粤港澳仲裁调解联盟（原称"粤港澳商事调解联盟"，以下简称"联盟"）。联盟的成员机构包括来自广东、香港、澳门的 15 家粤港澳大湾区主要商事调解仲裁机构，其中广东 7 家、香港 7 家、澳门 1 家，具有广泛的代表性和影响力。联盟确立了平等、开放的合作机制，由粤港澳三地轮流担任主席机构。

联盟成立五年来，有机整合粤港澳多元化争议解决资源，不断加强湾区法律服务机构和专业人士间的密切交流和合作，积极服务国家"一带一路"

和粤港澳大湾区建设大局，通过联盟合作机制解决大量跨境商事纠纷，仲裁和调解当事人来源国达到118个。

2018年12月19日，联盟第三届第一次主席会议暨五周年纪念活动在联盟秘书处所在地深圳国际仲裁院举行。会议共同制定联盟调解规则和联合调解员名册，进一步强调三地商事争议解决机制和机构的合作与融合，助力大湾区市场互联互通水平进一步提升，生产要素高效便捷流动，为包括粤港澳地区的当事人提供专业、高效、和谐的争议解决服务。

（六）服务国家全面开放新格局，增聘境外仲裁员

《管理规定》明确规定，深圳国际仲裁院名册中来自香港、澳门等境外地区和国家的仲裁员不少于三分之一。

在改革开放之初，深圳国际仲裁院作为粤港澳地区第一家国际仲裁机构即与香港法律界建立了良好的合作关系，1984年首批15名仲裁员中有8名来自香港，其中就包括阮北耀、廖瑶珠等香港律师。2019年，深圳国际仲裁院理事会通过了最新的仲裁员名册，来自香港、澳门等境外地区和国家的仲裁员超过40%，覆盖全球76个国家和地区，已基本实现“一带一路”沿线国家全覆盖。

《管理规定》的修订是中国特区国际仲裁事业发展的又一里程碑式事件，必将进一步推动中国国际仲裁在特区的创新发展，为建设国际仲裁高地，联合香港打造国际仲裁中心起到重要作用。

六　建设具有全球影响力的国际仲裁机构

一是持续发挥深圳在粤港澳大湾区国际仲裁中的引擎作用。发挥在粤港澳大湾区国际深圳仲裁品牌作用，加快与香港有关机构开展更加紧密的合作，创新合作机制和机构安排，充分利用香港国际化法律资源，继续发挥核心作用，持续辐射、引领粤港澳大湾区的国际仲裁发展，服务国际化法治化营商环境建设。

二是加快“一带一路纠纷解决机制”建设。借助最高人民法院“一站式”国际商事纠纷多元化解决机制，积极参与纠纷多元化解决机制和机构建设，在前期全球布局的基础上，持续巩固深圳和前海在纠纷解决机制建设中的核心引擎作用，具体做好与最高人民法院国际商事法庭相关业务的对接安排。充分利用新深圳国际仲裁院名册覆盖全球76个国家和地区的优势，开展全球路演，进一步提升前海法治创新成果的全球影响力。

法治社会

Law – Based Society

B.19
前海公证诚信数据的应用与探索

前海公证处课题组*

摘　要： 公证是预防性司法制度，兼具预防与解决纠纷双重职能。前海公证处通过对公证实务数据的统计分析，统计和记录失信行为，防范社会失信行为，确定债权债务关系，预防矛盾纠纷，非诉、高效解决纠纷，展现公证服务职能价值。通过前海公证处的法治服务创新实践与探索，能够更好地发挥公证职能作用，服务社会治理，为社会诚信体系建设、金融业开展融资交易业务等提供积极支持和补充。

关键词： 公证　诚信数据　服务探索

* 课题组成员：富建明、谢京杰、李劼、高世超、钟瑜菁、任静。执笔人：富建明、李劼、谢京杰，广东省深圳市前海公证处干部。

公证既是中国预防性司法证明制度，也是中国纠纷多元化解决的基础性司法资源。公证文书具有法定证明、法定证据、强制执行、登记对抗等法定效力，公证服务具有预防纠纷、减少诉讼的职能作用，特别是赋予债权文书强制执行效力公证，在实现债务增信、维护债权尤其是金融债权安全方面具有天然的制度优势。公证证据作为优势证据，为纠纷解决提供强有力支撑，提高了纠纷解决效率。公证抵押登记具有法定对抗效力，依法保障债权人的优先权。公证调解可以居中化解经公证的合同当事人之间的履约纠纷，化解矛盾。2016 年 6 月 29 日，最高人民法院发布《关于人民法院进一步深化多元化纠纷解决机制改革的意见》（法发〔2016〕14 号），该意见第 11 条规定，当事人可以对达成的具有给付内容的调解协议、和解协议申请公证机构赋予强制执行效力。随着法治社会建设的推进，公证的纠纷解决职能越来越凸显和强化。2017 年 7 月 4 日，最高人民法院、司法部联合发布《关于开展公证参与人民法院司法辅助事务试点工作的通知》（司发通〔2017〕68 号）指出，公证制度是中国社会主义法律制度的重要组成部分，是预防性司法证明制度，公证制度具有服务、沟通、证明、监督等功能，是社会纠纷多元化解决的基础性司法资源。

公证兼具纠纷预防与纠纷解决双重职能作用的制度特性，为公证服务自贸区打造公开、透明、可预期的法治化营商环境提供了条件。事实上，公证作为司法行政机关向社会提供的公共法律服务，在社会诚信建设、社会基层治理、民商事经济活动中广泛而深入地提供公证法律服务。公证处作为独立的法定证明机构，依法、客观、公正、中立地提供公证法律服务，有效保障当事人各方的合法权益，积极引导各方当事人在法律边界内自由、平等缔约，依法督促各方当事人忠实守约、诚信履约，从而有效推动法律实施。在公证活动中，公证员严格审查、实质审查、前置审查，去伪存真，有效过滤不诚信甚至违法犯罪行为，为自贸区打造良好的法治化营商环境提供积极支持。

一　公证诚信数据统计

2017 年，前海公证处累计办理各类公证业务三万余件。在受理公证申请过程中，发现当事人通过提供虚假证明材料、隐瞒事实虚假陈述、假用他人二代身份证件冒名顶替等手段企图骗取公证书的违法失信行为55宗（涉嫌失信但快速离场未留下证据材料或未被查实的情况，未统计在列），查实双胞胎兄弟冒名顶替1宗，亲兄弟姐妹冒名顶替3宗。失信行为占正常公证业务申请的3.13%。前海公证处2017年累计办理涉及银行、信托等金融机构融资贷款类公证业务1247件，发现失信行为39宗，占正常公证业务申请的3.13%。失信行为集中在股权转让、房产委托等重大资产处置领域，涉及资金金额超5000万元。

2018年，前海公证处业务较上年略有增长，而涉嫌骗取公证书的失信行为下降明显。在受理公证申请过程中，前海公证处共查实当事人通过提供虚假证明材料、隐瞒事实虚假陈述、假用他人二代身份证件冒名顶替等手段企图骗取公证书的失信行为21宗（涉嫌失信但快速离场未留下证据材料或未被查实的情况，未统计在列），查实亲姐妹冒名顶替2宗，表姐妹冒名顶替1宗，另发现伪造本处公证书3宗。3份伪造的公证书均涉及不动产事宜，1宗为虚假赠与不动产，1宗为虚假委托购置不动产，1宗为虚假委托出售不动产。失信行为占正常公证业务申请的0.066%。累计办理涉及银行、信托等金融机构融资贷款类公证业务714件，发现失信涉嫌骗贷行为9宗，涉及融资贷款本金金额人民币4609万元。

当事人违反诚信企图骗取公证书并进而涉嫌利用公证书从事侵占他人财产、骗贷违法犯罪活动的行为主要有三种类型。

（一）提供虚假证明材料

2017年，发现虚假证明材料34宗，主要集中在婚姻家庭继承领域，虚假证明材料包括假身份证、假结婚证、假离婚证、假出生证、假户口本、假亲属关系证明等。其中，假离婚证最多，占全部虚假证明材料的71%，其次是假出生证，占比为13%，假结婚证占比10%，假身份证、假户口本各占3%（见图1）。

2018年发现虚假证明材料16宗，主要为假结婚证、假离婚证、假出生证、假户口本、假授权书等。其中，假出生证占全部虚假证明材料的38%，假离婚证占比为31%，假结婚证占比18%，假授权书、派出所证明等占比13%（见图2）。另外，发现三份伪造前海公证处的公证书。该三份伪造的公证书均涉及不动产事宜，其中，1宗为虚假赠与不动产，1宗为虚假委托购置不动产，1宗为虚假委托出售不动产。

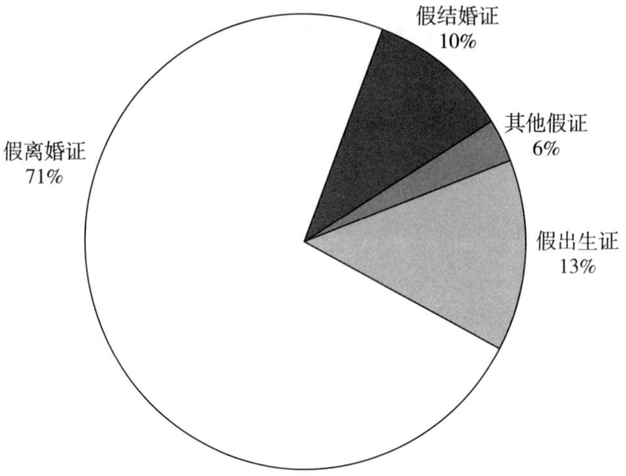

图1 虚假证明材料比例（2017年度）

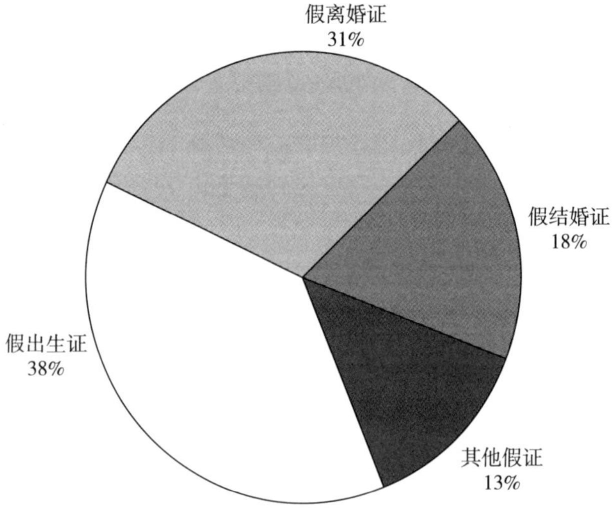

图2 虚假证明材料比例（2018年度）

（二）隐瞒事实、虚假陈述

2017 年发现的涉及被隐瞒的事实全部集中在婚姻状况领域，其中，隐瞒结婚事实、虚假陈述离婚的有 22 宗，占比 73%；隐瞒再婚事实、虚假陈述离婚的有 2 宗，占比 7%；隐瞒已婚事实、虚假陈述未婚的有 6 宗，占比 20%（见图 3）。在已婚却自称未婚的案例中，有 1 宗涉嫌隐瞒境外结婚事实，经公证员充分告知法律责任和法律风险后主动承认结婚事实，有 1 宗当事人曾有过 2 段婚姻事实却自称一直单身，被公证员审查发现。

2018 年发现的涉及被隐瞒的事实也主要集中在婚姻状况方面，其中，隐瞒结婚事实、虚假陈述离婚的有 6 宗，占比 67%；隐瞒已婚事实、虚假陈述单身的有 3 宗，占比 33%（见图 4）。隐瞒已婚事实、虚假陈述离婚的，同时会提供虚假离婚证、离婚协议等离婚证明。

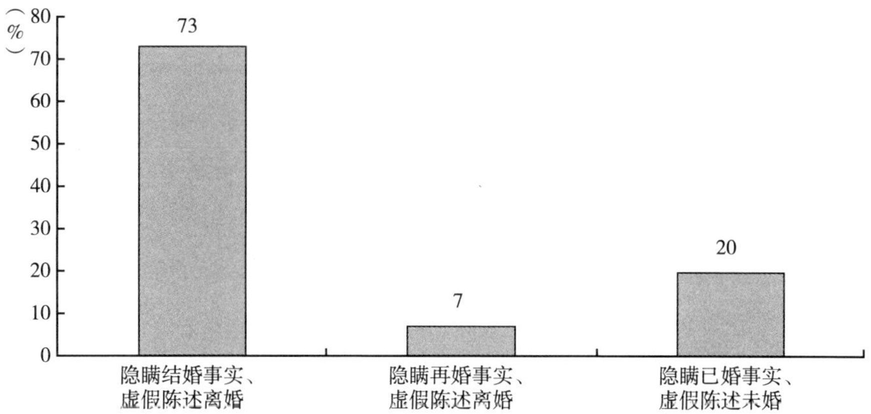

图 3　隐瞒事实、虚假陈述占比（2017 年度）

（三）冒名顶替

冒用顶替主要是指冒用他人身份证证件和身份，申请办理公证，假冒他人签署法律文书。冒名顶替有三种情况，分别是真证假人、假证假人、假证真人。

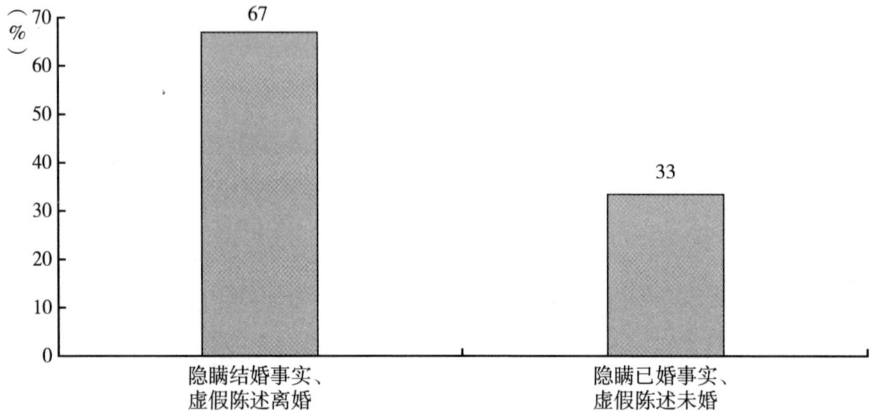

图4　隐瞒事实、虚假陈述占比（2018年度）

2017年度累计发现冒名顶替12宗，除一宗涉及假证假人（假人假结婚证、身份证真实）外，其他11宗、占比91.7%均为真证假人（见图5），即当事人提供的二代身份证经公证机构技术检验是真实、有效的，但是，持有该身份证件、到公证处申请办理公证的人却非该身份证上载明的当事人，也就是"李鬼"拿着"李逵"的身份证到公证处招摇撞骗自称是"李逵"。该12宗冒名顶替失信行为中，涉及不动产委托公证的有6宗，涉及抵押贷款融资合同公证的有4宗，涉及股权转让合同公证的有2宗。

2018年度累计查实冒名顶替3宗，均为真证假人，即当事人提供的二

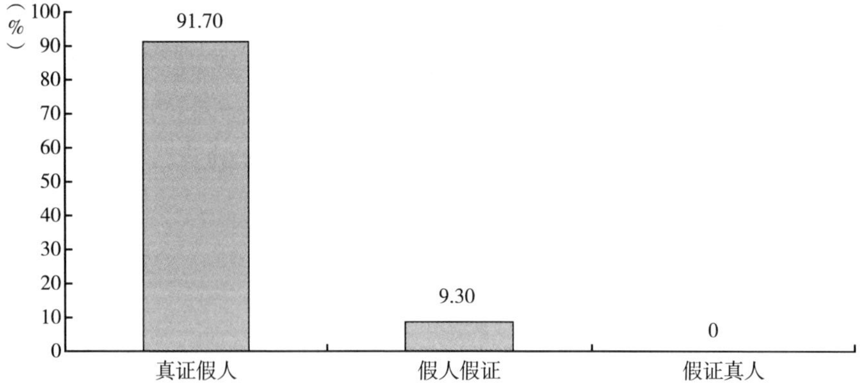

图5　冒名顶替占比（2017年度）

代身份证经公证机构技术检验是真实、有效的，但是，持有该身份证件、到公证处申请办理公证的人却非该身份证上载明的当事人。该三宗冒名顶替失信行为中，一宗为表姐妹冒名顶替，另外二宗为亲姐妹冒名顶替。三宗冒名顶替均涉及不动产事务，二宗为冒名顶替委托购买内地的不动产，一宗为冒名顶替出售位于深圳的不动产。

二 失信行为数据分析

（一）失信高发领域

根据 2017 年、2018 年公证诚信数据统计，失信行为高发的公证业务领域是融资贷款、股权变更、不动产处置等重大资产处置领域和出国移民领域，所涉及的公证业务类型是贷款合同、抵押合同、股权转让合同、房产委托、出生、亲属关系、继承等。2017 年失信行为集中在涉及重大财产处置的公证业务领域，占比为 89.1%，移民定居及其他公证领域占比为 11.9%。在重大财产处置领域中，涉及银行、信托等金融机构的融资贷款公证业务的占比 81.6%，涉及不动产委托公证业务的占比 14.3%，涉及股权转让公证业务的占比 4.1%。2018 年失信行为涉及融资贷款、重大财产处置的公证业务领域，占比为 71%，在移民定居公证领域占比为 25%，其他领域如知识产权虚假独占许可等，占比为 4%。在重大财产处置领域，涉及抵押贷款的占 53%，涉及不动产委托的占 35%，涉及继承赠与的占 12%（见图 6 ~9）。

（二）严重失信行为分析

冒用他人身份证件、假借他人身份从事公证申请并进而利用骗取的公证书融资贷款、转移财产等，是严重违法行为，情节严重的，可能构成刑事犯罪。在 2017 年公证处发现的 12 宗冒名顶替失信行为中，涉及不动产委托的占比 50%，涉及融资贷款的占比 33.3%，涉及股权转让的占比 16.7%（见图 10）。

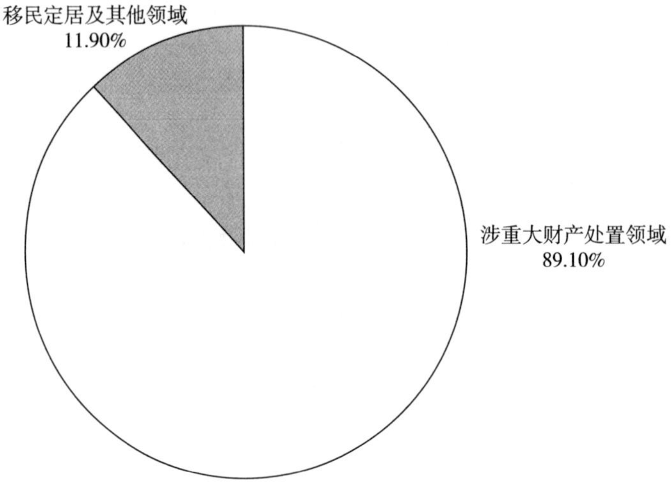

图6　失信高发的公证领域情况（2017年度）

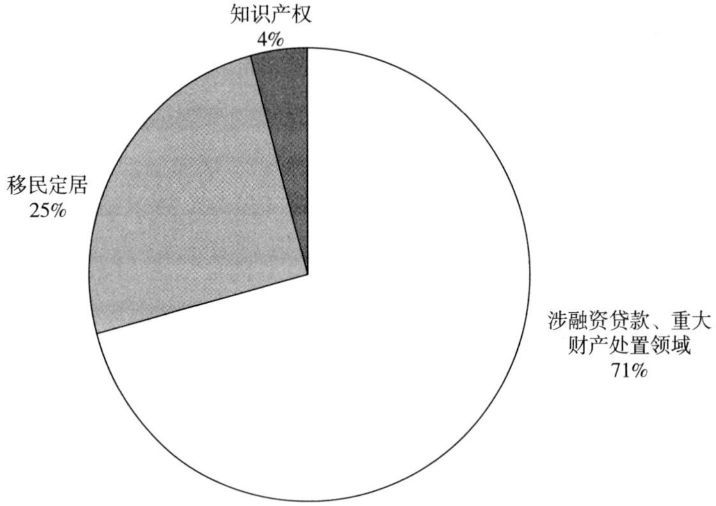

图7　失信高发的公证领域情况（2018年度）

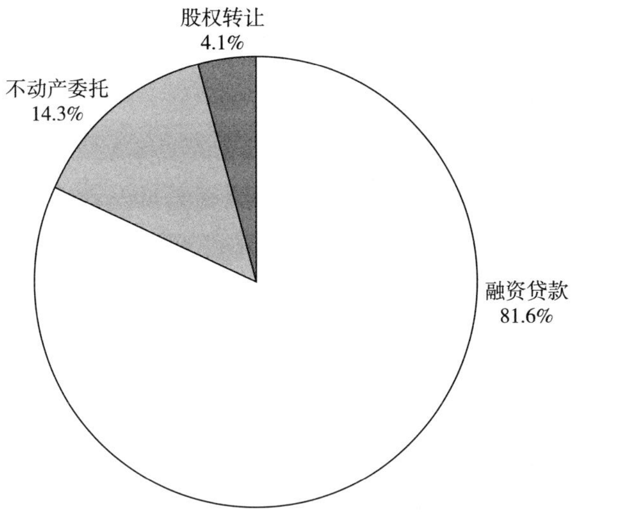

图 8　涉重大财产处置领域失信行为情况（2017 年度）

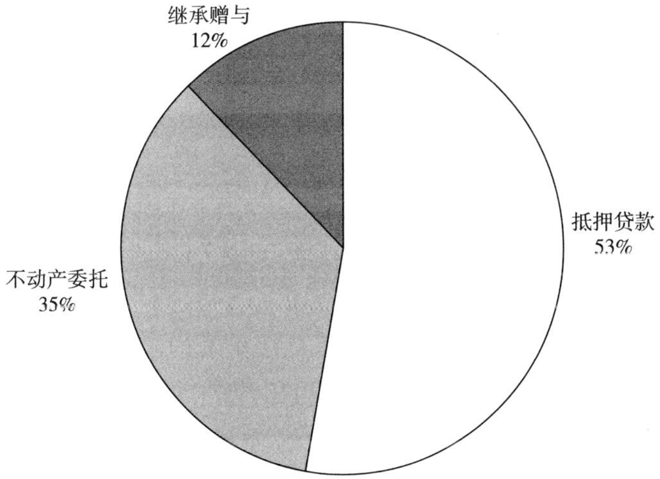

图 9　涉重大财产处置领域失信行为情况（2018 年度）

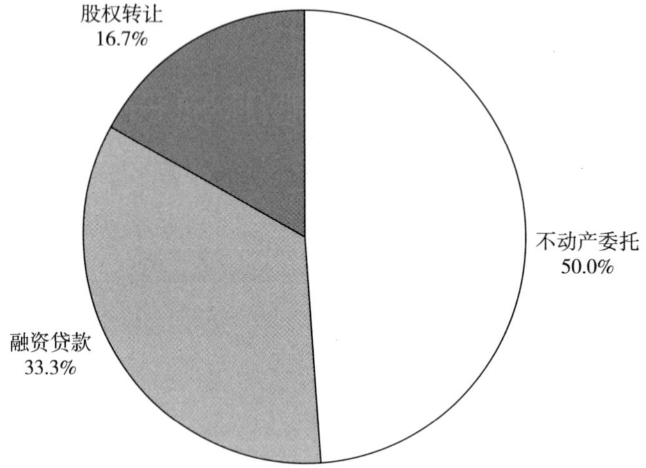

图 10　2017 年严重失信行为分析

在 2018 年公证处发现的 3 宗冒名顶替失信行为中，涉及不动产委托的占比 100%。

从发现的冒名顶替情况看，该类失信行为具有以下几个特点：①失信人持有的身份证件 100% 是真实、有效的二代身份证件；②冒名顶替的人与被冒名顶替的人相互熟悉、存在关系，主要是近亲属关系；③被冒名顶替的人对被冒名顶替一事基本都知情，有些甚至是串通共谋，部分在被公证处发现弄虚作假之后，本人能够迅速到公证处配合说明情况、赔礼道歉。

三　失信行为管控与联合处置

公证机构承担国家法定证明职责，依法出具的公证书具有法定证明效力。前海公证处重视公证质量，采取措施加强失信管控。一方面，重视加强公证队伍执业培训和业务交流，不断提高公证人员服务技能和服务水平。另一方面，建立了严格的公证质量管控体系：引进先进身份证识别仪器，能够检测身份证、结（离）婚证、护照、通行证等身份证件的真伪；首家引进“人脸识别”系统，能进行人证、指纹识别比对；连通全国公民身份信息查证中心，建立工商信息查询对接机制，联通广东省内婚姻信息网络信息查询机制，开通多方面的信息查询通道，既减轻当事人的举证负担又提高办证效率和公证质量；首次建立内部“双重审查”机制，对每一份涉及财产处分的公证申请都采取两个以上公证人员的双重审查、交叉询问模式，对于公证员内心仍无法确认的，则启动两个以上执业公证员双重审查机制，每一位参与审核的公证人员都在工作记录上签字确认核实情况；建立“黑名单”系统，建立诚信数据库，与全市各公证机构“黑名单”数据库联网，实现失信行为信息联网和信息共享，及时发现和处置失信行为。

2019 年 1 月 2 日，广东省司法厅、广东省公安厅联合出台《关于依法查处扰乱公证执业秩序违法犯罪行为的意见》（粤司〔2019〕5 号），要求公安机关和司法行政部门高度重视、协作配合、依法查处涉及扰乱公证执业秩序的违法犯罪活动。《公证法》第 44 条、《深圳经济特区公证条例》（2001 年修订）第 44 条对公证活动中当事人的失信行为进行了处置规定，《居民身份证法》第 17 条，《刑法》第 266 条、第 280 条和《刑法修正案（九）》第 23 条等规定，在依照国家规定应当提供身份证明的活动中，使用伪造、变造的或者盗用他人的居民身份证、护照、社会保障卡、驾驶证等依法可以用于证明身份的证件，情节严重的，处拘役或者管制，并处或者单处罚金。有前款行为，同时构成其他犯罪的，依照处罚较重的规定定罪处罚。

根据《居民身份证法》第 17 条规定，冒用他人居民身份证或者使用冒领的居民身份证申请办理公证的，处 200 元以上 1000 元以下罚款或者处十日以下拘留，有违法所得的没收违法所得，涉嫌犯罪的按照《刑法》第 280 条第 3 款规定处理。向公证机构提供伪造、变造或者买卖的国家机关、公司、企业、事业单位、人民团体的公文、证件、证明文件，涉嫌犯罪的，依照《刑法》第 280 条规定追究刑事责任。违法行为人利用公证书或者伪造、变造的公证书实施诈骗涉嫌犯罪的，依照《刑法》第 266 条规定以涉嫌诈骗罪追究刑事责任。在公证机构办公场所寻衅滋事，辱骂、殴打公证人员，毁损公共财物，扰乱公证机构办公场所秩序涉嫌犯罪的，依法按寻衅滋事罪、故意毁损财物罪追究刑事责任。前述不构成犯罪的，按照《治安管理处罚法》第49条、第52条规定予以治安处罚。中介组织等机构人员，教唆、引诱他人从事扰乱公证机构办公办证秩序的，按照共同违法犯罪处理。

四 公证诚信数据价值

公证诚信数据是公证活动严格审查的结果记录，一方面体现公证审查的效果和价值，另一方面也揭示了商事交易活动特别是融资贷款领域存在的交易陷阱和易发生的风险点。

（一）公证严格审查引导社会诚信

2018年度公证诚信数据与2017年度相比，呈明显下降趋势。2017年度，查实的失信行为占正常公证业务申请的0.3%，即平均每1000宗公证申请中，有3宗公证申请的当事人涉嫌通过向公证处提供虚假证明材料、隐瞒事实、冒名顶替等失信行为骗取公证书，而在2018年度，这一数据则下降到0.066%，失信行为下降78%。在金融融资贷款领域，在2017年，每一百单融资贷款业务中，有3宗当事人企图通过弄虚作假的方式骗取贷款，而到2018年则下降到了1.3%。

公证虽然尚未纳入地方诚信建设体系，但公证机构内部、地方公证行业都建立了“黑名单”制度体系，实现了公证机构内部、公证机构之间的信息共享。深圳市公证机构“黑名单”系统自2005年建立以来，已经累计收录了近3000条失信行为信息。对于被纳入公证黑名单信息的当事人而言，所提供的虚假证明材料将依法被收缴，相关融资或交易行为被叫停，本人及相关“协助”人员被纳入不诚信名单，再次申办公证将面临更加审慎的调查核实，态度恶劣、情节严重的将由公安机关依法行政拘留甚至被提起公诉。特别是2019年初广东省司法厅、广东省公安厅联合出台《关于依法查处扰乱公证执业秩序违法犯罪行为的意见》（粤司〔2019〕5号），进一步加强对扰乱公证秩序、弄虚作假骗取公证书的非法行为的打击力度，进一步加强对公证活动中发现的失信行为的联合管控。当事人骗取公证进而利用公证书从事其他违法犯罪活动的行为，在主客观上都得到了有效压制和管控，在公证活动中的失信行为越来越少，与之相对应的是，诚信行为则越来越多。公证规制和引导社会诚信的社会职能初步显现。

（二）公证前置审查保障交易安全

公证审查是前置性审查。在公证活动中通过公证前置审查发现的失信行为，绝大部分都是将骗取公证书作为一种手段，最终企图通过使用骗取的公证书达到骗贷、骗财等其他非法目的。当事人一旦骗取公证书得逞，其后的不法行为往往“畅通无阻”。有关公证书接收使用的相对方，基于对公证书的信赖，往往会与其签订相关交易合同，而该合同的后续履行将极易产生纠纷。

公证员通过综合运用技术手段、信息手段、执业经验、团队配合、制度保障等，对公证申请人、公证事项、文书文本、证照资料等进行真实性、合法性审查。公证前置审查在有效保障公证结果的质量和效力的同时，在很大程度上实现了民商事行为特别是经济交易行为的“去伪存真”，将涉嫌骗取贷款、非法转移处置财产的行为防患于未然、阻却在萌芽状态，有效预防了经济纠纷，有效维护了交易秩序和交易安全。

（三）公证实质审查督促诚信履约，保护金融债权安全

在中国，公证属于实质审查范畴，即公证员既要审查缔约双方的身份、主体资格、行为能力、意思表示，又要审查合同的条款和内容。公证前置审查能够有效帮助银行业金融机构审核借款人的身份、婚姻状况、资信资质、借贷行为、担保物状况等，去伪存真，保障每一笔融资贷款业务所形成的债权真实合法，以公证书这一法定证据形式固定合同双方的权利义务，明晰合同双方法律责任，降低骗贷概率，降低夫妻单方债务认定风险，协助银行业金融机构管控金融风险。

金融机构在业务经营中会遇到诸如信用风险、法律与政策风险、经营及财务风险、合同效力认定风险、不可抗力及其他诸多风险，其中，最主要的

是债务人未依约履行合同义务的信用风险。信用风险主要有两种情况，一是客观上不能，债务人经营不善，资不抵债，丧失依约履行合同义务的条件和能力；二是主观上不愿，债务人虽然具有履约能力和条件，但主观上不愿意依约履行合同义务，千方百计地逃避债务，甚至是有预谋地骗取贷款。

公证制度是中国预防性司法制度。公证实质审查有效保障金融债权融资交易行为真实、合法，预防和剔除了潜在的纠纷发生风险点。同时，公证也是社会多元化纠纷解决机制的重要组成部分。通过公证赋予债权文书强制执行效力，一旦债务人不履行或不适当履行合同义务，债权人即可单方向公证机构申请出具执行证书并凭公证执行证书，不经诉讼，直接向人民法院申请强制执行。既能够快速实现债权，加快资金回笼，降低不良率，防范和化解金融风险，还可以节约司法资源，减少诉累，维护和促进社会诚信，提高合同履约率，降低社会交易成本，维护社会交易秩序，保护金融债权安全。

（四）公证诚信数据为前海金融业提供参考借鉴

从 2017 年前海公证处公证诚信数据统计分析来看，失信行为中涉及银行、信托等金融机构的融资贷款公证业务占比高达 70.9%，其中，提供虚假结离婚证、隐瞒已婚事实的占比高达 97%。2018 年数据显示，涉及金融机构融资贷款公证失信行为所占比例有所下降，但仍然占比 42.9%，其中，提供虚假结离婚证、隐瞒已婚事实的占比 100%。公证实务数据揭示了金融债权的三个重大风险点：一是假人骗贷，二是假证骗贷，三是隐瞒婚姻关系事实骗贷。2018 年 1 月 16 日，最高人民法院出台《关于审理涉及夫妻债务纠纷案件适用法律有关问题的解释》，根据该规定，原则上夫妻双方共同签字或者夫妻一方事后追认等共同意思表示所负的债务，才认定为夫妻共同债务。同时，该规定改变了夫妻共同债务认定的举证责任规则，将夫妻共同债务认定的举证责任放置在债权人一方，这对金融债权人提出了更高要求。在金融公证实务中所发现的每一类失信行为都直接影响法院对夫妻共同债务的认定，最终加大金融债权风险。

公证实务数据统计分析能够让前海金融业更好地了解融资交易中存在的

风险点，为企业加强内部风险审核和管控提供有益的参考借鉴。同时，更多了解和知悉公证制度所特有的非诉解决纠纷职能作用，也能够为金融业加强风险管控、加强金融债权安全保障，多提供一种选择。例如，某银行金融机构，根据银行内部风控标准，将融资贷款客户分为 A、B、C 三类，A 类客户融资无须办理债权文书公证，B 类客户融资选择性办理债权文书公证，C 类客户融资需要在前海公证处办理债权文书公证。2017 年，根据该行统计，信用风险相对小的 A、B 类客户出现 24 宗逾期还贷情况，与之相对的是，信用风险较大但办理了债权文书公证的 C 类客户，仅出现一宗逾期情况。

前海金融业可以参考金融公证实务数据，有重点地加强内部风险管控，同时，也可以考虑在业务前端引入公证服务，多一道把关、多一种选择，借助公证前置性、实质性审查加强贷款审查和风险管控，更加充分地保障金融债权债务关系合法、有效、确定。同时，可以选择通过公证赋予抵押融资合同等债权文书强制执行效力，在债务人逾期后，高效、非诉解决金融债权纠纷。

五　公证诚信数据存在的不足与完善思路

前海公证处的公证诚信数据分析报告虽然具有一定的参考价值，但仍然存在诸多不足之处。一是数据采集范围小、数量少。前海公证处公证诚信数据仅仅来源于公证处自身业务中实际发生的有据可依的数据统计。相比每天发生的大量业务交易合同，真正走到申请办理公证程序的合同量非常少。很少有金融机构批量申请办理公证，更多的是根据具体个案风险判断，选择性地办理公证。同时，银行等金融机构自身风险管控能力强、措施多，即便走到公证程序，实际发生借款人诚信风险的比例也不高。因此，能够纳入公证诚信数据统计的数量相对很少。二是公证诚信数据未纳入诚信建设体系。公证诚信数据未纳入地方诚信建设体系，在公证机构失信尚无法纳入联合惩戒范畴，其失信后果尚无法得到完全体现。三是公证机构作为提供公证法律服务的法定证明机构，本身没有执法权，对失信行为管控手段有限。公证诚信数据对公证机构、公证行业而言具有积极意义，有助于防假识假、提升公证质量，但对于外部企业而言，现阶段只能作为一种参考。

随着粤司〔2019〕5 号文出台，广东省司法厅、广东省公安厅加强对公证机构发现的失信行为的联合管控。公证诚信数据威慑力将逐步增强，也将更具价值和意义。同时，公证机构要加强公证宣传，让社会更好地了解、知悉、使用公证法律服务，并清楚了解骗取公证书的法律后果和法律责任。公证机构也希望公证诚信数据纳入地方政府诚信体系建设，将在公证机构出现的失信行为，作为个人的诚信污点，纳入联合惩戒范畴，从而进一步净化公证执业环境、规范公证执业秩序，更好地发挥公证公信力和社会影响力。

综上，公证是中国重要的预防性司法制度，具有预防风险与解决纠纷双重功能。公证诚信数据充分展现了公证的职能价值，公证严格的前置性、实质性审查，有效去伪存真、防范社会失信行为、预防矛盾纠纷、管控失信行为、统计和记录失信行为，为社会诚信体系建设、为金融业开展融资业务等提供积极支持和补充。

B.20
首家粤港澳合伙联营律师事务所的实践与探索

华商林李黎（前海）联营律师事务所课题组*

摘　要： 粤港澳合伙联营律师事务所承担着在“一国两制”框架下探索港澳法律服务业融合的使命；承担着推动中国法律“走出去”的使命。中国律师通过法律服务国际化、全球化，广泛深度参与中国的标准、文化、金融、产品、知识产权全球化建设，保障和维护中国企业的全球发展权。华商林李黎（前海）联营律师事务所依托前海“一带一路”法律服务联合会、深圳创客法律中心等重要法律服务平台，探索社会主义法治示范区建设，推动中国法律服务行业国际化发展，积极深化“一国两制”实践，助力“一带一路”及粤港澳大湾区法治建设。

关键词： 合伙联营律师事务所　“一带一路”法律服务　涉外法律服务

2019年2月18日中共中央、国务院印发的《粤港澳大湾区发展规划纲要》指出，“加快法律服务业发展，鼓励支持法律服务机构为‘一带一路’建设和内地企业走出去提供服务，深化粤港澳合伙联营律师事务所试点，研究港澳律师在珠三角九市执业资质和业务范围问题”，强调粤港澳合伙联营

---

* 课题组成员：舒卫东、王寿群、何国辉、沈媛、周江。执笔人：舒卫东，华商林李黎（前海）联营律师事务所主任合伙人、广东华商律师事务所合伙人、深圳国际仲裁院仲裁员、前海法院特邀律师调解员。

律师事务所试点深化是拓展港澳发展空间、推动公共服务合作共享、引领带动粤港澳全面合作的重要内容。

粤港澳合伙联营律师事务所试点的成功实践，有利于增强港澳对内地法律服务业开放的信心，有利于增强港澳律师参与三地法律服务深度合作的决心，有利于促进粤港澳大湾区的法治建设。

一　粤港澳合伙联营律师事务所成立背景

2014 年 8 月 4 日，司法部批准《广东省司法厅关于香港特别行政区和澳门特别行政区律师事务所与内地律师事务所在广东省实行合伙联营的试行办法》（以下简称《联营试行办法》）。2016 年 1 月 27 日，广东省司法厅发布了《积极发展法律服务业　推进中国（广东）自贸试验区建设的若干意见》的通知，扩大了粤港澳合伙联营律师事务所业务范围。2017 年 9 月 29 日，广东省司法厅、广东省商务厅等四部门联合印发《关于发展涉外法律服务业的实施意见》的通知，进一步推动了粤港澳合伙联营律师事务所发展。广东省司法厅在 2016 年、2018 年、2019 年三次修订了《联营试行办法》，逐步完善粤港澳合伙联营律师事务所体制机制。

粤港澳合伙联营律师事务所是贯彻十八届四中全会关于全面推进依法治国精神的具体举措，是在国务院支持前海合作区开发开放发展政策背景下的又一项重要创新，是司法部和广东省司法厅大胆探索、进行法治创新的重要成果，成为三地强强联合、深化深港合作的典范，对于探索社会主义法治示范区、推动中国法律服务行业发展、深化“一国两制”都具有极其重要的意义。

二　粤港澳合伙联营律师事务所与国内普通律所的差异

传统的国内法律服务不出国门，业务范围主要是国内诉讼案件，新型业务拓展缓慢，对外交流较少。粤港澳合伙联营律师事务所与国内普通律所最大的差异在于：一是粤港澳合伙联营律师事务所承担着推动中国法律“走出去”的使命，让中国的标准、规范、机制、产品、服务“走出去”；二是粤港澳合伙联营律师事务所承担着在“一国两制”框架下探索港澳法律服务业融合的使命。

粤港澳合伙联营律师事务所作为法治创新的示范，与国家全球战略布局一致。推动中国法律国际化，助力国家参与全球治理结构改革，增强中国在国际规则制定中的话语权。通过中国律师法律服务国际化、全球化，广泛深度参与中国标准、文化、金融、产品、知识产权全球化建设，保障和维护中国企业的全球发展权。国家探索粤港澳合伙联营律师事务所的目的就在于服务国家战略，这就是粤港澳合伙联营律师事务所与国内普通律所最大的差异。

前海合作区七家粤港澳合伙联营律师事务所成立数年来，努力建设法律服务创新律师事务所、大湾区一流律师事务所，为全国法治创新探索提供合伙型粤港澳联营律师事务所实践样本，为“一带一路”、粤港澳大湾区、自贸区与合作区建设提供法律服务保障，充分展示前海法治建设的成果，为区域发展营造稳定、公平、透明、可预期的营商环境，推动形成全面开放新格局。

三　粤港澳合伙联营律师事务所发展概况

现有华商林李黎（前海）联营律师事务所等七家合伙联营律师事务所主要业务为：以凭借跨区域、跨法域的法律资源和专业化律师团队优势，在金融证券及基金资本管理、新三板及IPO、涉外涉港等跨境争端解决、房地产与工程建设、知识产权、政府法律顾问、财税法律事务等领域为中外客户提供法律服务，探索创建国内法律服务业发展新模式、法律服务新领域和行业国际化新高度。

以华商林李黎（前海）联营律师事务所为例，该所成立以来牵头创建了前海“一带一路”法律服务联合会，搭建跨境综合法律服务平台；推动成立了“国际创客法律服务中心”，助力国家“双创”战略实施；设立了深港互联平台，促进深港合作发展；创设了“前海香港商事调解中心”，提供多元化纠纷解决途径；推动共建“深港法律服务深度合作区”，汇集深港法律专业服务资源，联手搭建开放包容、资源共享、优势互补、互惠共赢的合作平台。依托粤港澳合伙联营律师事务所资源，秉持共商共建共享理念，推动共建“深港法律服务深度合作区”，打造法律服务高地，务实推进一站式业务合作和服务联动。“深港法律服务深度合作区”共建单位见表1。

表1　“深港法律服务深度合作区”共建单位

序号	名称	序号	名称
1	深圳市律师协会	21	最高人民检察院检察理论研究所法治前海研究基地
2	司法部港澳台法律培训交流中心	22	八方律师联盟
3	深圳市蓝海现代法律服务发展中心(中国港澳台和外国法律查明研究中心)	23	深圳国际仲裁院
4	中国国际贸易促进委员会深圳调解中心(深圳商事法律服务调解中心)	24	粤港澳商事调解联盟
5	中世律所联盟	25	深圳市前海“一带一路”法律服务联合会
6	中国东盟法律合作中心	26	中国国际经济贸易仲裁委员会(中国海事仲裁委员会)
7	深圳大学法学院	27	深圳市蓝海大湾区法律服务研究院
8	中国首席法务官研究院	28	香港民建联专业事务委员会
9	前海国合法律研究院	29	香港和解中心
10	走出去智库 CGGT	30	香港城市大学法律学院
11	深圳法天科技有限公司	31	香港全球华语律师联盟
12	深圳市泛特宏景咨询有限公司	32	香港与内地法律专业联合会
13	深圳市专利协会	33	香港中国企业协会法律专业委员会
14	深圳市企业法律顾问协会	34	香港中国企业协会商事调解委员会
15	深圳市前海法院诉调对接中心	35	香港中律协
16	中国(深圳)知识产权保护中心	36	中国国际经济贸易仲裁委员会香港仲裁中心(中国海事仲裁委员会香港仲裁中心)
17	广东安证计算机司法鉴定所	37	香港法学交流基金会
18	深圳市注册会计师协会	38	全球精品律所联盟(EGLA)
19	深圳市知识产权联合会	39	国际争议解决及风险管理协会
20	深圳市版权协会	40	北京大学法学院香港校友会

四　试点粤港澳合伙联营律师事务的重要意义

注册于前海深港现代合作区的七家粤港澳合伙联营律师事务所充分利用“社会主义法治示范区”的授权，全力服务深港合作和“一带一路”、粤港澳大湾区建设，助力建设对标国际一流的法律服务高地，奋力共同营造法治化、市场化、国际化的营商环境，成绩得到社会各界的认同。

（一）围绕中央大局，贯彻国家部署

实行内地与香港律师事务所联营是贯彻、落实国务院批准的《〈内地与香港（澳门）关于建立更紧密经贸关系的安排〉补充协议八》关于“密切内地与香港（澳门）律师业的合作，探索完善两地律师事务所联营方式”的重要战略布局，是深化深港合作、服务大局的有力举措。

（二）推广粤港澳合伙联营律师事务所，提升律师服务的广度与深度

首先，深圳律师业务水平相对较高、国际视野较为开阔，但业务领域依旧集中在传统的民商事纠纷、刑事案件代理，跨境、并购、金融、知识产权等高端法律业务以国内业务为主，粤港澳合伙联营律师事务所引进香港、澳门有国际视野的法律人才，将改善深圳市律师法律服务的结构。其次，国际化、现代化的律师服务有利于创建国际化城市、推进深港合作和加强国际合作，有利于推动政府立法及政策探索，有利于制度借鉴和创新。最后，自贸区发展中涉港、涉外案件需要律师提供非诉讼、仲裁和诉讼法律服务，需要精通国际与国内规则的法律人才提供服务并创新服务方式和方法。

（三）推动深港法律服务业深度合作，提升律师执业水平

一是香港的优秀律师行和国际律师事务所依托粤港澳合伙联营律师事务所入驻前海，将为深圳律师带来更多学习和借鉴的机会。二是粤港澳合伙联营律师事务所试点给深圳律师提供了国际金融、证券、贸易、风险投融资、反垄断、反倾销、跨国并购等高端业务领域的平台和实践机会。三是借鉴吸

收香港国际化的律师行业经验。熟悉国际金融、国际资本市场、国际商贸、国际投资、国际仲裁、国际诉讼等法律服务的香港律师数量较多，他们有丰富、成熟的处理国际商事纠纷的实践经验。四是国际知名律师事务所在全球法律服务市场足够专业、精深、全面和权威，其一般在香港设有办公室。五是目前国内还没有放开法律服务市场，这个窗口期将起到保护作用，有利于培育、培训和培养一批专业化水平高、有国际视野的国内律师。

（四）深港律师合作扎实推进，助力粤港大湾区建设

深圳的经济发展产生越来越多的港澳和国际律师与深圳律师合作拓展内地业务的机会。但由于国内法律规定限制，实体合作平台（如海外律所驻粤代表处）业务无法承接涉及内地的法律服务，境外律师业务仍需转介香港代理，因此深圳律师无法参与相关法律事务的学习。在前海开展粤港澳合伙联营律师事务所，搭建起深港法律服务合作平台，有利于整合内地和香港的律师资源，充分发挥整体综合优势与各自的专业优势，降低经营成本、提高竞争力，形成前海法律服务大市场的规模效应，助力粤港大湾区“资源中心”建设，扩大吸引力和辐射范围，合力抢占国际法律服务市场。

（五）发展粤港澳合伙联营律师事务所，改革深港两地律师合作模式

一是依托粤港澳合伙联营律师事务所，在粤港合作的大框架下，深港两地利用地缘优势，两地的律师可以灵活地提供不同法域的法律服务，更有效地满足客户对跨境法律服务的需求；二是扩大业务范围与规则，推动两地法律交流和融合，建设前海法律服务中心，填补国内深港法律合作的空白；三是提高内地律师专业化、规模化和国际化水平，发展集约式管理模式，降低律师事务所的投资成本、办公费用和广告费用；四是营造前海法治环境，创新法律服务前海法治，依托前海的软硬环境建设，探索为中外客户提供放心满意的“一站式”法律服务；五是将各类纠纷纳入理性、规范的法律解决途径，为法治治理树立良好的国际形象，也为广东律师管理和国家律师制度改革探索新路径。

五　粤港澳合伙联营律师事务所相关政策

（一）政策支持

一是行政机构给予财政支持。《深圳市前海深港现代服务业合作区法律服务业专项扶持资金实施细则》从扶持对象和标准、申请及资料、审核与发放、管理与监督等方面切入，规定法律服务业扶持的具体标准、程序、形式、监管。为粤港澳合伙联营律师事务所提供落户一次性补贴（200万元）、入驻租金补贴（按其在前海合作区租赁办公用房上一年度的实际租金给予30%比例的补贴）、港澳律师执业责任保险补贴（为上一年保险费的50%）等扶持。二是召开专门会议协调律师事务所资信证明、律师职业责任保险、税收、律师所基本账号、来往两地车牌等具体事项。

（二）行政机构重点宣讲

一是行政机构定期听取业务开展情况并给予具体指导；二是安排专人对拟申报单位进行专门辅助，答复咨询、询问，指定参考资料；三是加强与上级部门的沟通汇报，及时修改政府官方网站办事指南，规范录入，及时更新和向社会公布；四是专项召开项目推介会，动员深圳市律师事务所参与、研究制订业务办事指南；五是丰富行政机构服务方式，开展绿色通道、周末预约和延时服务。

六　存在的困难和建议

目前，推动粤港澳合伙联营律师事务所发展需进一步对律师法和粤港澳合伙联营律师事务所制度进行顶层制度设计和完善，并出台配套措施。

（一）允许港方律师在前海代理涉港澳民商事和仲裁案件

前海作为国家层面全面深化改革与推进法治建设的“先试先行”平台，

推动和加强“深港合作”是前海的重要布局。引进更多的港澳同胞到深圳前海学习、生活和就业，吸引法律人才到粤港澳合伙联营律师事务所工作，是展示制度自信、文化自信的重要举措。

建议在前海探索深港法律服务人才互认，允许前海粤港澳合伙联营律师事务所不再区分内地与香港律师，不再按内地法律和外国法律事务的分工或各自执业范围，探索港澳律师通过认证，允许代理前海法院涉港民商事领域诉讼和代理深圳国际仲裁院的仲裁案件。

（二）确认粤港澳合伙联营律师事务所的法律定位

经过几年的发展，粤港澳合伙联营律师事务所在服务方式、经验、品牌方面有独特的优势，在社会和行业内取得了较大的影响力。但《广东省司法厅关于香港特别行政区和澳门特别行政区律师事务所与内地律师事务所在广东省实行合伙联营试行办法（修订）》没有粤港澳合伙联营律师事务所设立分所的规定，也无制度或先例可循。

建议参照中外合作企业的管理规定对合伙联营试行办法进行修改，视粤港澳合伙联营律师事务所为有独立地位的律师事务所，允许在广东省内设立分支机构。

（三）协调港澳方改变粤港澳合伙联营律师事务所律师间执业不平等地位

粤港澳合伙联营律师事务所是 CEPA 框架下开放港澳律所与内地律所的合作，内地与港澳法律合作应是良性和双向互动。实际操作中，香港方派驻律师能以粤港澳合伙联营律师事务所名义在内地办理香港法律事务，内地律师却不能以粤港澳合伙联营律师事务所名义在香港办理内地法律事务，造成内地派驻律师没有打开直接从香港获取客户的渠道，在内地有对外投资需求的大型企业不认可粤港澳合伙联营律师事务所的情况下，内地派驻律师的获取客户能力及提升自身涉外专业水平受到阻碍。

建议协调港澳方，允许合伙粤港澳合伙联营律师事务所的内地律师能承办香港法律事务并获得香港、澳门的认可。

（四）扩大业务范围，深化粤港澳合伙联营律师事务所试点

深化粤港澳合伙联营律师事务所试点，应对发展过程中的具体困难。

一是关于国企法律服务类预选供应商库的入库资格限制，放宽粤港澳合伙联营律师事务所在国企法律服务类预选供应商库的成立时间、人数、纳税额等条件。二是建议允许联营律师事务所依法受理、承办涉及内地法律适用的刑事诉讼法律事务，具体事务由联营律师事务所指派取得中华人民共和国律师职业资格证的律师承接办理。三是建议允许联营律师事务所在不足20位执业律师的情况下单独从事证券业务。建议借鉴香港联交所招股书由律师事务所协助撰写的有益做法，国家相关部门发布有关文件，规定国内主板、创业板、科创板等上市的招股书由保荐机构聘请律师事务所负责法律部分的撰写，提高招股书的合法合规性，并以粤港澳合伙联营律师事务所为试点单位。四是推动在前海做试点，允许在联营律师事务所执业、具备中国委托公证人资格的香港律师在内地以联营律师事务所的名义办理委托公证业务。五是由深圳市及前海合作区研究出台针对香港律师赴内地执业的切实可行的优惠政策，包括但不限于针对业务收入的税收优惠政策和企业税收优惠政策、执业保险资金扶持政策，提高执业便利性的其他政策等。六是允许粤港澳合伙联营律师事务所港方合伙人，即香港律师事务所的营业利润由其自行在香港地区依法申报纳税。

粤港两地法律服务上的深度融合是香港与内地融合的重要举措，法律业的融合代表的是制度的融合、产业的融合、金融的融合、社会治理的融合。只有大力推进深港融合，才能服务国家战略。举全产业行业之力加以完善，行业主管部门提供顶层设计，充分优化两地律所合作，推动建立更紧密的联营关系。近日，上海新实行港澳与内地合伙联营律师事务所制度，说明这条路是正确的，形成了可复制可推广的创新模式。进一步推广至发达地区，进一步扩大发展优势，为国家建设添砖加瓦。就发展而言，多点布局总好于单点发展，也许矛盾就是在进一步扩展变更的过程中解决的。

B.21 司法鉴定服务知识产权法治创新的探索与实践

广东公标知识产权司法鉴定所课题组*

摘　要： 广东公标知识产权司法鉴定所作为首批获准设立的前海知识产权司法鉴定机构，填补了深圳本土知识产权司法鉴定机构空缺，缓解了各级知识产权行政执法部门、公安机关、检察院和法院处理知识产权类侵权案件事实查明的技术需求。在创新企业遭遇商业秘密、专利、著作权侵权纠纷时，有效解决初步证据链构建、侵权风险评价、诉讼抗辩分析等方面的专业问题，显著提高纠纷调解机构和仲裁机构案件办理效率。

关键词： 知识产权　司法鉴定　侵权纠纷

一　司法鉴定服务知识产权法治创新的背景

（一）知识产权保护的政治高度

随着国家知识产权战略的深入发展以及资本和技术的全球流动，知识产权已经成为国家发展的战略性资源和国际竞争的核心要素，成为国家可持续发展的支撑和掌握发展方向和主动权的关键，成为国民经济发展的助推器。

---

* 课题组负责人：李朝辉，广东公标知识产权司法鉴定所所长，高级工程师，司法鉴定人。成员：李朝辉、邓光昀。执笔人：邓光昀，广东公标知识产权司法鉴定所知识产权部部长。

知识产权工作对经济社会发展的重要作用日益凸显。

保护知识产权就是保护创新，习近平总书记强调加强知识产权保护，不仅是维护内外资企业合法权益的需要，更是推进创新型国家建设、推动高质量发展的内在要求。2018 年 12 月，习近平总书记就深圳工作作出批示，要求深圳“践行高质量发展要求，深入实施创新驱动发展战略，抓住粤港澳大湾区建设重大机遇，增强核心引擎功能”。

（二）司法鉴定服务知识产权面临的问题

知识产权司法鉴定是指依法取得知识产权司法鉴定资格的鉴定机构和鉴定人受司法机关或当事人委托，根据技术专家对本领域公知技术及相关专业技术的了解，并运用必要的检测、化验、分析手段，对相关技术的特征是否相同或者等同进行认定。知识产权纠纷的突出问题就是专利侵权事实的认定，特别是涉及尖端、前沿技术的疑难复杂案件，如智能终端、信息通信、软件、集成电路、化工、医药等高新技术领域的专利侵权纠纷。涉及专业技术的事实认定往往对案件的处理起到了决定性的作用，需要技术专家运用专门知识或者必要的检测、化验、分析手段，对有关问题进行鉴别和判断，并提供专业的鉴定意见。

司法鉴定意见是司法诉讼中的重要证据材料之一，根据 2005 年 2 月颁布的《全国人大常委会关于司法鉴定管理问题的决定》（十届全国人大十四次会议通过），司法部于同年 9 月公布《司法鉴定机构登记管理办法》（司法部令 95 号），至此，中国确立了司法鉴定统一管理的基本框架和内容，逐步建立法医、物证类、声像资料、环境损害（2015 年新增）四大类鉴定业务登记管理制度。

深圳是科技成果和知识产权的“创造高地”，同时也是专利、技术秘密及著作权等知识产权侵权的高发地，受限于法律法规因素，深圳本土知识产权司法鉴定机构自全国人大管理规定实施后一直呈缺失状态。特别是涉及专利和技术秘密纠纷案件的立案、侦办和审理，通常需要借助技术鉴定来查明有关技术事实。由此导致大部分复杂技术案件只能跑到北京、上海的鉴定机构寻求鉴定服务。居高不下的诉讼成本和时间周期，给司法机关处理案件和当事人维权带来重重阻碍，延长诉讼期限也增加了当事人的负担。

二 前海司法鉴定服务知识产权法治创新的政策探索

（一）前海蛇口自贸片区先行先试的政策优势

自贸区建设，制度创新是核心。作为国家新一轮改革开放的“试验田”，自贸区的任务就是进行先行先试，率先挖掘改革潜力，破解改革难题。

前海蛇口自贸片区自2015年4月成立以来，大胆创新，不断探索与实践，将自身打造成活力迸发的制度创新高地。前海蛇口自贸片区明确“中国特色社会主义法治示范区”区位优势，为打破现行法律法规局限，创新体制机制，实行先行先试创造了有利条件。

前海蛇口自贸片区作为国家批复的唯一的中国特色社会主义法治建设示范区，在立法、司法、执法、仲裁、知识产权保护及法律服务等方面拥有先行先试的政策优势，尤其在落实实施最严格的知识产权保护机制上，前海全面推进知识产权创造、保护、运营、管理及服务等工作，建设知识产权生态系统，打造前海国际知识产权保护高地。为深圳本地设立知识产权司法鉴定机构带来契机。

（二）前海蛇口自贸片区与深圳市司法局大力推动

现行全国人大常委会关于司法鉴定管理问题的决定，从2005年2月颁布至今一直具有法律效力。如何破题，使本土创新驱动企业知识产权需求与法律法规相适应是重中之重。知识产权领域是大国博弈的焦点，是政府创新驱动战略实施的阵地，更是创新型高科技企业生存与发展的制高点。在前海蛇口自贸片区的政策支持下，深圳市司法局高瞻远瞩，将本地企业知识产权保护的强烈呼声放在首位。市司法局为落实创新驱动发展战略，创新思维模式，强调新时代生产力与生产关系的辩证关系的现实意义，认为生产力和生产关系的辩证关系原理是社会主义改革及当代中国进行改革的哲学依据。改革就是使生产关系适应生产力的发展，使上层建筑适应经济基础的发展。立足深圳前海社会主义法治示范区，改革是大势所趋。

三　前海司法鉴定服务知识产权法治创新的主要做法及创新亮点

（一）深圳本土知识产权司法鉴定机构的设立

在前海蛇口自贸片区的鼎力支持、深圳市司法局的大力推动下，利用前海创新区位优势，深圳市司法局司法鉴定办组织实施、效率优先、超前服务，从组织密集调研、协调司法部与省司法厅，到组织制定实施准入标准等环节，从主要领导拍板决定到司法鉴定机构挂牌，仅用时 382 天，首批知识产权司法鉴定机构落户前海。知识产权司法鉴定机构的本地化诞生，具有里程碑意义，彰显深圳本土创新驱动企业在知识产权保护、预警及运营全链条生态圈补上了关键性的一环。

广东公标知识产权司法鉴定所（以下简称“公标司法鉴定所”）作为首批获准设立的前海知识产权司法鉴定机构，填补了深圳本土知识产权司法鉴定机构空缺，及时缓解了各级知识产权行政执法部门、公安机关、检察院和法院处理知识产权类侵权案件事实查明的技术需求；有效解决创新企业遭遇商业秘密、专利、著作权侵权纠纷时初步证据链构建、侵权风险评价、诉讼抗辩分析等方面的专业问题，显著提高纠纷调解机构和仲裁机构案件办理效率。

（二）司法鉴定服务知识产权的业务开展

公标司法鉴定所自设立以来，秉持客观、公平、科学、独立的原则砥砺前行，在完成司法鉴定委托的同时，为深圳本土企业提供专业专家意见，处理各类侵权咨询量达500宗以上，为司法审判和行政执法提供了独立、客观、公正的分析意见，为创新型企业知识产权保护保驾护航，为深圳实施创新驱动发展战略贡献力量。

设立至今，共受理案件36宗，其中专利技术特征比对15宗，商业秘密11宗，技术开发合同履约情况3宗，商标同一性比对3宗，技术信息比对1宗，美术作品2宗，软件著作权1宗，所出具的鉴定意见书均被行政及司法机关采信，为行政及司法机关查明技术事实提供了公正、客观的分析意见。

公标司法鉴定所现有在职专家25名，均为专业技术与知识产权法律复合型人才，外聘专家100余名，涉及通信、电子、机械、医疗、化学等各技术领域。该机构具有行业和专家资源优势，具备高水平的技术专家团队，可以为知识产权行政执法提供涉及全领域、多维度的专业技术意见。

（三）司法鉴定服务知识产权的流程创新

2016年7月，公标司法鉴定所为完善现有司法鉴定流程，创新推出了委托前置服务流程。主动协助当事人和司法机关结合证据情况梳理争议焦点，明确鉴定范围，提高了鉴定工作的透明度和公正性，最大程度降低诉讼成本。该举措入选前海自贸区法制创新成果优秀案例。

2017年3月，公标司法鉴定所结合部分商业秘密鉴定案件存在保密级别高、时间紧迫等情况，尝试靠前站位，由鉴定人亲临现场调查并勘验，当场确定鉴定方案。鉴定过程坚持不复制、不保存、不传播的“三不”原则，实现了最低程度流转检材，缩短了鉴定周期，有效避免了商业秘密的二次泄露。

（四）司法鉴定服务知识产权的金融创新

2018年是不平凡的一年，公标司法鉴定所突破了传统司法鉴定机构模式，不仅在法治创新中取得成效，也在金融创新领域大胆尝试，并取得了突出成绩，树立了深圳本土知识产权鉴定机构品牌。

2018年4月，针对企业咨询中存在的维权积极性差、维权成本高等问题，公标司法鉴定所牵手中国人保财险深圳分公司，对企业专利保险需求进行调查，在原有专利保险的基础上，进一步完善专利保险条款、保护范围及服务流程，最终制定出以“专利维权保障保险”为主的系列专利保护险种。其保障范围包括调查费用、法律费用、直接损失、证物费用、专利无效诉讼费用、特定律师费用、预付赔款和赔偿次数扩展等。公标司法鉴定所负责保险条款和流程优化，对拟投保专利进行风险评估、法律权属调查，为保险公司做好投保前风险评估。负责投保企业的全流程维权咨询服务，包括稳定性评估、侵权比对和维权策略制订，协助人保财险对专利维权保险进行宣讲，并协助完成与企业对接。

经深圳市市场监督管理局公示后，为深圳市 152 家中小微企业投保了专利维权保险，投保专利 1397 件。该项目建立了专利台账，对投保专利进行预警监控，并提供维权过程涉及的全流程专业服务，降低企业维权成本，为企业知识产权保驾护航，促进了深圳市新技术、新产业、新业态蓬勃发展。

（五）司法鉴定服务知识产权的服务创新

2019 年 4 月，公标司法鉴定所承担深圳市知识产权类资助项目——深圳市知识产权维权服务平台项目，该项目以互联网思维和手段，致力于解决知识产权维权过程中存在的“权利边界模糊、技术事实难认定、维权方案不合理、纠纷解决途径单一、周期长”等问题，亟须构建高效有序的维权服务体系。本项目以互联网思维和手段，探索知识产权维权服务体系的有效形式，通过知识产权维权体系设计、知识产权维权服务平台开发，整合知识产权技术专家、专业律师、调解组织、仲裁机构、司法鉴定机构等资源，构建向广大知识产权相关企业或个人、纠纷当事人提供线上线下相结合的知识产权维权服务能力（包括但不限于知识产权司法鉴定咨询、技术性及法律性咨询等咨询类服务，知识产权纠纷和解、调解等纠纷解决服务，知识产权司法鉴定机构、技术专家、诉讼律师等信息服务），开展相关知识产权“一站式”维权服务应用示范，为加强深圳市知识产权保护力度、助力深圳打造知识产权强市、全面激发创新能量、营造良好的营商环境贡献力量（见图 1）。

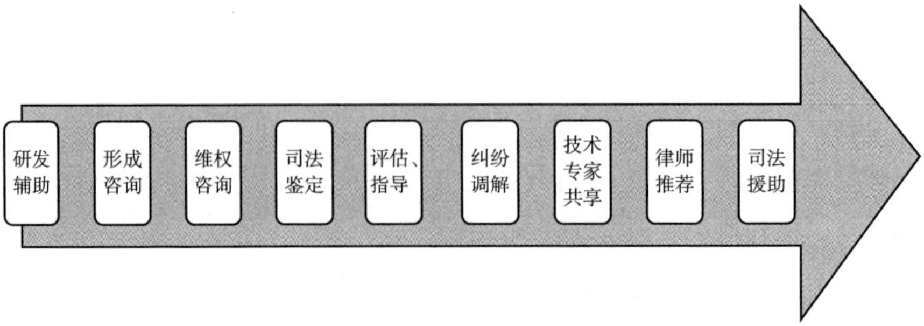

图1 总体目标架构

四 前景展望

公标司法鉴定所致力于打造知识产权技术调查官的角色，树立深圳本土“家门口”的鉴定机构品牌。前海蛇口自贸片区管理委员会主要领导到公标司法鉴定所调研时指出：“前海是国家唯一批复的中国特色社会主义法治示范区，高度重视知识产权保护工作，力争打造知识产权创造、使用、保护和管理的全生态链知识产权服务体系。同时希望公标司法鉴定所继续立足前海，发挥司法鉴定技术与法律相互融合的优势，在专利、商业秘密、软件著作权及集成电路布图等专业领域，不断推出法治创新举措，为服务深圳创新驱动发展战略作出更大贡献。”对于独立第三方，立足于服务知识产权法治创新、金融创新，丰富和完善知识产权闭环生态系统；与国家知识产权局知识产权运营国家平台数据对接，创建涵盖鉴定、评估、运营的知识产权全链条一站式服务平台，并通过法治创新与金融创新，大胆尝试用投融资理念实现知识产权大保护、强保护，让创新驱动企业在深圳这块热土上不但能扎根，而且能开花结果。

在深圳实施创新发展战略的征途上，作为知识产权生态系统的重要一环，公标司法鉴定所致力于打造知识产权全链条生态圈，服务法治创新与金融创新，倍感责任重大，使命光荣，任重而道远。

B.22 前海蛇口自贸片区社会信用体系建设的探索与实践

前海社会信用服务中心课题组*

摘　要： 前海的发展是中国社会主义市场经济建设的一个缩影。近年来，前海逐渐形成了具有区域特色的社会信用体系建设经验。特别是2018年以来，前海深入总结拓展“前海模式”，以制度创新为核心，推动以信用为基础的改革和创新，引领高质量、高速度的发展，开展信用建设改革创新的基础和条件良好。本报告立足深圳前海社会信用体系建设现状，概括深圳前海推进社会信用体系建设整体情况、主要做法和成效，介绍了创建信用经济试验区、建设跨部门协同监管平台、上线“信用前海”综合移动服务终端、推动信用服务综合改革、打造“信用税收”模式的思路、方案及具体做法。

关键词： 自贸区　信用前海　信用税收

国务院《社会信用体系建设规划纲要（2014～2020年）》指出：“现代市场经济是信用经济。”社会信用体系建设是自贸试验区改革创新的重点领域，中国（广东）自由贸易试验区深圳前海蛇口片区围绕政府职能转变、“放管服”改革、诚信社会建设等方面，努力为国家治理体系、治理能力现

---

* 课题组成员：谢天、刘彦伯、李燕、梁旭斌、李鹏辉、吕晶。执笔人：梁旭斌，前海管理局干部。

代化提供先行先试经验。2017 年 1 月，前海蛇口自贸片区正式挂牌成立社会信用服务中心，负责自贸片区社会信用体系建设工作，推动信用建设创新，着力打造国际一流营商环境。前海加入国家“信易 +”联盟，是广东省内唯一试点区域，推动信用在金融、租赁、行政审批等各领域的应用。2017 年获评深圳“两建”十大最具影响力工作，2018 年获评前海蛇口自贸片区“制度创新实验室”。近两年，前海发布《社会信用体系建设实施方案》《前海信用服务综合改革方案》《前海信用税收白皮书》，成功举办信用经济示范区研讨会、第九届华南信用论坛，取得广泛社会影响力。大力创建信用经济试验区，作为改革创新举措纳入《深圳市委市政府进一步加快前海开发开放高质量发展的若干措施》。

一　创建信用经济试验示范区

市场经济是信用经济，信用经济是现代市场经济的高级形态，信用价值将会被社会认同并作为标准参与社会治理。从全球来看，信用经济仍处于起步阶段，未来信用经济将不以实物资产为核心，而是以信任关系为基础，以信用交易的方式完成市场交易。中国经济正处于新旧动能转换时期，鼓励和发展信用经济对高质量发展具有重要推动作用。

（一）前海蛇口自贸片区创建信用经济试验区的重要意义

一是有助于国家推动信用建设改革和创新。加快推进信用体系建设是推动社会经济发展的现实需要，依托一个区域较小、创新度较高的区域经济增长极，集中开展先行先试，探索形成以系统化、集成化方式推进社会信用体系建设的新模式，有助于推进社会经济发展取得新的突破。二是有助于在粤港澳大湾区框架下，发挥信用服务经济发展的关键作用。前海是粤港澳大湾区中与香港融合度最高、联动发展最早也最为成功的区域，取得了突出的发展成就。在粤港澳大湾区背景和框架下，建设信用经济试验区，有利于借鉴港澳信用建设经验成果，开展跨境跨区域信用合作创新、对接经济贸易规则，发挥信用在服务粤港澳大湾区建设特别是深港合作中的作用。三是有助于打造国际一流营商环境。信用建设是营商环境的重要组成部分，创建信用经济试验区，对一流营商环境建设、深化“放管服”改革、推动区域和企业高质量发展，具有重要促进作用；有利于为持续优化营商环境提供信用保障，为国家推进全面深化改革、构建开放型经济新体制提供有益经验。

（二）深圳前海创建信用经济试验区的主要内容

深圳前海创建信用经济试验区工作方案提出，要在10个方面进行改革创新。一是推动实现前海企业信用评价全覆盖。完善前海企业信用数据，科学运用大数据分析手段，围绕行政处罚、不良行为及贡献三个维度，形成“企业信用画像”评价模型，建立以企业信用合规度为核心的分类监管标准，开展面向前海企业的合规度信用评价，推动实现前海企业信用评价全覆盖。二是推进前海信用制度创新。推动前海建立与事中事后监管相配套的信用监管制度，建立企业和个人信息保护制度，对违规获取、不当使用、违规泄露企业和个人信用信息的行为建立惩戒机制。三是开展信用监管改革创新，实现企业信用分类监管。支持联合综合执法部门定期根据信用状况进行分类监管，定期开展“双随机、一公开”监管执法行动，对存在较高风险的企业加以重点监管，开展覆盖整个生命周期的全过程监管。四是推动信用公共服务改革，为高信用企业提供优质服务。在前海行政审批、行政许可等环节，为符合条件的守信主体提供更加便捷的服务，提供信用预约等便捷服务。在办理涉税业务方面，扩大“直通车”服务范围，开辟绿色通道。五是开展信用修复制度创新，推动实现低信用企业和个人及时修复信用。探索建立区域性信用修复服务平台，为失信主体提供在线信用修复培训、信用管理辅导咨询、信用仲裁、信用报告出具等专业服务，鼓励失信主体及时完善自身信用状况。六是推动信用投融资改革，实现高信用企业低利率融资。探索共享企业信用数据，构建企业信用融资模型，为小微企业设计纯信用金融产品，为信用良好企业在利率、贷款期限等方面提供优惠，加大对小微企业、民营企业的金融服务力度，缓解企业融资难、融资贵问题。七是推动信用市场服务创新，实现高信用企业享受便利化服务。支持在前海范围内为守信主体提供优惠便利的创业办公与居住条件。联合信用服务机构、租赁服务商，向守信主体提供免押或后付费的办公设备租赁服务，提供电脑、投影、打印机等设备随租随还等轻资产服务。八是开展区块链技术在信用监管与服务领域的创新应用。支持联合有关政府部门、互联网金融企业、信用服务企业、仲裁机构，探索制订数据交换的统一标准，利用区块链技术形成隐私保密完善、纳入过程可溯源的跨行业信用数据库。九是支持跨境跨区域信用合作创新，推动粤港澳大湾区信用联动发展。开展深港跨境和跨区域合作，推动建立自贸试验区信用建设发展联盟、粤港澳大湾区信用合作联盟，在信息共享、奖惩联动、理论研究、教育培训等方面开展合作，推动自由贸易试验区之间信用信息系统、信用数据互联互通，推动信用跨区域一体化发展。十是推动信用服务行业集聚发展，打造信用产业高地。制定信用服务行业指导目录，引导行业专业化发展，加大对信用服务行业的扶持力度，培育具有国际影响力的信用服务民族品牌，吸引国内、国际知名机构落户前海。支持成立面向政府提供事中事后监管、信用大数据分析、信用平台建设、数据模型搭建的专业信用服务机构。

二　重点建设前海蛇口自贸片区跨部门协同监管平台

前海围绕建立以信用为核心的市场监管新体制的目标，初步建成前海蛇口片区公共信用平台，重点开发建设公共信用平台的核心板块——跨部门协同监管平台，并于 2017 年 12 月正式上线运行，实现服务政府事中事后监管与“守信激励失信惩戒”的目的。通过公共信用平台的三大模块——跨部门协同监管平台、企业专属网页、前海蛇口信用网，实现面向政府事中事后监管、商业主体间市场交易、市民投资调研三个应用场景的强大功能。平台归集覆盖前海超过 17 万家企业，深圳全市超过 70 个政府部门、市场主体的 1500 万条信用数据；通过“前海企业信用画像”的大数据建模方法，对前海 17 万余家企业开展 ABCD 四个等级的信用分类评价，建立强大的风险排查与预警功能，帮助政府部门识别重点监管对象，打通跨部门信息壁垒，识别潜在信用风险，切实提高监管效率。

（一）前海蛇口自贸片区跨部门协同监管平台主要做法

跨部门的协同监管平台，应用大数据分析手段，集中实现企业信用分类监管、信用风险预警、执法过程信息共享等多项功能，支持各部门在执法过程中实时上传执法信息、场景。监管部门可通过该平台进行查询、分析、统计、使用、监管，实现政府对市场行为主体的高效监管和精准监管（见图1）。

一是归集全市74家政府部门和市场机构的信用信息。前海蛇口片区公共信用平台归集深圳市74家政府部门和市场机构的信用信息，包括来自深圳市发展改革、市场监管、公安、法院、税务等和平安集团、工商银行等机构，以及涉及前海蛇口自贸片区17万余家企业的超过1500万条数据。归集所有企业法定代表人及主要成员的身份信息，以及企业实际经营地址等重点工商登记信息。此外，纳入了公安系统的自然人行为轨迹信息、税务系统的企业纳税数据、法院的涉案信息和失信被执行人名单等。

二是建立以企业合规度评价为依据的分类监管标准。充分汇集企业经营过程中在市场监管、税务、法院等产生的行为信息，对大数据监管模式等内容进行重点研究，从行政处罚、不良行为及贡献三个方面进行深度刻画，形成“企业信用画像”，对片区内17万余家企业按照信用风险等级划分了A、B、C、D四个等级，并根据每个类别的信用状况配以相应信用评价，辅助建立了企业预警子模型，帮助监管部门有效识别企业信用评价结果、精准投放执法力量、提高监管效率。

三是监管部门充分共享执法过程信息。以跨部门协同监管平台为各执法部门提供监管支持为切入点，支持各部门在执法过程中随时上传执法信息、场景，实现数据共享、监管互助，避免各部门在执法过程中因信息不对称产生重复性工作，进一步提高监管效能。

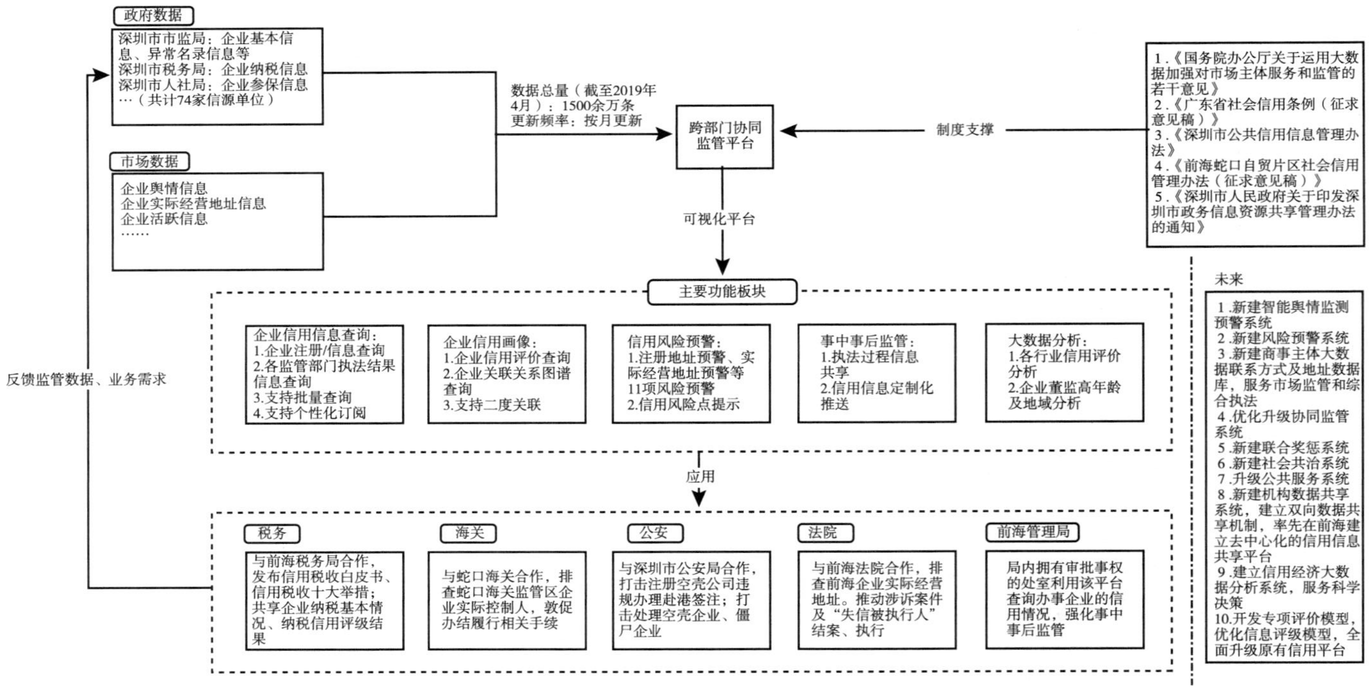

图1　前海蛇口自贸片区跨部门协同监管平台示意

（二）前海蛇口自贸片区跨部门协同监管平台运行情况

一是企业信用信息来源扩大，共享数据量不断增加。截至2018年12月31日，数据共享来源于9个部门及公司，涉及74个政府部门相关信用记录，累计共享数据记录达1494万余条，平安公司数据来源超过500万条。

二是协同监管平台的访问量进一步提升。截至2018年12月31日，共有13个行政单位使用过协同监管平台，平台累计访问次数达10742次。其中，前海管理局访问次数最多，累计5875次，占比54.7%。

三是监管过程进一步深化。随着数据量不断增加以及平台不断完善，监管过程也得到进一步深化。截至2018年12月底，前海管理局上传10项重要监管事项，累计归集信息600余条，其中涉及P2P平台的监测和整治信息占据比重较大。2018年，协同监管事项中，网贷行业和少量托管企业的风险较为明显。被市金融办纳入全市网贷机构整改名单的企业共有221家，其中涉及金融业199家，信息服务业14家。值得注意的是，14家信息服务业企业中，12家企业评价为D类，D类占比达到85.7%。托管状态失联、失效的企业10家，其中科技服务企业3家，金融业、现代物流业、专业服务业均为2家；托管状态失联、失效的企业信用评价是B类的企业7家，占比70%，信用评级C类企业2家，行业未知且无信用评价的企业1家。

（三）前海蛇口自贸片区企业信用分析及风险防控情况

一是违规失信企业占比较低。截至2018年底，片区企业总数174783家。2014~2018年，片区内涉及违规失信行为的企业共28818家，占比16.5%。其中，有一次违规失信记录的企业25411家，占比14.5%，属轻微失信；有两次违规失信记录的企业2602家，占比1.5%，失信较为严重；有三次及以上违规失信记录的企业805家，占比0.5%（见图2）。

片区174783家企业中，金融业企业56887家（32.55%），占比最高，其次是现代物流业（19.85%）、专业服务业（18.51%）。在企业数量较多

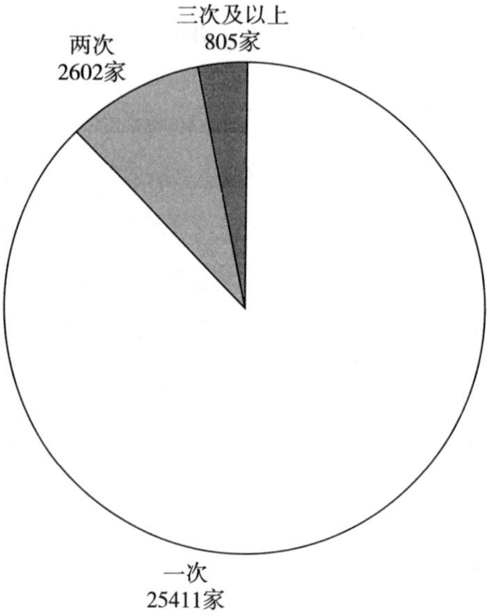

图 2　违规失信企业的违规失信次数分布

的行业中，金融业违规失信率最低，为 10.58%；现代物流业违规失信率最高，达到 26.53%。此外，其他行业的违规失信率总体较高，工业（47.7%）和建筑业（34.9%）的拉动作用比较显著。违规失信企业的行业分布见图 3。

二是未营业企业违规失信概率较高。片区内共计 79228 家企业已经营业，营业率达 45.3%。其中工业和房地产行业已营业企业超过半数，占比分别达到 74.4% 和 53.2%；专业服务业营业率较低，为 40.9%；金融业营业率为 46.8%。

结合违规失信企业情况来看，总体上未营业违规失信企业比例较高，占比为 59.15%。未营业企业的违规失信行为主要是被市场监督管理局列入商事主体经营异常名录和被最高人民法院载入全国失信被执行人名录企业。按照行业划分，专业服务业和现代物流业未营业企业违规失信比例较高，分别达到 65.11% 和 64.91%。未营业企业违规失信状况、主要违规失信行为见图 4 和表 1。

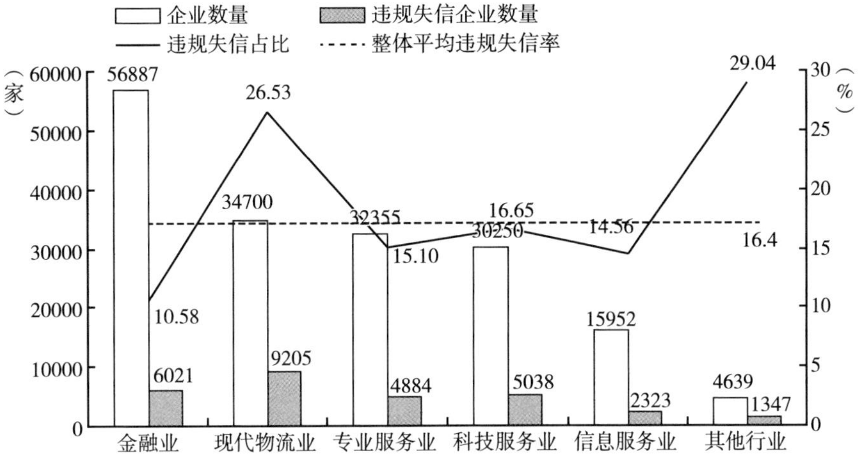

图 3　违规失信企业行业分布

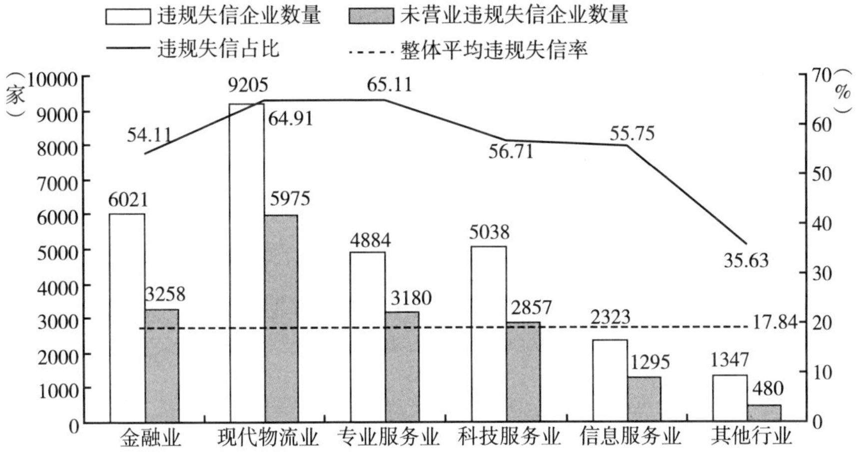

图 4　未营业企业违规失信状况

表 1　未营业企业的主要违规失信行为

监管部门	违规失信	企业数量（家）
深圳市市场和质量监管委	商事主体经营异常名录信息	15579
最高人民法院	已载入全国失信被执行人名录企业—自然人	1222
深圳市市场和质量监管委	市场监管行政处罚信息	493
深圳市市场和质量监管委	行政处罚公示	224
深圳市人力资源和社会保障局	企业社保欠缴信息	148
税务局	税务不良记录	119

（四）有纳税企业违规失信比例较低

截至2018年12月底，片区内共有纳税企业52975家。按照行业划分，金融业企业共18597家，占纳税企业总体的35.1%，其后为科技服务业企业10246家（19.3%）、现代物流业企业9131家（17.2%）、专业服务业企业8894家（16.8%）。

纳税企业中有5400家企业存在违规失信行为，占纳税企业总体10.2%；未纳税企业涉及违规失信23418家，违规失信率为19.2%，总体而言纳税企业违规失信率较低。有无税户违规失信情况见图5。

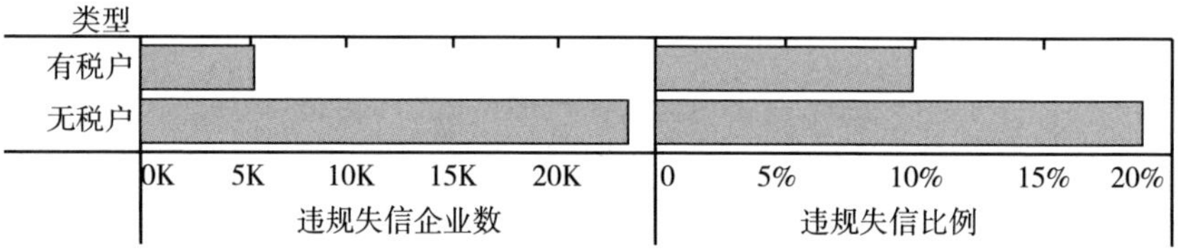

图5　2018年有无税户违规失信情况

三　上线运行“信用前海”综合服务移动终端

2018年6月，前海加入国家发展改革委成立的“守信激励创新产品与服务”联盟（“信易+”联盟），推出系列创新产品与服务，大力构建前海蛇口自贸片区面向企业及公众的信用服务体系。2019年，前海适应移动互联新发展，积极构建“互联网+信用”格局，打造“信用前海综合服务移动终端”，以“信用前海”微信公众号为载体，整合前海蛇口公共信用网、企业信用惠民和“信易+”等功能，打造信用惠民便企线上互动平台，社会公众通过手机端即可以查询、使用企业和商家的信用信息，体验各类信用服务。信用前海综合服务移动终端主要提供三大服务。

（一）信用查询服务

为社会公众提供自贸片区 17.3 万家企业的基础信息、监管信息、涉诉涉裁信息及消费监督等信息的查询服务；企业通过实名认证登录后，可查询企业自身在公共事务领域的信用状况；深圳市文明诚信分发布后，社会公众可查询个人文明诚信分。此外，信用查询服务还提供前海蛇口片区企业的各类红黑榜单供社会公众快捷查询，实现守信联合激励、失信联合惩戒的目的。

（二）信用惠企服务

依托“信易+”联盟，推出创新产品与服务功能，让信用真正产生价值，对守信激励开展新尝试。一是“信易租”，与“信易+”联盟成员单位公司合作，为信用良好的初创期企业提供优惠便利、免押金的创业办公场地与设备租赁服务，旨在降低片区守信的小微企业成本；二是“信易贷”，与知名金融机构合作推出信用融资产品，解决中小企业短期资金需求，客户可通过“信用前海”移动端提出贷款申请，即可享受银行的及时跟进服务。与某银行合作的“前海信+”，基于企业信用大数据，为区内企业提供主动授信方案，纯信用额度最高达到 1000 万元，日利率 0.019% ~0.033%；与某银行合作推出“E 抵快贷”，随借随还，合同循环期最长 6 年，推广期年利率 4.35%；与某银行合作推出“微业贷”，风险定价日利率最低可达 0.01%。

（三）信用惠民服务

该功能是在深圳市信用中心落地前海企信惠项目的基础上，消费者无须到商家现场“摇一摇”，足不出户即可查询前海蛇口片区四大商圈近 400 家商户的信用信息，并引入第三方机构对商户的评价，实现片区内安心消费。同时，消费者还可对商户进行评价，实现共建共治共享。下一步，前海将作为深圳市文明诚信分的试点区域，推出系列个人守信激励服务举措，通过

“诚信便民”服务，向文明诚信的市民提供文体中心、运动公园、图书馆等公共区域的优先使用服务。

四 打造自贸区特色“信用税收”新模式

2019年3月，前海蛇口自贸片区管委会会同深圳市前海税务局，举办《前海蛇口自贸片区信用税收白皮书》发布会暨重点税源企业“放管服”推进会，揭牌成立“前海信用税收服务中心”，提出在纳税服务及信用监管上进行创新探索，打造税收信用体系，对守信企业提供便利服务，对信用不良企业加强监管，着力推动信用服务综合改革。大力开展“信用放、信用管、信用服”，打造具有自贸区特色的“信用税收”新模式。

《前海自贸区信用税收管理服务白皮书》基于前海企业信用画像、深圳市税务局纳税信用等级评定，建立评价结果A、B、C、D等级的互认及应用机制，探索实施对前海企业开展以信用为核心的“放管服”措施①。

通过纳税服务、发票管理、征收管理、政策法规、风险管理五大类共16项举措，全面落地实施基于信用的监管措施及精准的纳税服务。一是优化纳税服务。对于信用评价“双A企业”：纳入绿色通道服务范围，优先办理涉税业务；纳入重点企业服务范围，点对点提供纳税咨询和辅导；纳入“税银互助”服务范围，定期向银行推送“双A企业”名单，为企业融资提供便利。二是放宽发票管理。放宽对“双B以上企业”一次性领取增值税发票用量的限制；根据企业实际经营需要，放宽“双B以上企业”在增值税发票管理系统开具发票的离线时长和离线限额设定。三是完善征收管理。将符合一定条件的“双A企业”列入电子税务局申报白名单；加强对“CD级企业”申请的退税业务审核。四是灵活变通有关法规。参考香港的税收

① 有关概念说明：“双A企业”，纳税信用等级和前海管理局信用评价均为A级、有实质性经营的企业；“双B以上企业”，纳税信用等级和前海管理局信用评价均为A级或B级、有实质性经营的企业；“CD级企业”，纳税信用等级和前海管理局信用评价有至少一项为C级或D级的企业。

制度，探索为“双A企业”提供事前裁定服务。五是强化风险管理。对“双B以上企业”存在低风险事项的，采取以提示风险为主的应对方式，将风险点推送给企业进行限期自查整改；定期对“CD级企业”进行大数据扫描，构建风险模型，定期生成风险任务，进行风险应对。

五　大力推动信用服务综合改革

2018年12月，前海发布了《深圳前海蛇口自贸片区信用服务综合改革若干措施》，提出推进信用综合监管改革、守信激励改革、信用跨境跨区域改革、信用服务体制机制改革等领域改革。

一是加快构建以信用为基础的新型市场监管机制。加快推进信用制度建设。积极争取国家主管部门支持，制订社会信用管理办法、事中事后监督管理办法；建立企业和个人信息保护制度。开展以信用为关键支撑的事中事后综合执法改革。通过大数据建模方式，推动市场监管、综合执法机构根据信用状况进行分类监管，对存在较高风险的企业开展“双随机、一公开”重点监管。优化信用税收监管与服务。对信用、纳税均为A的企业，提供便捷纳税服务。对“双D”企业加强风险防控。探索打造深港涉税专业服务孵化中心，规范培育涉税专业服务市场。探索利用区块链技术开展跨行业失信数据共享。探索制定数据交换的统一标准，建立不良行为企业“灰名单”，利用区块链技术开展跨行业不诚信个人灰名单共享。

二是开展守信激励改革，加强信用在服务市场建设的广泛应用。开展“信易租”创新试点。联合信用服务机构、租赁服务商，为守信主体提供优惠便利的创业办公与居住条件。开展“信易贷”创新试点。与大型商业银行打通数据渠道，为中小企业设计纯信用金融产品，加大对中小微企业的贷款发放数额。开展“信易批”创新试点。在行政审批、许可环节，为守信主体提供咨询辅导等便捷服务，对信用评价为A类的企业提供绿色通道等便捷服务。

三是开展信用跨境、跨区域改革，服务深港合作和粤港澳大湾区协同发展。推动自贸试验区信用建设发展合作。探索搭建自贸试验区信用建设发展联盟、粤港澳大湾区信用联盟。开展深港跨境信用合作。与香港共享查询企业及个人的异地征信状况。

四是开展信用服务体制机制改革，促进信用产业融合发展。推动信用服务行业集聚发展。制定信用服务行业发展规划，大力培育拥有国际影响力的信用服务民族品牌，吸引知名机构落户前海。建立信用服务机构体系。制定信用服务行业目录，支持成立提供事中事后监管、信用大数据分析、信用平台建设、数据模型搭建的信用服务机构，支持设立前海信用保险机构。构建信用服务人才体系。制定信用服务行业人才标准，引进信用产业高水平人才，打造一流信用研究智库和国内信用服务专业人才集聚高地。

六　前景与展望

到 2020 年，前海蛇口自贸片区将努力构建信用制度完善、信用数据共享、信用监管到位、信用交易发达、信用服务市场健全的以信用为基础的新型经济运行体系，建立国内一流信用服务体系，打造对接国际的一流营商环境。通过建立完善的信用制度体系，深入推进政府职能转变，打通政府部门之间、政府与市场之间的信用数据壁垒，不断推动信用数据在政府事前事中事后监管与服务领域以及市场信用交易领域的广泛应用，不断提升企业和个人依法依规办事的合规度、办事效率的便利度、市场交易的诚信度以及要素流动的自由度。推动形成在国内有影响力和辐射带动作用的高水平信用综合服务改革前海模式，努力形成一批可复制、可推广的改革创新成果，为国家推进全面深化改革、构建开放型经济新体制提供有益经验。

Abstract

Qianhai revolves around the requirements of building a socialist demonstration zone of rule of law, with system innovation as the core and business environment as the support of rule of law. The top-level design of rule of law is constantly upgraded, the basic laws and regulations are more perfect, the judicial system reform continues to deepen, major platforms landed smoothly, and Shenzhen-Hong Kong cooperation continues to strengthen. Qianhai takes the rule of law as its core and system innovation as its grasp, and gradually forms a series of experiences that can be used for reference, replicated and operated.

Report on Rule of Law in Qianhai No. 2 (2019) summarizes the above experience from all aspects, multi-level and multi-angle. Many system innovations and experience summaries are worth popularizing throughout the country. In addition, the Blue Paper also analyzes and displays in the fields of optimizing business environment, protecting intellectual property rights, building credit system, financial innovation and supervision, and forecasts the future development of the rule of law in Qianhai.

The Blue Book continued to publish a comprehensive evaluation index system and evaluation report on the rule of law in the FTA, and conducted a thorough inquiry on the national model areas of rule of law. The evaluation report mainly focuses on objective data and materials. It mainly examines whether the system and mechanism are perfect, whether the various systems are implemented, and whether the reform and innovation are legitimate.

Keywords: Free Trade Area; Demonstration Zone of Rule of Law; Qianhai

Contents

I General Report

Abstract: Since 2018, Qianhai Free Trade Area, which is at the forefront of reform and opening-up, has actively advanced the construction of and innovation on the rule of law, made steady progresses in the adoption and revision of laws, continuously improved the quality of government services, carried out orderly and effective supervision over law enforcement, comprehensively promoted the construction of the judicial system, perfected the system of diversified resolution of international commercial disputes, vigorously developed the legal service industry, and achieved marked results in social governance. While confirming the huge achievements made by Qianhai Free Trade Area in the construction of the rule of law, we should also be aware of many challenges faced by it, such as losing first-mover advantage and momentum in institutional innovation and encountering bottlenecks in the development of the rule of law, while various other free trade zones and bay areas are trying hard to catch up and overtake it. In the future, it should strengthen top-level design, explore the innovation on the supervision mode, establish a first-class team on the rule-of-law work, consolidate reform experience, avoid stagnation or even regression, and endeavor to become a pioneer of reform and a model of rule of law construction.

Keywords: the Construction of the Rule of Law in Qianhai Free Trade Area; the Rule of Law Demonstration Zone; International Business Environment

Ⅱ The Rule of Law Indices

Abstract: In 2019, the CASS Center for Studies of National Indices of the Rule of Law and the Innovation Project Team on the Rule of Law Indices of CASS Law Institute have carried out a systematic assessment of the construction of the rule of law in Qianhai Rule of Law Demonstration Zone of Shenzhen City in 2018 in such aspects as rule-making, law-based government, judicial construction, law-based society and safeguards and supervision. The assessment shows that, attaching importance to the rule of law safeguard is a prominent characteristic of Qianhai Free Trade Area -the only demonstration zone of socialist rule of law established with the approval of the state -that distinguishes it from other functional development zones and free trade zones, as well as its core competitive advantage and main driving force. The assessment shows that Qianhai Free Trade Area is in a leading position among various free trade zones in the country in such aspects as rule-making, openness of government affairs, and dispute resolution, while at the same time still leaves some rooms for improvement. In the future, it should continue to deepen the reform and innovation, so as to become a pioneer and a test field of the construction of the rule of law in China.

Keywords: Qianhai and Shekou Free Trade Area; the Rule of Law Indices; the Rule of Law Demonstration Zone

Ⅲ Institutional Innovation

B. 3 Development of Free Trade Zones in Foreign Countries and Its Implication for China

Abstract: Free trade zones include those at the domestic level and those at the international level. The investigation of the successful experiences and mature institutions of free trade zones in foreign countries provides strong support to the establishment and development of free trade zones in China. There are institutional differences between free trade zones in foreign countries and Qianhai and Shekou Free Trade Area in such aspects as the legislative system, the management system, the trade facilitation system, the investment liberalization system, the dispute resolution mechanism, the labor protection system and the environmental protection system. In the future, China should further draw on foreign legislative experiences in the development of free trade zones, adopt a Law on Free Trade Zones in appropriate time, adjust the relevant systems in light of the development of free trade zones, continuously improve legal institutions, establish investment and trade rules with higher standards, and set up efficient and specialized dispute resolution mechanisms, so as to further promote the institutional building in Qianhai and Shekou Free Trade Area.

Keywords: Free Trade Zone; Legislation; Rule-Making

Abstract: Since its establishment, China (Guangdong) Pilot Free Trade Zone, Qianhai & Shekou Area of Shenzhen (Qianhai & Shekou Free Trade Area), as China's strategic platform of reform and opening-up in a new era, has adopted a series of innovative policies, which are "more special than those in special economic zones (SEZs)", in such fields as Shenzhen and Hong Kong cooperation, financial innovation, investment facilitation, and the opening-up of the service industry and, for this reason, has been hailed as a "SEZ within SEZ". After its establishment, the Free Trade Area has undergone such stages of development as the stage of creation, the stage of start-up, the stage of explosive development, and the stage of model-building, and through a series of explorations, gradually developed an institutional innovation system consisting of eight modules-investment facilitation, trade facilitation, financial openness and innovation, interim and *expost* supervision, rule of law innovation, institutional innovation, human resource management innovation, and grassroots Party-building innovation -and characterized by deep integration with generally accepted international rules and effective satisfaction of development needs in a new era. In the future, Qianhai and Shekou Free Trade Area will continue to adhere to the combination of institutional innovation and local advantages, push reform through opening-up and boost market vitality through reform, so as to realize frog-leap development.

Keywords: Innovative System; the Qianhai Mode; Integrated Development

Abstract: In recent years, the Administrative Office of Qianhai Bay Free

Trade Port Area of Shenzhen City, with the support from various quarters, has made active explorations and achieved fruitful results in advancing the institutional innovation in the free trade port. Altogether, it has achieved 25 new results of institutional innovation with the "bonded +" element. Three of them, including "bonded + new physical retailing", have been rated as the best examples of institutional innovation in trade facilitation in Guangdong Free Trade Zone in the past three years, and four of them have been rated as best examples of breakthrough and symbolic institutional innovations in Qianhai and Shekou Free Trade Area in the past three years. Meanwhile, Shenzhen Qianhai Bay Free Trade Port Area is also faced with many problems and pressures in the process of transformation and upgrading, such as scarcity of land resource, lack of diversity of business entities, and insufficiency of transportation and other supporting facilities. In the future, the Administrative Office of Qianhai Bay Free Trade Port Area of Shenzhen City will continue the bold reform and innovation, so as to promote the sustainable development of the Free Trade Port Area.

Keywords: Free Trade Port Area; Trade Facilitation; Physical New Retail

Abstract: Prevention of interest conflict is a proactive and preventive clean government construction system, an important content of the construction of a universally-practiced corruption prevention system, and a basic system of clean governance with extensive significance. In recent years, the Oversight Board of Clean Government of Qianhai Free Trade Area has implemented in a deep-going way the requirement of comprehensively strengthening Party discipline, emancipated the mind, carried out bold explorations, adopted the international perspective, established and implemented a preliminary system of prevention of conflict of interest, constructed a clean government supervision system with three levels, namely "legal bottom line", "disciplinary red line", and "conflict of interest warning line", further strengthened the prevention and control of clean government risks, and provided guidance to civil servants in accustoming themselves to working under supervision and restraint, thus gaining some useful experiences in bringing the clean government supervision under the rule of law.

Keywords: Prevention of Conflict of Interest; Strengthening Party Discipline; Clean Government Supervision

Abstract: Qianhai Free Trade Area, as a "SEZ within SEZ" and an area chosen by the state for comprehensive pilot reform of the land system, have both the favorable rule-of-law environment and the realistic need for institutional innovation in land development. Against this background, it has made active explorations in the construction of a differentiated land supply system, a three-dimensional land registration system, a new-type system of distribution of proceeds from added value of land integration, and a mechanism for the financing and management of housing for talents, and achieved marked results in the establishment and improvement of policies, institutions, and technical standards and in the operation and management of actual projects, thereby raising the level of land administration and the efficiency of land use, and meeting the spatial needs of the construction of public infrastructure, the implementation of key industrial projects, and the settlement of talents in the area. In the future, Qianhai Free

Trade Area will further deepen the institutional innovation and practical exploration on the mechanism for land supply and the supervision over the land use after its approval, carry out research on three-dimensional development of land, and improve the management system of housing for talents.

Keywords: Legislation in Special Economic Zone; Land Development; Land Integration

Abstract: With the development and construction of Qianhai Cooperative Zone, a number of statutory plans, including the Overall Development Plan for the Qianhai Shenzhen-Hong Kong Modern Service Industry Cooperation Zone, the Comprehensive Plan for the Qianhai Shenzhen-Hong Kong Modern Service Cooperation Zone, and the Comprehensive Plan for China (Guangdong) Pilot Free Trade Zone of Shenzhen Qianhai and Shekou Area and Surrounding Areas of Nanshan, have been adopted by governments at different levels to upgrade the positioning of the cooperative zone. By adopting the general strategy of "relying on Hong Kong, serving the Mainland and facing the world", Qianhai Cooperative Zone has made a series of bold exploration in urban planning and construction, with a view to guiding the development of the cooperative zone with high-level planning. Currently Qianhai Cooperative Zone is still faced with some problems in urban planning, such as the difficulties for planning standards to adapt to new situations and new changes, the transformation and upgrading of the positioning of the planning, and the relatively long time period needed for the coordination of some bottleneck plans. In the future, Qianhai Cooperative Zone will try to overcome the above difficulties, improve urban construction planning with world-wide view, international standards, Chinese characteristics and high positioning, and construct a demonstration zone of in-depth cooperation between Guangdong, Hong Kong and Macao and a new city center that are open to the outside world.

Keywords: Urban Planning; Planning Orientation; Optimization of Planning

Ⅳ Law-Based Government

Abstract: Since its establishment, the Bureau of Comprehensive Administrative Law Enforcement of Qianhai and Shekou Free Trade Area, as the comprehensive law enforcement organ that matches the industrial positioning and the function of Qianhai and Shekou Free Trade Area, has achieved some positive results, while at the same time also encountered some problems, such as the imbalance between power and responsibility and weak law enforcement, in the practice and exploration of the reform of the comprehensive law enforcement system. In the future, it will strengthen the top-level design and apply the rule-of-law thinking and method to further promote the construction of the rule of law in the free trade area.

Keywords: Administrative Law Enforcement; Team Building; Strict Law Enforcement

B. 10 Theoretical Construction of and Practical Exploration in the E-station Service Mode

Project Team of Enterprise Service Department of Qianhai and Shekou Free Trade Area / 160

Abstract: The E-service Center of Qianhai and Shekou Free Trade Area was established against the background of comprehensively deepening the reform and taking the lead in exploring the construction of digital government by the Free Trade Area. The center takes the creation of the best business environment in the world as its goal, applies the brand-casting theory to guide the construction of a new model of government service, and integrates the reform of the commercial system, the reform aimed at separating business license from certificates and "the Internet plus Government Service" system, thereby finding a new path of transformation of government functions and provision of government services.

Keywords: E-station; Government Service; Internet Plus

B. 11 Practice of and Exploration by Qianhai and Shekou Free Trade Area in Financial Innovation and Regulation

Li Pan / 170

Abstract: The state has given many important missions to Qianhai Shenzhen-Hong Kong Cooperation Zone and Qianhai and Shekou Free Trade Area. In the financial field, Qianhai's strategic positions as "the national pilot demonstration window of the opening-up of the financial industry" and "the test area of innovative cross-border Chinese currency business" have been confirmed. And in the Plan for Deepening the Reform of Guangdong Free Trade Zone, the State Council has also decided to carry out "pilot work on comprehensive financial regulation" in Qianhai. Seizing the historical opportunity and focusing on reform, Qianhai and Shekou Free Trade Area has made explorations in financial innovation and regulation, achieved a series innovative results in such fields as cross-border finance, provisions of services to substantial economy, and developing financial technologies and green finance, actively carried out pilot work on the reform of the regulatory system, worked hard to prevent financial risks and create a new platform that highlights the huge advantages of socialism with Chinese characteristics and the core engine that condenses the essence of innovation, thereby forming the "Qianhai Mode" with the characteristics of the times and further manifesting its role as "the test field" of reform and opening-up.

Keywords: Cross-Border Finance; Financial Regulation; Financial Innovation

Abstract: In recent years, Qianhai Free Trade Area has made an all-out effort in building the demonstration zone of the construction of the socialist rule of law with Chinese characteristics and achieved preliminary results in creating a good law-based business environment. According to the World Bank report "Doing Business 2019", contract implementation, as the most direct embodiment of law-based business environment, is in a positive correlation with integrated business environment. Through the analysis of the commonalities and differences between Qianhai Free Trade Area and such economic entities as Singapore, South Korea, New Zealand, and Hong Kong in the field of contract implementation, this report summarizes the good practices of advanced economic entities in improving the legal system and creating law-based business environment. Drawing on these practices is conducive to improving the legal framework and raising the level of the rule of law of the business environment in Qianhai Free Trade Area.

Keywords: Law-Based Business Environment; Contract Implementation; Resolution of Business Disputes

V Judicial Construction

Abstract: In order to effectively protect the lawful rights and interests of medium and small investors, uphold the order of capital market, and further optimize business environment, the Intermediate People's Court of Shenzhen Municipality has issued the Opinions on Appropriately Handling Cases of Securities and Futures Disputes in accordance with Law and Strengthening the Protection of the Lawful Rights and Interests of Medium and Small Investors (for Trial Implementation), aimed at exploring the mechanism for the trial of securities and futures disputes with respect to model judgments, the linkage between litigation and mediation, the handling of disputes over jurisdiction, representative action, concentrated trial, simplified trial, and third-party professional assistance. By making bold innovations and adopting multiple measures, the Court has given full play to the role of judicial trial in regulating and guiding the financial market, and provided high-quality judicial safeguard for the healthy and steady development of the capital market and the creation of a good business environment.

Keywords: Securities and Futures Disputes; Protection of the Lawful Rights and Interests of Medium and Small Investors; Judicial Practice

B. 14 Creating the "Shenzhen Sample of Judicial Protection of Intellectual Property"

Project Team of the Intellectual Property Court of Shenzhen Municipality / 208

Abstract: Against the background of the construction of Guangdong-Hong Kong-Macao Greater Bay Area in a new era, the Intellectual Property Court of Shenzhen Municipality has taken the creation of a first-class intellectual property judicial organ as its aim, actively promoted judicial reform and innovation, improved the construction of intellectual property trial mechanism, carried out research on frontier issues of intellectual property, endeavored to solve difficult problems in the trial of intellectual property cases, and actively advanced the judicial protection of intellectual property, thereby providing strong judicial safeguard for the creation of first-class business environment in the world, the construction of pilot demonstration area of socialism with Chinese characteristics, and the establishment of a model city of modernized socialist country.

Keywords: Intellectual Property; Reform and Innovation; Judicial Protection

B. 15 Practice of and Exploration by the People's Court of Qianhai Free Trade Area in the Resolution of Commercial Disputes in Guangdong-Hong Kong-Macao Greater Bay Area

Project Team of the People's Court of Qianhai Cooperation Zone / 221

Abstract: The Outline of the Development Plan for Guangdong-Hong Kong-Macao Greater Bay Area clearly states that China will construct a diversified dispute resolution mechanism and create an international legal service center and an international commercial dispute resolution center in the area. Because of the limitations of judicial mechanism, legal norms, etc., there are certain institutional and practical obstacles to the joint construction of a diversified dispute resolution mechanism by Guangdong, Hong Kong and Macao. In recent years, the People's Court of Qianhai Cooperation Zone, basing itself on regional advantages and the positioning of its adjudicative functions, has actively served and safeguarded the construction of Guangdong-Hong Kong-Macao Greater Bay Area, carried out explorations and innovations on the diversified dispute resolution mechanism, and, on the basis of achievements already made, tackled difficult problems, and vigorously promoted the construction of an integrated and diversified dispute resolution mechanism in the Great Bay Area.

Keywords: Guangdong-Hong Kong-Macao Greater Bay Area; Commercial Disputes; Diversified Dispute Resolution

Abstract: Since its establishment, the People's Procuratorate of Qianhai Free Trade Area, as the first the people's procuratorate of a free trade zone, has explored the establishment of new mechanism for and new mode of procuratorial work, and achieved some results in the creation of new-type procuratorial organ in a free trade zone. This report reviews the institutional innovations made by the People's Procuratorate of Qianhai Free Trade Area since its establishment in carrying out public interest litigation, safeguarding the construction of the free trade area, and establishing the Research Base on the Law-based Qianhai Free Trade Area, analyzes the existing difficulties, and puts forward the plan for its future work.

Keywords: Free Trade Zone; Public Interest Litigation; Trial Supervision

Abstract: The difficulty in collecting and producing electronic evidence has been a long-existing problem in the trial of intellectual property cases. Through the effective formation of forensic identification evidences of electronic data, Anzheng Third-party Electronic Data Preservation Service Platform of Qianhai Shenzhen-Hong Kong Cooperative Zone has solved the problem of forensic identification that has long plagued the key link of intellectual property protection. By relying on platform service, it has overcome the difficulty in collecting and producing evidence before and during litigation, the difficulty with the burden of proof in the court trial-centered judicial reform, as well as the difficulty in collecting and producing evidence in the forensic identification of electronic intellectual property in foreign-, Hong Kong-, or Macao-related cases, thereby promoting the intellectual property-related judicial innovation and the construction of the rule of law in the Great Bay Area.

Keywords: Intellectual Property; Electronic Data Preservation; Forensic Identification

Abstract: Since its trial implementation in 2012, the Regulations on Shenzhen Court of International Arbitration (for Trial Implementation) has played an important role in regulating the operation of Shenzhen Court of International Arbitration, upholding the lawful rights and interests of Chinese and foreign parties, and optimizing business environment in Shenzhen. In 2019, the

Government of Shenzhen Municipality summarized the experiences of trial legislation on arbitration organs in the special economic zone, and revised the Regulations on Shenzhen Court of International Arbitration (for Trial Implementation) with a view to creating a first-class business environment in the world. The revised Regulations have advanced the reform of and innovation on the arbitration system in the following five aspects: constructing internationalized and law-based business environment; improving the legal person governance mechanism with the board of directors as the core; promoting the reform and innovation of the court's internal management mechanisms; and enhancing the court's capacity for servicing the national strategy of comprehensive opening-up and development.

Keywords: International Arbitration; Provisions on Administration; Dispute Resolution

Ⅳ Law-Based Society

Abstract: The development of Qianhai Free Trade Area is an epitome of the construction of socialist market economy in China. In recent years, Qianhai Free Trade Area has gradually developed a social credit system with local characteristics. Especially since 2018, it has summarized and developed the "Qianhai Mode" of social credit system, taken institutional innovation as the core, promoted the credit-based reform and innovation, guided high-quality and high-speed development, and created a good basis and conditions for the construction of the credit system in the area. Basing itself on the current situation of social credit system in Qianhai Free Trade Area, this report summarizes the overall situation, the main practice and the results of the construction of the social credit system in the area and introduces the thinking, plans and concrete practice of Qianhai Free Trade Area in creating an experimental zone of credit economy, building a cross-departmental coordinated supervision platform, launching the comprehensive mobile service terminal "Credit Qianhai", promoting the comprehensive reform of credit services, and creating the "credit taxation" system.

Keywords: Free Trade Area; Credit Qianhai; Credit Taxation

Abstract: China Commercial Law Lee Lai Lawyers (Qianhai) has undertaken the mission of exploring the integration of legal services of Hong Kong and Macao within the framework of "One Country, Two Systems" and promoting the internationalization of Chinese law. Through the internationalization and globalization of legal services, Chinese lawyers have extensively and deeply participated in the globalization of Chinese standard, culture, finance, products and intellectual property and safeguarded and upheld the right of Chinese enterprises to global development. China Commercial Law Lee Lai Lawyers (Qianhai), by relying on such important legal service platforms as Shenzhen Qianhai Belt and Road Legal Services Federation and Shenzhen Maker Legal Service Center, has explored the construction of the demonstration zone of socialist rule of law, promoted the internationalized development of the Chinese legal service industry, actively deepened the practice of "One Country, Two Systems", and contributed to the construction of rule of law in Guangdong-Hong Kong-Macao Greater Bay Area.

Keywords: Partnership Association of Law Firms; Belt and Road Legal Services; Foreign-Related Legal Services

B. 21 Protecting Intellectual Property through Judicial Appraisal: Explorations in and Practice of the Rule of Law Innovation

Guangdong Gongbiao Institute of IP Judicial Appraisal / 294

Abstract: The establishmet of Guangdong Gongbiao Institute of IP Judicial Appraisal, the first IP judicial appraisal organ in Qianhai Free Trade Area, has filled a vacancy in the local IP judicial appraisal in Shenzhen City, timely met the urgent technical demand of IP law enforcement organs, public security organs, procuratorates and people's courts at various levels for ascertaining facts in cases of IP violation, and effectively solved the specialized problems relating to the formation of the chain of prima facie evidence, the assessment of risks of infringement of trade secrets, patent, and copyright faced by innovative businesses, and analysis of defense in litigation, thereby markedly raising the case-handling efficiency of mediation and arbitration organs.

Keywords: Intellectual Property; Judicial Appraisal; Dispute over Infringement of Rights

B. 22 Explorations in the Application of Notary Credit Data by Qianhai Free Trade Area

Project Team of the Notary Office of Qianhai Free Trade Area / 301

Abstract: Notarization is a preventive judicial system with the dual function of dispute prevention and dispute resolution. In recent years, the Notary Office of Qianhai Free Trade Area has carried out statistical analysis of notarization data with a view to preventing acts of bad faith, establishing the debtor-creditor relationship, reducing and effectively resolving disputes through non-litigation procedures, and demonstrating the functional value of notary service. Through the innovation of rule of law services, it tries to give better play to the functional role of notarization, serve social governance, and actively support and supplement the construction of the social credit system and facilitate financing transactions.

Keywords: Notarization; Credit Data; Service Exploration

皮书起源

“皮书”起源于十七、十八世纪的英国，主要指官方或社会组织正式发表的重要文件或报告,多以“白皮书”命名。在中国,“皮书”这一概念被社会广泛接受，并被成功运作、发展成为一种全新的出版形态，则源于中国社会科学院社会科学文献出版社。

皮书定义

皮书是对中国与世界发展状况和热点问题进行年度监测，以专业的角度、专家的视野和实证研究方法，针对某一领域或区域现状与发展态势展开分析和预测，具备原创性、实证性、专业性、连续性、前沿性、时效性等特点的公开出版物，由一系列权威研究报告组成。

皮书作者

皮书系列的作者以中国社会科学院、著名高校、地方社会科学院的研究人员为主，多为国内一流研究机构的权威专家学者，他们的看法和观点代表了学界对中国与世界的现实和未来最高水平的解读与分析。

皮书荣誉

皮书系列已成为社会科学文献出版社的著名图书品牌和中国社会科学院的知名学术品牌。2016 年，皮书系列正式列入“十三五”国家重点出版规划项目；2013~2019 年，重点皮书列入中国社会科学院承担的国家哲学社会科学创新工程项目;2019 年,64 种院外皮书使用“中国社会科学院创新工程学术出版项目”标识。

S 基本子库
SUB DATABASE

中国社会发展数据库（下设 12 个子库）

全面整合国内外中国社会发展研究成果，汇聚独家统计数据、深度分析报告，涉及社会、人口、政治、教育、法律等 12 个领域，为了解中国社会发展动态、跟踪社会核心热点、分析社会发展趋势提供一站式资源搜索和数据分析与挖掘服务。

中国经济发展数据库（下设 12 个子库）

基于"皮书系列"中涉及中国经济发展的研究资料构建，内容涵盖宏观经济、农业经济、工业经济、产业经济等 12 个重点经济领域，为实时掌控经济运行态势、把握经济发展规律、洞察经济形势、进行经济决策提供参考和依据。

中国行业发展数据库（下设 17 个子库）

以中国国民经济行业分类为依据，覆盖金融业、旅游、医疗卫生、交通运输、能源矿产等 100 多个行业，跟踪分析国民经济相关行业市场运行状况和政策导向，汇集行业发展前沿资讯，为投资、从业及各种经济决策提供理论基础和实践指导。

中国区域发展数据库（下设 6 个子库）

对中国特定区域内的经济、社会、文化等领域现状与发展情况进行深度分析和预测，研究层级至县及县以下行政区，涉及地区、区域经济体、城市、农村等不同维度。为地方经济社会宏观态势研究、发展经验研究、案例分析提供数据服务。

中国文化传媒数据库（下设 18 个子库）

汇聚文化传媒领域专家观点、热点资讯，梳理国内外中国文化发展相关学术研究成果、一手统计数据，涵盖文化产业、新闻传播、电影娱乐、文学艺术、群众文化等 18 个重点研究领域。为文化传媒研究提供相关数据、研究报告和综合分析服务。

世界经济与国际关系数据库（下设 6 个子库）

立足"皮书系列"世界经济、国际关系相关学术资源，整合世界经济、国际政治、世界文化与科技、全球性问题、国际组织与国际法、区域研究 6 大领域研究成果，为世界经济与国际关系研究提供全方位数据分析，为决策和形势研判提供参考。